脱贫攻坚、巩固拓展脱贫攻坚成果同乡村振兴有效衔接

基于云南实践的跟踪研究

崔江红 ◎ 著

云南人民出版社

图书在版编目（CIP）数据

脱贫攻坚、巩固拓展脱贫攻坚成果同乡村振兴有效衔
接：基于云南实践的跟踪研究/崔江红著. -- 昆明：
云南人民出版社，2023.11
　ISBN 978-7-222-20846-9

Ⅰ．①脱… Ⅱ．①崔… Ⅲ．①扶贫－关系－农村－社
会主义建设－研究－云南 Ⅳ．①F127.74②F327.74

中国国家版本馆CIP数据核字(2023)第198342号

责任编辑：陈浩东　陈　迟
责任校对：刘　娟
封面设计：杜佳颖
责任印制：马文杰

脱贫攻坚、巩固拓展脱贫攻坚成果同乡村振兴有效衔接
TUOPIN GONGJIAN, GONGGU TUOZHAN TUOPIN GONGJIAN CHENGGUO TONG XIANGCUN ZHENXING YOUXIAO XIANJIE
——基于云南实践的跟踪研究
JIYU YUNNAN SHIJIAN DE GENZONG YANJIU

崔江红　著

出版　云南人民出版社
发行　云南人民出版社
社址　昆明市环城西路609号
邮编　650034
网址　www.ynpph.com.cn
E-mail　ynrms@sina.com
开本　787mm×1092mm　1/16
印张　16
字数　262千
版次　2023年11月第1版第1次印刷
印刷　云南美嘉美印刷包装有限公司
书号　ISBN 978-7-222-20846-9
定价　48.00元

如有图书质量及相关问题请与我社联系：

审校部电话：0871-64164626
印制科电话：0871-64191534

目 录

第一章 导 论

贫困是人类社会的顽疾。反贫困始终是古今中外治国安邦的一件大事。一部中国史，就是一部中华民族同贫困做斗争的历史。[①]农村贫困问题是我国社会主义初级阶段生产力不发达的现实表现，是"三农"问题研究必须直面的现实课题。新中国成立以来，我国长期致力于消除贫困的实践与理论创新。改革开放后，我国于1986年启动系统扶贫工作。党的十八大以来，习近平总书记在继承和发扬党和国家扶贫思想、扶贫理论的基础上，围绕精准扶贫对中国扶贫实践进行了全面阐释，形成了中国特色反贫困理论。在中国特色反贫困理论和习近平总书记关于扶贫工作重要论述指引下，从中央到地方投入前所未有的人力、物力、财力，决战脱贫攻坚，取得了巨大成就，积累了一些宝贵经验。2020年，绝对贫困全面消除。从2021年开始，中国进入巩固脱贫攻坚成果、解决好相对贫困问题的扶贫新阶段。同时，在全面建成小康社会的背景下，中国也进入了全面建设社会主义现代化国家的新征程和向共同富裕目标迈进的新阶段。在脱贫攻坚阶段，云南面临农村贫困人口多、贫困面大、贫困程度深的现实情况，在坚持精准扶贫基本方略基础上，创造性地实施了一些新的举措，取得了一些经验，为巩固拓展脱贫攻坚成果和相对贫困治理提供了可供借鉴的方案。但云南欠发达的基本省情仍然没有改变，农村仍然是共同富裕的难点，农村脱贫人口和相对贫困人口无疑是实现共同富裕的难点和重点。一次分配向弱者偏离、二次分配总量有限、集体经济对二次分配的补充作用不足、三次分配的不确定性及低稳定性导致弱者实现共同富裕难度较大。实现共同富裕，要在党建与扶贫"双推进"的基础上，全面推进党建与乡村振兴"双推进"，并借助组建党支部领办的集体合作社，以合作社为载体，通过流转或入股，把分散的土地、林地、景观、文化等资源整合起来，找准

---

① 新华社：《在全国脱贫攻坚总结表彰大会上的讲话》，载《人民日报》2021年2月26日第2版。

优势，发展壮大集体经济。同时，借助党支部的组织动员能力，把村中闲散劳动力、半劳动力动员起来，使其参与集体经济开发，增加一次分配收入。在集体经济发展基础上，创办集体所有的社会企业。在村一级建立"益弱性"分配机制，对弱者给予持续帮助，发挥对二次分配的补充作用，最终实现共同富裕。脱贫攻坚、乡村振兴是农村走向共同富裕的重要环节，系统探讨脱贫攻坚实践、巩固拓展脱贫攻坚成果同乡村振兴有效衔接，对实现农村共同富裕具有重要的理论和现实意义。

一、研究背景

（一）现实需要

2012年底，习近平总书记到河北阜平革命老区考察扶贫，强调"小康不小康，关键看老乡"，拉开了脱贫攻坚的序幕。2015年底，党中央、国务院印发《关于打赢脱贫攻坚战的决定》，全面打响脱贫攻坚战。党的十九大把精准脱贫作为三大攻坚战之一作出部署，党中央、国务院印发《关于打赢脱贫攻坚战三年行动的指导意见》，脱贫攻坚进入聚力攻坚阶段。2020年，面对突如其来的新冠疫情影响，习近平总书记统筹全局、科学决策，在北京召开决战决胜脱贫攻坚座谈会，发出总攻动员令。2020年12月，习近平总书记主持召开中央政治局常委会会议，听取脱贫攻坚总结评估汇报，充分肯定脱贫攻坚重大胜利，深刻分析新形势、新任务，就巩固拓展脱贫攻坚成果提出明确要求。[①]2021年2月25日，习近平总书记在全国脱贫攻坚总结表彰大会上庄严宣告："经过全党全国各族人民共同努力，在迎来中国共产党成立一百周年的重要时刻，我国脱贫攻坚战取得了全面胜利，现行标准下9899万农村贫困人口全部脱贫，832个贫困县全部摘帽，12.8万个贫困村全部出列，区域性整体贫困得到解决，完成了消除绝对贫困的艰巨任务，创造了又一个彪炳史册的人间奇迹！"同时，习近平总书记也指出，我们要切实做好巩固拓展脱贫攻坚成果同乡村振兴有效衔接各项工作，让脱贫基础更加稳固、成效更可持续。[②]

---

① 中共国家乡村振兴局党组：《人类减贫史上的伟大奇迹》，载《求是》2021年第4期。
② 新华社：《在全国脱贫攻坚总结表彰大会上的讲话》，载《人民日报》2021年2月26日第2版。

　　党的十九届五中全会通过的《中共中央关于制定国民经济和社会发展第十四个五年规划和二〇三五年远景目标的建议》提出了"人民生活更加美好，人的全面发展、全体人民共同富裕取得更为明显的实质性进展"的2035年发展目标。2020年底发布的《中共中央　国务院关于实现巩固拓展脱贫攻坚成果同乡村振兴有效衔接的意见》指出，脱贫攻坚取得全面胜利，实现了全面小康路上一个都不掉队，在促进全体人民共同富裕的道路上迈出了坚实一步。同时要求，充分认识实现巩固拓展脱贫攻坚成果同乡村振兴有效衔接的重要性、紧迫性，举全党全国之力，统筹安排、强力推进，让包括脱贫群众在内的广大人民过上更加美好的生活，朝着逐步实现全体人民共同富裕的目标继续前进，彰显党的根本宗旨和我国社会主义制度优势。随后，多部门联合印发《关于巩固拓展医疗保障脱贫攻坚成果有效衔接乡村振兴战略的实施意见》《关于切实加强就业帮扶巩固拓展脱贫攻坚成果助力乡村振兴的指导意见》等政策，分别从健康扶贫、就业扶贫角度对巩固拓展脱贫攻坚成果同乡村振兴有效衔接进行了部署。

　　根据中央精神，在巩固拓展脱贫攻坚成果同乡村振兴有效衔接方面，我国将从建立健全巩固拓展脱贫攻坚成果长效机制方面出发，保持主要帮扶政策总体稳定，健全防止返贫动态监测和帮扶机制，做好易地扶贫搬迁后续扶持工作，加强扶贫项目资产管理和监督。开展一些重点工作，集中在支持脱贫地区乡村特色产业发展壮大、促进脱贫人口稳定就业、持续改善脱贫地区基础设施条件、进一步提升脱贫地区公共服务水平。从相对贫困治理即低收入人口常态化帮扶机制建设出发，加强农村低收入人口监测，分层分类实施社会救助，合理确定农村医疗保障待遇水平，完善养老保障和儿童关爱服务，织密兜牢丧失劳动能力人口基本生活保障底线。从高质量发展角度出发，在西部地区脱贫县中集中支持一批乡村振兴重点帮扶县，坚持和完善东西部协作和对口支援、社会力量参与帮扶机制。从政策有效衔接出发，重点是做好财政投入政策衔接、金融服务政策衔接、土地支持政策衔接、人才智力支持政策衔接。从全面加强党的集中统一领导出发，做好领导体制衔接、工作体系衔接、规划实施和项目建设衔接、考核机制衔接。

　　同时，2021年1月公布的中央一号文件即《中共中央　国务院关于全面推进乡村振兴加快农业农村现代化的意见》从设立5年衔接过渡期、持续巩固拓展脱贫攻坚成果、接续推进脱贫地区乡村振兴、加强农村低收入人口常态化帮扶等角度对巩固拓展脱贫攻坚成果同乡村振兴有效衔接进行了部署。2021年7月1日，习近平总书记在讲话中指出，我们已全面建成小康社会。新形势下，巩固拓展脱贫攻坚成果被赋予了全新的含义，已不只是解决贫困的问题，而是实现共同富裕的基本举措。2021年8月17日，习近平总书记在中央财经委员会第十次会议上强调："共同富裕是社会主义的本质要求，是中国式现代化的重要特征，要坚持以人民为中心的发展思想，在高质量发展中促进共同富裕。"会议指出，打赢脱贫攻坚战，全面建成小康社会，为促进共同富裕创造了良好条件。我们正在向第二个百年奋斗目标迈进，适应我国社会主要矛盾的变化，更好满足人民日益增长的美好生活需要，必须把促进全体人民共同富裕作为为人民谋幸福的着力点，不断夯实党长期执政基础。[1]在2021年12月25日至26日召开的中央农村工作会议上，习近平总书记指出，乡村振兴的前提是巩固脱贫攻坚成果，要持续抓紧抓好，让脱贫群众生活更上一层楼。要持续推动同乡村振兴战略有机衔接，确保不发生规模性返贫，切实维护和巩固脱贫攻坚战的伟大成就。[2]

随着脱贫攻坚的完成，扶贫主管部门顺利转改为乡村振兴部门，与农业农村部门共同接受各级党委农村工作领导小组的领导。巩固拓展脱贫攻坚成果作为乡村振兴的基础和前提工作而受到重视，相对贫困治理融入乡村振兴。巩固拓展脱贫攻坚成果逐步成为乡村振兴的常态化工作。但并不代表不再开展贫困治理活动，而是把贫困治理作为乡村振兴的一个工作来抓。我国长期以来积累的贫困治理经验，工作推进机制，仍然是巩固拓展脱贫攻坚成果的基础，也是实现共同富裕的重要保障。

脱贫攻坚阶段，我国建立健全脱贫攻坚责任、工作、政策支撑、投入保障、社会帮扶、社会动员、监督检查、考核评估等八大体系。按照2020

---

[1] 新华社：《习近平主持召开中央财经委员会第十次会议强调在高质量发展中促进共同富裕 统筹做好重大金融风险防范化解工作》，新华网，http://www.xinhuanet.com/2021-08/17/c_1127770343.htm。

[2] 新华社：《中央农村工作会议在京召开 习近平对做好"三农"工作作出重要指示 李克强提出要求》，载《人民日报》2021年12月27日第1版。

年现行标准下贫困人口脱贫、贫困县摘帽，解决区域性整体贫困问题的奋斗目标，以"不获全胜决不收兵"的决心和勇气推动各项工作的落实。经过各族群众的共同努力，2020年，我国绝对贫困基本消除，但仍有较大一部分群众面临返贫风险，部分群众生活水平低，相对贫困将长期存在。

2020年后，中国进入相对贫困占主导的新阶段。新阶段贫困治理体系建设的指向有二：巩固绝对贫困治理成果即巩固脱贫攻坚成果（防止返贫）；拓展脱贫成果即开展相对贫困治理、探索建立相对贫困治理长效机制，促进共同富裕。巩固脱贫攻坚成果以可持续扶持为主，相对贫困治理以公共服务及有针对性扶持为主。早在2019年10月底，党的十九届四中全会就在国家治理体系、治理能力现代化的大战略下作出了建立解决相对贫困问题的长效机制的部署。

建立解决相对贫困问题的长效机制，脱贫攻坚实践具有重要的借鉴意义，包括对象识别、项目安排、资金使用、到户措施、因村派人、考核退出等做法及实践。但需要根据经济社会环境的变化而作出相应调整和优化，并消除实践中暴露出的一些问题。为此，需要进一步完善治贫机制，建立与新阶段贫困特征相适应的治贫体系。从历史延续性看，必须保持脱贫攻坚阶段扶持政策及措施的相对稳定性，即开展可持续扶持。否则，帮扶政策及措施的频繁变动，有可能导致大规模返贫现象的出现，甚至出现断崖式返贫。在这样的背景下，从历史的视角，对脱贫攻坚实践进行系统研究，总结绝对贫困治理经验，发现存在之不足，扬长避短，实现治贫体系与实践的深度融合，对巩固拓展脱贫攻坚成果具有重要的现实意义。

改革开放以来，云南一直是我国扶贫开发的重点省份，在脱贫攻坚阶段，贫困人口规模大、贫困面广。改革开放以来云南农村贫困人口变化情况见表1至表3[①]。

---

① 数据由国家统计局云南调查总队提供，分为三张表是因为我国贫困标准的使用分为三个阶段：改革开放初期到2000年以前，最初使用温饱标准，之后提出了贫困标准，不同阶段使用的标准不统一。2000年到2010年之间，前期使用过低收入标准和绝对贫困标准。2010年以来，仅使用贫困标准，但主要指绝对贫困。表2所列数据没有区分低收入标准和绝对贫困标准，而是两者之合。表3中2016年到2020年贫困标准为不变价，如果考虑价格因素，2020年已接近4000元。

表1 1978—2000年云南省农村极端贫困人口变化情况

年份	贫困标准（元）	贫困规模（万人）	贫困发生率(%)
1978	100	2000	73.10
1980	130	1800	64.30
1985	206	1212	40.50
1990	304	1000	31
1995	530	660	17.10
2000	625	160	4.70

表2 2000—2010年云南省农村低收入贫困人口变化情况

年份	低收入贫困标准（元）	低收入贫困人口（万人）	贫困发生率(%)
2000	865	1022	29.60
2001	872	982	28.30
2002	869	888	25.40
2003	882	820	23.40
2004	924	778	22
2005	944	738	20.70
2006	958	671	18.70
2007	1067	597	16.50
2008	1196	555	15.20
2009	1196	540	14.70
2010	1274	325	8.80

表3 2010年以来云南省农村贫困人口变化情况

年份	贫困标准（元）	贫困人口（万人）	贫困发生率(%)
2010	2300	1468	40
2011	2536	1014	27.30
2012	2625	804	21.70
2013	2736	661	17.80
2014	2800	574	15.50
2015	2855	471	12.70
2016	2952	373	10.10
2017	2952	279	7.50
2018	3500	179	4.80
2019	3747	44.20	
2020	4000	0	0

　　根据中央精神，2013年云南启动精准识别工作，2015年底启动和实施"五个一批"工程，即发展生产脱贫一批、易地搬迁脱贫一批、生态补偿脱贫一批、发展教育脱贫一批、社会保障兜底一批的扶贫，农村扶贫进入开发式扶贫与保障性扶贫协同阶段，二者有机结合的特征更加突出。2017年，提出通过打好"十大攻坚战"①，促进脱贫攻坚的战略部署，并在2018年《政府工作报告》中进行了部署。

　　在脱贫攻坚中，云南坚持精准扶贫基本方略，建立健全责任落实、工作推进、投入保障、社会动员、监督检查、考核退出等制度②，从致贫原因出发，围绕扶持对象精准、项目安排精准、资金使用精准、措施到户精准、因村派人精准、脱贫成效精准"六个精准"，深入推进精准扶贫。③

　　一是精准识别贫困对象。2013年以来，云南分别于2013年、2015年进行了贫困人口识别工作，同时，2016年进行了动态调整，2017年再次进行拉网式识别工作。在精准识别基础上，加强动态管理，形成了年度和不定期回头看相结合的脱贫管理机制。年度管理主要将达到脱贫退出标准的贫困户标注为脱贫户，并给予持续帮扶。同时，将因灾、因病等原因陷入贫困的群众纳入建档立卡贫困系统，给予相应的帮扶。年度为主、不定期回头看为辅的动态管理机制，为精准帮扶奠定了基础。年度调整主要针对当年脱贫与返贫、临时性贫困问题，不定期回头看解决了识别依据、标准、户数等存在的问题。在年度调整和不定期回头看的双重措施保障下，扶持对象的精准得到有效保证。

　　二是明确治贫主体责任。2017年5月，云南制定和实施《脱贫攻坚责任制实施细则》，健全"省负总责、市县抓落实"的工作责任，落实"五

---

　　① "十大攻坚战"：易地搬迁攻坚战、产业就业攻坚战、生态扶贫攻坚战、健康扶贫攻坚战、教育扶贫攻坚战、素质提升攻坚战、危房改造攻坚战、贫困村脱贫振兴攻坚战、守边强基攻坚战、迪庆怒江深度贫困攻坚战。

　　② 中共云南省委宣传部、云南省社会科学院编：《云南脱贫攻坚战纪实》，人民出版社2021年版，第11—32页。

　　③ 在笔者参与的《云南脱贫攻坚战纪实》一书中，用了两章来概括云南脱贫攻坚战的主要实践，详细介绍了云南如何响应党中央、国务院的号召，建立健全制度体系，坚持精准方略，贯彻"六个精准"，深入推进"五个一批"工程，打好"十大攻坚战"，以及如何坚持群众主体，激发内生动力，如何坚持党建与扶贫"双推进"等。而在《脱贫攻坚的云南实践》一书中，将致贫原因归结为环境性贫困、发展性贫困、能力贫困、精神贫困，并详细介绍了云南精准识别分类录入系统所列的致贫原因。为了避免重复，同时，也为更深入地解析云南脱贫攻坚实践，本书不再详细介绍脱贫攻坚的制度安排，致贫原因更多从当地干部群众角度展开，而不是外界的分析与看法。

级书记抓扶贫工作"、党政一把手负责、党政同责的责任体系，为脱贫攻坚提供组织保障。云南省委、省政府强化组织领导，全面压实责任，完善政策措施，强化资金保障，强化监督检查。做好脱贫攻坚规划，确定年度脱贫目标，及时推动建立项目库，精准投放扶贫项目资金，强化组织动员、检查指导。履行省级政策供给、资源整合、财政投入等职责，统筹脱贫攻坚总体安排。有扶贫任务的县级党委和政府承担脱贫攻坚主体责任，负责制定脱贫攻坚实施规划，抓好落实中央、省级扶贫政策；同时，根据省级脱贫攻坚规划和进度安排，按要求实施扶贫项目；优化配置各类资源，用好扶贫资金，做好人力调配，使各项扶贫措施落到实处。县级党委和政府主要负责人是第一责任人。县级党委政府指导乡镇做好脱贫攻坚规划，履行好项目库建设、资源使用、贫困人口帮扶、基层党建等方面的职责。同时，建立省、州（市）、县（市、区）、乡（镇）、村"五级书记抓扶贫"的责任体系，强化"党政一把手负总责"的责任制。落实行业部门一把手责任制度。为加强村级党组织建设，加强驻村队员选派与管理。在脱贫攻坚阶段，云南累计选派4.85万名第一书记、21.61万名驻村工作队员。[1]

三是加大投入力度。在脱贫攻坚阶段：中央投入云南的财政专项扶贫资金累计达556.65亿元，增幅和总量均居全国第一；省级财政专项扶贫资金投入累计达259.76亿元[2]；中央定点扶贫云南的单位从27家增加到53家，共投入资金234.05亿元；上海市、广东省持续加大支持力度，分别投入帮扶资金105.64亿元、30.97亿元，引导企业在云南投资162.03亿元；民主党派帮扶款物1亿多元；三峡集团、华能集团、大唐集团、中烟公司、云南烟草专卖局等企业集团投入帮扶资金82亿多元。[3]

在加大投入的同时，强化资金整合使用。2016年8月，出台和实施贫困县统筹使用财政涉农资金试点方案。同年，推进扶贫资金管理改革，全面实行扶贫目标、任务、资金、权责"四到县"改革，省级以上财政专项扶贫资金80.4亿元，全部按因素法切块下达到县，共投入省级以上财政专

① 杨苑：《尽锐出战、真情奉献，云南脱贫攻坚中的扶贫"铁军"》，云南网，http://ynfprx.yunnan.cn/system/2020/12/16/031181547.shtml。

② 胡晓蓉：《云南巩固拓展脱贫攻坚成果有效衔接乡村振兴综述》，云南网，http://llw.yunnan.cn/system/2021/01/15/031237036.shtml。

③ 期俊军：《涓流汇海 合力战贫 云南"朋友圈"真给力！》，云南网，http://ynfprx.yunnan.cn/system/2020/12/17/031183778.shtml。

项扶贫资金93.2亿元。在88个贫困县试点实施统筹整合使用财政涉农资金，新增9项省级资金纳入整合范围。自2017年开始，把资金使用与建档立卡对象及脱贫措施相衔接，与脱贫成效相挂钩。省财政专项扶贫资金主要按照因素法进行分配。[①]2018年，建立涉农资金省级源头整合、贫困县统筹使用制度。通过省级源头整合机制，实现贫困县财政涉农资金实质整合。为配合源头整合机制的建立，在全省推行贫困县统筹整合财政涉农资金综合绩效评价，不再进行分类考核。当年下达88个统筹整合试点县中央和省级涉农资金368.48亿元，其中中央资金290.31亿元，省级资金78.17亿元。2019年，向88个贫困县下达中央和省级统筹整合财政涉农资金达482.5亿元。脱贫攻坚阶段，省级以上整合资金累计达到1841.22亿元。[②]

在加强财政资金整合的同时，加强社会帮扶资金整合使用。整合上海、广东对口帮扶资金。如整合上海市2016年援助的3.36亿元，支持335个项目建设。整合53家中央国家机关定点帮扶资金，整合三峡集团、云南中烟工业公司、云南烟草专卖局等5个大型企业集团帮扶资金，整合昆明市、曲靖市、玉溪市帮扶资金，整合560多家民营企业结对帮扶资金，以及300家省级、2087家州级、10948家县级单位挂包资金，用于脱贫攻坚。

四是持续开展精准扶持。首先，实施"五个一批"工程，打好"十大攻坚战"。在产业扶贫、就业扶贫、易地扶贫搬迁、生态扶贫、教育扶贫、健康扶贫、农村危房改造、农村饮水安全、社会保障兜底等方面全面落实精准要求。其次，加强项目库建设与管理。2017年底，启动项目库建设，并于2018年第一季度顺利完成。在加强项目库建设的同时，加强项目库管理。2017年，建立了贫困县对项目库管理负总责的项目库管理制度，启动实施项目公示公告制度。最后，推广"六清"工作法，即贫困对象家底清、致贫原因清、帮扶措施清、投入产出清、帮扶责任清、脱贫时序清，确保措施到户精准。2018年5月，启动脱贫措施户户清行动，加强对贫困户致贫原因、发展需求的摸底调查，加强贫情诊断，摸清贫困户家底。同时，加强贫情立体分析，细致分析贫困户家庭情况，纠正对贫困户致贫原因认识和分析不准、帮扶措施错位、资金投入和脱贫成效不精准等

---

① 资金分配的因素主要包括贫困状况、政策任务和脱贫成效等。
② 胡晓蓉：《云南巩固拓展脱贫攻坚成果有效衔接乡村振兴综述》，云南网，http://llw.yunnan.cn/system/2021/01/15/031237036.shtml。

问题。2018年，组织20余万名干部，深入到1220个乡（镇）、1.2万个行政村、14.5万个村小组开展调查，核准主、次要致贫原因577.5万条，做实"一户一策"，实现建档立卡189.2万户749.4万人脱贫措施户户清。

五是建立贫困退出机制。按照中央要求，细化脱贫出列指标，严把退出质量，引入第三方评估，建立最严格的贫困退出机制。首先，细化脱贫出列指标。2016年6月，制定出台《贫困退出机制实施方案》，建立针对建档立卡贫困户、贫困村、贫困县的"695"脱贫指标体系[1]，对脱贫指标进行了细化。2017年7月印发的《云南省脱贫攻坚规划（2016—2020年）》进一步对标国家脱贫标准，完善脱贫出列指标。2018年起，把农村饮水安全有保障调整为贫困户脱贫出列6项指标之一。其次，严把脱贫退出质量。严格遵守贫困户、贫困村、贫困县的"695"脱贫标准要求，严格落实脱贫摘帽县"四个不摘"[2]要求。最后，实施好第三方评估。在第三方评估过程中，加强督查审查，确保第三方机构依据实施方案独立开展工作。

此外，落实大扶贫格局，建立全社会合力攻坚的扶贫局面，激发群众内生动力，协同推进开发式扶贫和保障性扶贫。探索实践了一些新的扶贫措施，其中包括资产收益扶贫、光伏扶贫、电商扶贫、旅游扶贫等。

到2019年底，云南还有贫困人口44.2万人。经过努力，2020年12月8日，国务院新闻办公室在昆明举行以"牢记总书记关心嘱托 打好云南脱贫攻坚战"为主题的云南脱贫攻坚新闻发布会，正式宣布，与全国一样，云南现行标准下农村贫困人口全部脱贫、88个贫困县全部摘帽、8502个贫困村全部出列、11个"直过民族"和人口较少民族实现整体脱贫，困扰云南千百年的绝对贫困问题得到历史性解决。[3]

---

① "695"脱贫指标体系：将农村建档立卡贫困人口脱贫认定标准细化为6个方面的内容及标准，包括贫困户人均可支配收入达标、有安全稳固住房、适龄青少年就学有保障、基本医疗有保障、社会养老有保障、享受1项以上扶贫政策项目资金帮扶。严格推进贫困村退出9项指标。将建档立卡贫困村有序退出考核细化为9个方面的内容及标准，包括贫困发生率低于3%、道路硬化到村、通动力电、通广播电视、通网络宽带、饮水有保障、卫生室建设达标、有公共活动场所、适龄儿童有学上。落实贫困县摘帽退出5项指标。将贫困县摘帽考核细化为5个方面的内容及标准，包括贫困发生率低于3%、农村常住居民人均可支配收入增速高于全省平均水平、贫困村退出、建档立卡贫困户至少享受1项扶贫政策项目资金支持、实现县域义务教育均衡发展和通过国家督导评估。

② "四个不摘"：摘帽不摘责任、摘帽不摘政策、摘帽不摘帮扶、摘帽不摘监管。

③ 李绍明、杨猛、张寅、左超：《国务院新闻办在昆举行云南脱贫攻坚新闻发布会 阮成发作主发布并回答记者提问 王予波回答有关问题》，云南网，http://yn.yunnan.cn/system/2020/12/08/031166878.shtml。

脱贫攻坚目标任务如期完成后，云南及时制定了《云南省关于实现巩固拓展脱贫攻坚成果同乡村振兴有效衔接的实施意见》《云南省巩固拓展脱贫攻坚成果同乡村振兴有效衔接规划（2021—2025）》，迅速开展巩固拓展脱贫攻坚成果"四个专项行动"，建立"一平台三机制"，即"通过构建救助平台，建立产业帮扶全覆盖机制、壮大村级集体经济帮扶机制及扶志扶智机制"。①相继出台《关于巩固脱贫成果和完善帮扶机制的实施意见》《关于建立防止返贫监测和帮扶机制的实施办法》等政策文件，制定并完善了返贫监测预警、产业发展带贫益贫、就业扶贫精准对接、扶志扶智激发内生动力、社会保障救助、风险防控等工作机制。坚持"一月一筛查、一月一研判、一月一审核、一月一动态"工作机制，及时发现问题，精准锁定监测对象，及时落实帮扶措施。采取农户主动申请、部门信息比对、基层干部定期跟踪回访相结合的方式，每月对脱贫不稳定户、边缘易致贫户，以及因病因灾因意外事故等刚性支出较大或收入大幅缩减导致基本生活出现严重困难户进行排查，重点监测其收入支出状况、"两不愁三保障"及饮水安全状况，及时发现返贫致贫风险。②2021年7月，云南省政府救助平台上线运行，需要帮助的群众打开微信小程序搜索"云南省政府救助平台"，就可申请基本生活保障、就业帮扶、住房安全、饮水安全、义务教育、基本医疗等帮扶事项。③

到了巩固拓展脱贫攻坚成果同乡村振兴有效衔接阶段即相对贫困治理阶段，除贫困性质、贫困程度发生改变外，云南贫困面仍然大。国家确定的乡村振兴重点帮扶县有27个，主要是原来的深度贫困县。根据实际，云南也确定了30个省级乡村振兴重点帮扶县。这两类帮扶县即使经过脱贫攻坚实践，但资源要素条件难改变、个人能力难以在短期内提高、区域经济难以快速发展并形成辐射带动效应。在巩固拓展脱贫攻坚成果同乡村振兴有效衔接阶段，这些地区相对贫困问题仍然突出。作为一个集边疆、民族、山区、美丽为一体的欠发达省份，云南省的相对贫困在巩固拓展脱贫

① 胡晓蓉：《云南巩固拓展脱贫攻坚成果有效衔接乡村振兴综述》，云南网，http://llw.yunnan. cn/system/2021/01/15/031237036.shtml。

② 胡晓蓉：《云南省全力巩固拓展脱贫攻坚成果》，中华人民共和国中央人民政府网，http:// www.gov.cn/xinwen/2021-05/22/content_5610385.htm。

③ 瞿姝宁、罗琳：《云南省推进巩固脱贫攻坚成果同乡村振兴有效衔接》，国家乡村振兴局官网，https://nrrn.gov.cn/art/2021/8/16/art_4316_191271.html。

攻坚成果同乡村振兴有效衔接阶段的中国具有典型性。透过云南脱贫攻坚实践及贫困发展态势，探讨巩固拓展脱贫攻坚成果同乡村振兴有效衔接具有重要的理论和实践意义。

（二）研究现状

2017年党的十九大提出乡村振兴后，就有研究开始关注脱贫攻坚与乡村振兴有机衔接。随着脱贫攻坚的结束与乡村振兴的全面启动，巩固拓展脱贫攻坚成果同乡村振兴有效衔接逐渐成为研究的重点。在对巩固拓展脱贫攻坚成果同乡村振兴有效衔接进行研究的同时，对2020年后中国贫困问题的研究始终没有停止过。此外，随着全面建成小康社会及共同富裕进入扎实推进阶段，巩固拓展脱贫攻坚成果同乡村振兴有效衔接已被放到共同富裕的大视野下进行研究。因此，与巩固拓展脱贫攻坚成果同乡村振兴有效衔接相关的研究主要有2020年后贫困问题研究、巩固拓展脱贫攻坚成果同乡村振兴有效衔接研究、共同富裕研究等三个方面。

1. 2020年后中国贫困问题研究

认真梳理现有研究成果后可发现，从历史视角来审视2020年后中国贫困治理的研究基本没有。从学术史看，贫困的界定经历了从关注物质贫困到人文贫困的转变过程，反贫困战略的制定经历了从单纯强调物质资本的投入过渡到强调物质资本和人力资本的双重投入，从强调计划到市场到强调市场和非市场相结合方式的二重转化。[①]党的十八大以来，聚焦精准扶贫的研究，精准扶贫研究从扶持内容[②]到贫困人口识别、扶贫效果满意度等[③]。2017年后聚焦深度贫困地区脱贫，进而转向脱贫攻坚与乡村振兴有机衔接研究。[④]2018年以来，部分学者开始探讨2020年后的中国扶贫。从研究动态看，研究者基于对2020年后中国贫困形势判断提出相应的对策建议。

一是2020年后中国贫困状况及性质判断。一致的观点认为：2020年后，我国现有标准下的农村绝对贫困人口将会从统计上消失，然而这并不

---

① 王军、叶普万：《贫困研究范式的国际转换》，载《山东社会科学》2004年第11期。

② 水木、邵歆芬：《开辟新思路 探索新路径 实践新模式 江西启动六大扶贫工程 实施精准扶贫》，载《老区建设》2013年第17期。

③ 张笑芸、唐燕：《创新扶贫方式，实现精准扶贫》，载《资源开发与市场》2014年第9期。

④ 崔红志：《乡村振兴与精准脱贫的进展、问题与实施路径——"乡村振兴战略与精准脱贫研讨会暨第十四届全国社科农经协作网络大会"会议综述》，载《中国农村经济》2018年第9期。

意味着贫困的消失①；相对贫困问题凸显②，并长期存在③。2020年后中国贫困更多是转型贫困，或短期性贫困和过渡性贫困，转型贫困群体和潜在贫困群体将会成为新的扶贫工作的目标群体。④集中连片的区域性贫困分布将转变为散点分布，以农村贫困为主转变为农村和城镇贫困并存，老少病残等特殊群体将成为主要的贫困群体。从存在形态看，以相对贫困为主；从空间分布看，以散点化、高流动性为主；从贫困人群看，以老少病残等特殊群体为主。⑤

二是相对贫困标准如何确定。研究者还对2020年后贫困线的确定进行了探讨。在相对贫困线的确定上，叶兴庆等认为应当采用中位收入比例法制定相对贫困线⑥，邢成举等将常住农户或是城市常住居民中位收入的40%作为2020年后的相对贫困线⑦。潘文轩等认为，2020年后的农村贫困新标准是以相对贫困标准为方向、以多维贫困标准为核心，包含国家与地方双层标准的一个体系，在绝对贫困标准和相对贫困标准之间应设立过渡性质的一般贫困标准。⑧

三是相对贫困的治理策略、路径及对策。王志章等认为，要重视相对贫困、多维贫困和统筹城乡贫困。⑨邢成举等进一步指出，要实现从"治贫"向"防贫"的转变，贫困治理理念要实现从空间隔离到城乡统一，从脱贫攻坚到长效常态扶贫转变。⑩设计城乡一体化的扶贫战略和政策，扶贫战略重点放在社会服务在数量和质量上的均等化方面。⑪在路径方面，要以

---

① 李小云：《2020年后农村减贫需要由"扶贫"向防贫转变》，载《农村工作通讯》2019年第8期。

② 王志章、杨志红：《2020年后民族地区持续性减贫路在何方？——基于湖北省恩施州精准脱贫的现状分析》，载《湖北民族学院学报》2019年第3期。

③ 莫光辉、杨敏：《2020年后中国减贫前瞻：精准扶贫实践与研究转向》，载《河南社会科学》2019年第6期。

④ 李小云、许汉泽：《2020年后扶贫工作的若干思考》，载《国家行政学院学报》2018年第1期。

⑤ 叶兴庆、殷浩栋：《从消除绝对贫困到缓解相对贫困：中国减贫历程与2020年后的减贫战略》，载《改革》2019年第12期。

⑥ 叶兴庆、殷浩栋：《从消除绝对贫困到缓解相对贫困：中国减贫历程与2020年后的减贫战略》，载《改革》2019年第12期。

⑦ 邢成举、李小云：《相对贫困与新时代贫困治理机制的构建》，载《改革》2019年第12期。

⑧ 潘文轩、阎新奇：《2020年后制定农村贫困新标准的前瞻性研究》，载《农业经济问题》2020年第5期。

⑨ 王志章、杨志红：《2020年后民族地区持续性减贫路在何方？——基于湖北省恩施州精准脱贫的现状分析》，载《湖北民族学院学报》2019年第3期。

⑩ 邢成举、李小云：《相对贫困与新时代贫困治理机制的构建》，载《改革》2019年第12期。

⑪ 李小云、许汉泽：《2020年后扶贫工作的若干思考》，载《国家行政学院学报》2018年第1期。

城乡基本公共服务均等化为减贫战略方向①，继续推行开发式扶贫重点解决能力贫困的问题，坚持对特殊贫困人口采取精准滴灌式扶贫政策，注重物质扶贫与精准扶贫的协调统一②。从政策体系构建看，要实施以基本公共服务均等化为基础的防贫政策，实施发展型低收入群体救助政策，实施有利于低收入群体增收的产业政策，实施推动欠发达地区发展的区域政策。③

综上，现有研究判定2020年后中国仍然存在贫困，但以相对贫困为主。这种研究思路忽略了返贫问题，对巩固拓展脱贫攻坚成果的关注不足。"脱贫—返贫—再脱贫"是无法避免的贫困发展规律。从这个角度讲，2020年后，中国贫困是相对贫困占主导，但仍然存在少量因身体、自然灾害、疾病等原因返贫的人口，且在较长一段时期内，都处在"返贫—脱贫"的过渡期，这种过渡不可能因为脱贫攻坚的结束而瞬时完成，需要一个过程。只有加强后续扶持，巩固脱贫攻坚成果，全面建立防贫快速反应机制，才能消除突发性返贫问题的产生。应对返贫问题，脱贫攻坚阶段以年度为基础的扶贫对象调整及帮扶机制，还无法解决贫困发展的动态性带来的问题，扶贫管理及帮扶确定的瞬时性无法解决贫困发展动态性带来的暂时性贫困问题。

同时，对2020年后中国相对贫困的认识存在不足。现有研究把2020年后中国相对贫困看作是与绝对贫困可以明确区分的一种全新的贫困状况，这种认识没有看到相对贫困的实质。相对贫困是从贫困程度来说的，相对贫困与绝对贫困无法清晰地画出一条线，二者之间就会存在临界点，类似边缘群体的问题出现。所以，2020年后中国相对贫困的识别没有想象中容易。而现有研究成果及观点认为相对贫困较容易识别，甚至不用识别，放宽扶贫限制就可。这种认识不仅对相对贫困的认识不精准，而且过高地估计了2020年后中国扶贫资源的投入总量。无论如何发展，社会主义初级阶段的国情决定了扶贫资源总量有限，必须精准用于相对贫困人口。

更重要的是，对2020年后中国反贫困战略的认识存在不足。研究均

---

① 陈志钢、毕洁颖、吴国宝、何晓军、王子妹一：《中国扶贫现状与演进以及2020年后的扶贫愿景和战略重点》，载《中国农村经济》2019年第1期。

② 张永丽、徐腊梅：《改革开放40年来中国贫困性质变化及2020年后反贫困政策前瞻》，载《中国西部》2019年第2期。

③ 叶兴庆、殷浩栋：《从消除绝对贫困到缓解相对贫困：中国减贫历程与2020年后的减贫战略》，载《改革》2019第12期。

认为2020年后中国面对的是一个全新的贫困状况，亟须形成全新的减贫战略，建立城乡一体的治贫体系。贫困治理将从扶贫向防贫转变，而公共服务为主的扶贫路径将是解决相对贫困问题的主要途径。研究都倡导建立一个全新的治贫体系，缺乏历史的眼光及视角。一方面没有从脱贫攻坚阶段治贫机制的完善来谈2020年后的贫困治理，没有看到党的十八大以来中国特色反贫困理论及实践取得的宝贵经验；另一方面，没有看到2020年后贫困治理与脱贫攻坚的联系，忽略了绝对贫困治理中历史遗留问题的解决，忽视了脱贫攻坚阶段产业精准扶持到户、劳动力转移就业、资产收益扶持等给乡村振兴带来的潜在问题。这些遗留问题需要在巩固拓展脱贫攻坚成果同乡村振兴有效衔接的机制设计中加以考虑，并通过乡村振兴来彻底解决。此外，贫困发展需求动态性与帮扶政策执行瞬时性之间的矛盾，导致部分家庭人口增加后易地扶贫搬迁、农村危房改造后的住房面积不匹配等问题，也是历史遗留问题。2020年后的贫困治理必须正视脱贫攻坚阶段的历史遗留问题。

因为缺乏历史的视角，所以对脱贫攻坚阶段中国特色反贫困理论及实践创新在2020年后贫困治理中的作用估计不足。可以说，脱贫攻坚阶段中国特色反贫困理论及实践创新，奠定了2020年后中国贫困治理的基本理论及实践框架。2020年后的贫困治理体系总体上是在脱贫攻坚阶段中国特色反贫困理论及体制安排基础上建立的。现有研究一味强调2020年后要关注哪些人群，要从什么问题入手，但没有回答如何完善脱贫攻坚阶段的治贫机制。同时，没有从理论完善的角度探讨2020年后中国相对贫困治理体系建设问题。

2. 巩固拓展脱贫攻坚成果同乡村振兴有效衔接研究

巩固拓展脱贫攻坚成果同乡村振兴有效衔接研究在脱贫攻坚与乡村振兴有机衔接、有效衔接基础上进行，总体上讲，脱贫攻坚与乡村振兴目标联动，内容互融，主体一致，具有衔接的理论依据；乡村振兴为脱贫攻坚释放发展动力，脱贫攻坚为乡村振兴提供有益借鉴，农村社会经济发展为二者衔接提供了现实依据。[1]我国战略目标保持的一致性、体制机制的连贯性、扶贫政策的延续性以及益贫式的发展环境的形成是二者有效衔接的现实基础。[2]二者的衔接已经具备了相应政策条件，农业农村发展成就和脱贫

---

[1] 岳国芳：《脱贫攻坚与乡村振兴的衔接机制构建》，载《经济问题》2020年第8期。

[2] 刘学武、杨国涛：《从脱贫攻坚到乡村振兴的有效衔接与转型》，载《甘肃社会科学》2020年第6期。

攻坚成效为二者有机衔接提供了实践基础。①围绕脱贫攻坚与乡村振兴的衔接，研究者已做了一些探索性研究。2018年后脱贫攻坚与乡村振兴的相关研究成果迅速增多，文献数量整体呈上升趋势，但学科领域较为单一，交叉性不强；研究主题逐渐向后脱贫时代、脱贫攻坚成果与乡村振兴衔接、全面建成小康社会等方面转变。②目前，学术界关于脱贫攻坚与乡村振兴衔接问题的研究主要涉及两大战略的关系、两大战略衔接的必要性、衔接障碍与困境、现实路径的探讨。③多数研究者按照厘清二者的逻辑关系，梳理有效衔接面临的困难和问题，探讨有效衔接机制、重点来展开。

一是逻辑关系。首先是融通与联系。脱贫攻坚是国家经济发展到一定阶段后社会主义国家性质所要求的侧重方面，而乡村振兴则是在确保社会主义共同富裕原则基础上对农业农村现代化的进一步推进。④二者在理论逻辑上具有内在统一性，在历史逻辑上具有前后相继性，在实践逻辑上具有协同耦合性。⑤追求的目标相同，脱贫攻坚是乡村振兴的首场硬仗⑥；本质上都是为了实现城乡居民共享改革发展成就⑦。内容交织融合，作用互促共进。⑧总目标依次递进，主体保持一致，体制机制有延续性，政策体系相互融合。⑨二者改善农村社会民生的基本要义一以贯之。⑩二者之间战略耦合的角色主体分别是国家、政府、乡村，三者通过政治逻辑、行

---

① 孙馨月、艳珍：《论脱贫攻坚与乡村振兴的衔接逻辑》，载《经济问题》2020年第9期。

② 张泉、白冬梅、彭筱雪：《我国脱贫攻坚与乡村振兴研究进展与展望——基于2017—2020年的数据分析》，载《林业经济》2021年第7期。

③ 张永丽、高蔚鹏：《脱贫攻坚与乡村振兴有机衔接的基本逻辑与实现路径》，载《西北民族大学学报》哲学社会科学版2021年第3期。

④ 叶敬忠：《从脱贫攻坚到乡村振兴：脱贫地区内的衔接抑或发展时代间的转型？》，载《社会发展研究》2021年第3期。

⑤ 姜正君：《脱贫攻坚与乡村振兴的衔接贯通：逻辑、难题与路径》，载《西南民族大学学报》人文社会科学版2020年第12期。

⑥ 陈明星：《脱贫攻坚与乡村振兴有效衔接的基本逻辑与实现路径》，载《贵州社会科学》2020年第5期。

⑦ 胡鹏：《脱贫攻坚与乡村振兴融合推进的逻辑关系》，载《管理观察》2019年第34期。

⑧ 杨世伟：《脱贫攻坚与乡村振兴有机衔接：重要意义、内在逻辑与实现路径》，载《未来与发展》2019年第12期。

⑨ 刘学武、杨国涛：《从脱贫攻坚到乡村振兴的有效衔接与转型》，载《甘肃社会科学》2020年第6期。

⑩ 涂圣伟：《脱贫攻坚与乡村振兴有机衔接：目标导向、重点领域与关键举措》，载《中国农村经济》2020年第8期。

政逻辑和治理逻辑实现彼此之间的互动关系。[1]在概念范畴上，二者存在包含与被包含关系；在实践时限上，二者存在短期与长期关系；在相互作用上，二者存在基础和拓展关系；在实践过程中，二者存在接续和交织关系。[2]它们都包括经济、社会、文化、生态等诸多内容[3]，乡村振兴产业、人才、文化、生态和组织振兴，与脱贫攻坚中产业扶贫、人才帮扶、文化扶贫、生态扶贫和党建扶贫等内容交叉融合，具有较高的内在一致性和连续性[4]。乡村振兴提高农村民生保障水平与脱贫攻坚社会保障兜底扶贫具有内在一致性。[5]

其次是差异。脱贫攻坚与乡村振兴的作用对象、解决问题、施策方式存在差异。[6]脱贫攻坚具有局部性、紧迫性、特殊性和阶段性等特点，而乡村振兴则具有整体性、渐进性、综合性和持久性等特点。[7]目标不同，对象不一，施策方式有差别。[8]脱贫攻坚到乡村振兴治理区域、对象全面扩大；脱贫攻坚消除绝对贫困，乡村振兴解决相对贫困；脱贫攻坚是优先任务微观施策，乡村振兴是顶层设计整体谋划。[9]提出的时间和背景不同、战略目标和使命不同，工作任务和内容不同。[10]

二是面临的困难及挑战。第一个层面是机制体系衔接上的困难。覆盖主体从个体到全体扩展难、聚焦空间从区域到全域延伸难、完成目标从绝对贫困到相对贫困跨越难、任务时限从短期性到长期性贯通难、政策力度

---

① 卫志民、吴茜：《脱贫攻坚与乡村振兴的战略耦合：角色、逻辑与路径》，载《求索》2021年第4期。

② 孙馨月、陈艳珍：《论脱贫攻坚与乡村振兴的衔接逻辑》，载《经济问题》2020年第9期。

③ 陈明星：《脱贫攻坚与乡村振兴有效衔接的基本逻辑与实现路径》，载《贵州社会科学》2020年第5期。

④ 白光博：《接续推进全面脱贫与乡村振兴有效衔接》，载《山东干部函授大学学报》2020年第5期。

⑤ 郭亚坤、杨琛华：《实现脱贫攻坚与乡村振兴有机衔接的路径研究》，载《中共山西省委党校学报》2020年第3期。

⑥ 陈明星：《脱贫攻坚与乡村振兴有效衔接的基本逻辑与实现路径》，载《贵州社会科学》，2020年第5期。

⑦ 郭亚坤、杨琛华：《实现脱贫攻坚与乡村振兴有机衔接的路径研究》，载《中共山西省委党校学报》2020第3期。

⑧ 张宜红、万欣：《统筹推进脱贫攻坚与乡村振兴相衔接：内在逻辑及政策选择》，载《农业考古》2020年第1期。

⑨ 刘学武、杨国涛：《从脱贫攻坚到乡村振兴的有效衔接与转型》，载《甘肃社会科学》2020年第6期。

⑩ 孙馨月、陈艳珍：《论脱贫攻坚与乡村振兴的衔接逻辑》，载《经济问题》2020年第9期。

从特惠性到普惠性持续难等多方面难题。①社会动员机制从超常规向常态化转型。②

第二个层面是具体工作和内容衔接困难。乡村产业扶贫与乡村产业振兴衔接困难、统筹协调工作系统衔接不畅、政策衔接不畅、组织衔接不畅、规划衔接不畅。③政策机制统筹衔接不畅，乡村产业发展升级难度大、乡村建设人才短板突出，土地和资金要素有待激活，主体内生动力不足。④

第三个层面是农村发展环境制约。农村发展不平衡、不充分，"空心化"现象严重，劳动力整体素养低，主体培育难度大，绿色产业发育水平低，"三农"服务体系不健全，社会力量参与乡村振兴的体制机制不健全，新型农村养老保障体系建设难度大⑤等，制约二者的有效衔接。

三是对策建议。第一个层面是体制机制上的衔接。要做好机制、规划、政策衔接⑥，参与、合作、资源配置、激励约束机制的衔接⑦；调整优化减贫振兴工作机制，凝聚全社会减贫振兴动力，完善减贫振兴考核评价体系⑧。健全有机衔接的制度机制⑨，做好发展思想、发展产业、发展动力、乡村治理、机制保障上的无缝衔接⑩；构建防止返贫长效机制，实现高质量稳定脱贫⑪。做好工作方法衔接，坚持将"精准"贯穿始终，坚

---

① 姜正君：《脱贫攻坚与乡村振兴的衔接贯通：逻辑、难题与路径》，载《西南民族大学学报》社会科学版 2020 年第 12 期。

② 涂圣伟：《脱贫攻坚与乡村振兴有机衔接：目标导向、重点领域与关键举措》，载《中国农村经济》2020 年第 8 期。

③ 岳国芳：《脱贫攻坚与乡村振兴的衔接机制构建》，载《经济问题》2020 年第 8 期。

④ 白光博：《接续推进全面脱贫与乡村振兴有效衔接》，载《山东干部函授大学学报》2020 年第 5 期。

⑤ 刘学武、杨国涛：《从脱贫攻坚到乡村振兴的有效衔接与转型》，载《甘肃社会科学》2020 年第 6 期。

⑥ 郭亚坤、杨琛华：《实现脱贫攻坚与乡村振兴有机衔接的路径研究》，载《中共山西省委党校学报》2020 年第 3 期。

⑦ 张永丽、高蔚鹏：《脱贫攻坚与乡村振兴有机衔接的基本逻辑与实现路径》，载《西北民族大学学报》哲学社会科学版 2021 年第 3 期。

⑧ 高强：《脱贫攻坚与乡村振兴的统筹衔接：形势任务与战略转型》，载《中国人民大学学报》2020 年第 6 期。

⑨ 孙馨月、陈艳珍：《论脱贫攻坚与乡村振兴的衔接逻辑》，载《经济问题》2020 年第 9 期。

⑩ 姜正君：《脱贫攻坚与乡村振兴的衔接贯通：逻辑、难题与路径》，载《西南民族大学学报》社会科学版 2020 年第 12 期。

⑪ 涂圣伟：《脱贫攻坚与乡村振兴有机衔接：目标导向、重点领域与关键举措》，载《中国农村经济》2020 年第 8 期。

持分区域梯次推进，坚持分阶段分步骤推进。①

　　要构建2020年后农村相对贫困群体的识别机制②，统筹人力资源开发利用，整合推动重大项目建设③。要抓住产业和人才两个重点，盘活土地和资金两大要素，补齐基础设施和基层治理两块短板。④统筹做好产业扶贫到产业振兴、人才帮扶到人才振兴、文化扶贫到文化振兴、生态扶贫到生态振兴、党建扶贫到组织振兴的衔接。⑤⑥鼓励多元产业发展，积极培育主体意识。⑦

　　第二个层面是具体工作上的衔接。做好政策衔接，脱贫攻坚与乡村振兴衔接的地理区域针对的是已经脱贫的地区，即原贫困地区。对于中国的整体发展来说，从脱贫攻坚到乡村振兴的重点不应该只聚焦在脱贫地区内实现脱贫攻坚与乡村振兴的有效衔接，还应该包括脱贫地区从脱贫攻坚到乡村振兴的有效转型，更应该包括在非脱贫地区推广应用脱贫攻坚机制和精神以及在非脱贫地区补足和深化推进经济建设之外的政治建设、文化建设、社会建设、生态文明建设、党的建设等。⑧要注重梳理脱贫攻坚中成熟的理论成果和实践经验，健全完善乡村振兴的政策体系；要促进特惠性政策向普惠性政策转变，把临时性帮扶政策转变成常态化支持政策，把兜底政策转变成乡村低收入群体的保障政策；同时，要加大对农村住房、教育、医疗、基础设施等方面的投入，弱化贫困户和非贫困户之间基本公共服务的差异，既避免出现脱贫攻坚后的"政策悬崖"，又确保乡村居民能

---

① 郭亚坤、杨琛华：《实现脱贫攻坚与乡村振兴有效衔接的路径研究》，载《中共山西省委党校学报》2020年第3期。

② 岳国芳：《脱贫攻坚与乡村振兴的衔接机制构建》，载《经济问题》2020年第8期。

③ 涂圣伟：《脱贫攻坚与乡村振兴有机衔接：目标导向、重点领域与关键举措》，载《中国农村经济》2020年第8期。

④ 白光博：《接续推进全面脱贫与乡村振兴有效衔接》，载《山东干部函授大学学报》，2020年第5期。

⑤ 杨世伟：《脱贫攻坚与乡村振兴有机衔接：重要意义、内在逻辑与实现路径》，载《未来与发展》2019年第12期。

⑥ 刘学武、杨国涛：《从脱贫攻坚到乡村振兴的有效衔接与转型》，载《甘肃社会科学》2020年第6期。

⑦ 豆书龙、叶敬忠：《乡村振兴与脱贫攻坚的有机衔接及其机制构建》，载《改革》2019年第1期。

⑧ 叶敬忠：《从脱贫攻坚到乡村振兴：脱贫地区内的衔接抑或发展时代间的转型？》，载《社会发展研究》2021年第3期。

够同等享受政策红利。[1] 从脱贫攻坚到乡村振兴，政策对象和范围将发生较大变化，需要关注有效衔接过程中的政策持续性问题。一方面是从个体到全体、从区域到全域的政策持续性问题；另一方面是从特惠性到普惠性政策的持续性问题。[2]

做好产业可持续发展。从产业扶贫到产业振兴，要重视产业选择上的长线和短线结合，将产业发展的近忧和远虑结合起来，推动一二三产业的融合发展；重视农村集体经济的可持续发展，在深化农村集体产权制度改革的基础上探索多样化的集体经济经营模式，通过壮大农村集体经济带动贫弱人口实现共同富裕；重视合作社和企业等新型农业主体在产业发展中与贫困户、小农户的关联机制建设，使产业发展始终能够惠及贫弱群体。[3] 农业方面要促进小农户和现代农业发展有机衔接，构建一、二、三产业融合发展体系，完善农业支持保护制度等[4]。

做好人才支持衔接。改革完善包括驻村帮扶工作队在内的人才队伍体制机制，吸引和培养更多人才，促进乡村社会治理稳定发展，克服乡村振兴人力资源空心化的障碍。[5] 围绕主要矛盾变化对主体来源、阶段任务、机制政策等方面提出的转型要求，以乡村人才振兴巩固脱贫成果推动乡村振兴，应更加强调乡村人才的内生动力、发展能力、机制活力和政策合力，推动人才在脱贫攻坚和乡村振兴上的有效供给和有机衔接，为乡村振兴注入强大的人才动能。[6]

做好文化方面的衔接。探索扶智、扶志中的文化扶贫机制与乡风文明建设中的文化生产机制的统筹衔接，让脱贫致富和实现文化小康成为贫弱群体的内在追求，让乡风文明成为农村新风尚。[7]

做好生态方面的衔接。剖析在脱贫攻坚中做好移民搬迁扶贫、生态补

① 郭亚坤、杨琛华：《实现脱贫攻坚与乡村振兴有效衔接的路径研究》，载《中共山西省委党校学报》，2020年第3期。

② 黄祖辉、钱泽森：《做好巩固拓展脱贫攻坚成果同乡村振兴有效衔接》，载《南京农业大学学报》社会科学版2021年第6期。

③ 赵晓峰：《统筹构建全面脱贫与乡村振兴的有效衔接机制》，载《国家治理》2019年第4期。

④ 叶敬忠：《从脱贫攻坚到乡村振兴：脱贫地区内的衔接抑或发展时代间的转型？》，载《社会发展研究》2021年第3期。

⑤ 岳国芳：《脱贫攻坚与乡村振兴的衔接机制构建》，载《经济问题》2020年第8期。

⑥ 张静宜、陈洁：《强化乡村人才支撑有效供给实现脱贫攻坚乡村振兴有效衔接》，载《宏观经济管理》2021年第8期。

⑦ 赵晓峰：《统筹构建全面脱贫与乡村振兴的有效衔接机制》，载《国家治理》2019年第4期。

偿扶贫、健康扶贫与乡村振兴中做好人居环境整治、生态环境保护的衔接机制，总结"厕所革命"和"垃圾革命"的实践经验，促进生态振兴成为农民的内生追求。①

综上，研究者从各个层面和领域对巩固拓展脱贫攻坚成果同乡村振兴进行了研究，但仍然存在一些不足：一是逻辑层次不清。研究看到了脱贫攻坚与乡村振兴的融通与差异，但没有厘清不同空间下二者衔接的层次及逻辑。从战略空间或政策作用场域出发来理解：巩固拓展脱贫攻坚成果同乡村振兴有效衔接的第一个层面是站在客体的角度，实现脱贫地区及贫困治理对象脱贫攻坚成果巩固同乡村振兴的衔接；第二个层面是统筹做好脱贫地区脱贫攻坚成果巩固与一般地区乡村振兴有机衔接。没有分清衔接的不同层面，就无法找到清晰的衔接路径及对策。正如研究者所述，巩固与拓展有着不同的内涵，巩固脱贫攻坚成果重心在于确保脱贫人口不返贫并提升脱贫质量，同时防止新生贫困产生；而拓展脱贫攻坚成果的重心在于实现脱贫攻坚阶段形成的优秀工作机制、脱贫攻坚精神以及扶贫资产等在乡村振兴阶段的承接应用。②二是缺乏历史的眼光，没有考虑"五个一批"为代表的具体举措的巩固问题。现有研究缺乏历史延续性的视角，没有分析脱贫攻坚阶段各项举措的具体推进情况及实践，这样难以准确把握脱贫措施的走向，也就无法从动态化的角度来谈巩固问题。三是站的角度不够高。现有研究尚没有从共同富裕的角度来探讨巩固拓展脱贫攻坚成果同乡村振兴的衔接问题，没有从农业农村现代化的角度来讨论二者的衔接问题。四是具体衔接层面讨论不够深入。研究仅提到要实现产业、人才、文化、生态等方面措施的衔接，但没有细致分析二者衔接面临的困难和问题，并提出具体的对策建议。

3. 共同富裕研究

党的十八大以来，以习近平同志为核心的党中央提出了以人民为中心的新发展理念，通过人民共享发展成果解决收入分配差距过大问题，使改革发展成果惠及全体人民。③2021年5月，中共中央、国务院启动了浙江省

①　赵晓峰：《统筹构建全面脱贫与乡村振兴的有效衔接机制》，载《国家治理》2019 年第 4 期。
②　邢成举、李小云、史凯：《巩固拓展脱贫攻坚成果：目标导向、重点内容与实现路径》，载《西北农林科技大学学报》社会科学版，2021 年第 5 期。
③　姬旭辉：《从"共同富裕"到"全面小康"——中国共产党关于收入分配的理论演进与实践历程》，载《当代经济研究》2020 年第 9 期。

共同富裕示范区建设。目前，对共同富裕的研究主要集中在概念及内涵、特征、实现机制及路径几个方面。

一是概念及内容。研究者认为，共同富裕是指通过矫正和补偿制度性因素导致的不平等，让全体人民有机会、有能力均等地参与高质量经济社会发展，并共享经济社会发展的成果。[①]共同富裕具有鲜明的中国特色，即通过高质量发展满足人民日益增长的美好生活需要，通过扩大中等收入群体实现全体人民共同富裕，通过缩小区域、城乡差距实现全域性共同富裕，通过共建共治人居环境和推动公共服务均等化，实现人的全面发展和社会全面进步。[②]实现共同富裕，发展是前提，共享是核心元素，发展的可持续和共享的可持续是重要条件。[③]

二是典型特征。共同富裕不是指总量富裕、平均富裕，而是全体人民普遍富裕基础上的差别富裕；共同富裕不是同时富裕、同步富裕，而是允许且认可富裕时序的先后性；就发展过程而言，共同富裕是"逐步共富"；共同富裕是"全面富裕"，代表了政治、经济、社会、文化和生态环境"五位一体"高度综合协调的状态。[④]促进共同富裕，不仅要推进收入分配公平，而且要着力促进基本公共服务均等化，促进机会均等，促进健康公平，促进精神文明建设和文化资源普惠，促进人的全面发展和社会全面进步。[⑤]

三是实现共同富裕的路径及机制。研究者认为，始终坚持中国共产党的领导是实现共同富裕的前提。[⑥]实现共同富裕，要构建初次分配、再分配、第三次分配协调配套的基础性制度安排。持续推进收入分配制度改革是实现共同富裕的基础。[⑦]从政策层面讲，需要在制度设计上遵循激励相容和制度匹配的原则，在高质量发展中推动共同富裕，优化资源和机会分配格局，保障和改善民生，加强和创新社会治理等。[⑧]从实现机制讲，共同富裕的实现机制可以分为总体实现机制与具体实现机制。总体实现机制

---

① 郁建兴、任杰：《共同富裕的理论内涵与政策议程》，载《政治学研究》2021年第3期。
② 杨宜勇、王明姬：《更高水平的共同富裕的标准及实现路径》，载《人民论坛》2021年第23期。
③ 郁建兴、任杰：《共同富裕的理论内涵与政策议程》，载《政治学研究》2021年第3期。
④ 杨宜勇、王明姬：《更高水平的共同富裕的标准及实现路径》，载《人民论坛》2021年第23期。
⑤ 张来明、李建伟：《促进共同富裕的内涵、战略目标与政策措施》，载《改革》2021年第9期。
⑥ 陈燕：《中国共产党的共同富裕：理论演进与实现路径》，载《科学社会主义》2021年第3期。
⑦ 陈燕：《中国共产党的共同富裕：理论演进与实现路径》，载《科学社会主义》2021年第3期。
⑧ 郁建兴、任杰：《共同富裕的理论内涵与政策议程》，载《政治学研究》2021年第3期。

主要表现为通过促进低收入阶层向上流动，扩大中等收入群体比例，实现共同富裕；具体实现机制主要表现为基本制度安排，政府干预机制、先富带动后富机制及培育内生动力机制。[①]从路径讲，要把加强顶层设计、夯实物质基础及推动高质量发展、巩固拓展脱贫攻坚成果、完善收入分配制度体系、增进民生福祉、优化社会保障体系有机结合起来。[②]要着力保障稳定脱贫，建立相对贫困治理长效机制；强化就业优先政策，多层次、多渠道促进就业；构建高质量教育体系，促进教育高质量均衡发展；健全社会保障体系，不断提升保障水平和能力；坚持基本分配制度，不断提升人民的收入水平；推进健康中国建设，加强医疗卫生发展环境建设。[③]在全面建成小康社会的基础上，建立更优越的税收制度以支撑更完善的社会保障体系，这是全面建设社会主义现代化国家的重要领域，也是最终实现共同富裕的重要途径。[④]

从目前来看，对共同富裕的研究还停留在宏观层面，尚没有从具体实践及措施角度进行探讨。我国实现共同富裕的重点和难点在农村，农村实现共同富裕有具体的抓手，巩固拓展脱贫攻坚成果、乡村振兴是目前两个基本的抓手。农村共同富裕是与城市不一样的共同富裕，要实现农村的共同富裕，要从具体的工作入手来展开。在这样的背景下，站在大历史观的角度，从脱贫攻坚、巩固拓展脱贫攻坚成果、乡村振兴一系列农村发展战略出发，系统思考中国特色的农村共同富裕道路，具有重要的现实意义。

习近平总书记强调，"我们要坚持用大历史观来看待农业、农村、农民问题，只有深刻理解了'三农'问题，才能更好理解我们这个党、这个国家、这个民族。必须看到，全面建设社会主义现代化国家，实现中华民族伟大复兴，最艰巨最繁重的任务依然在农村，最广泛最深厚的基础依然在农村。"[⑤]促进共同富裕，最艰巨最繁重的任务仍然在农村。农村共

① 薛宝贵：《共同富裕的理论依据、溢出效应及实现机制研究》，载《科学社会主义》2020年第6期。
② 蒋永穆、豆小磊：《共同富裕思想：演进历程、现实意蕴及路径选择》，载《新疆师范大学学报》哲学社会科学版2021年第6期。
③ 蒋永穆、谢强：《扎实推动共同富裕：逻辑理路与实现路径》，载《经济纵横》2021年第6期。
④ 周锟：《百年党史中税收制度改革与共同富裕思想的重要互动》，载《国际税收》2021年第6期。
⑤ 《谱写农业农村改革发展新的华彩乐章——习近平总书记关于"三农"工作重要论述综述》，人民网，http://politics.people.com.cn/n1/2021/0923/c1001-32233600.html。

同富裕工作要抓紧，但不宜像脱贫攻坚那样提出统一的量化指标。要巩固拓展脱贫攻坚成果，对易返贫致贫人口要加强监测、及早干预，对脱贫县要扶上马送一程，确保不发生规模性返贫和新的致贫。要全面推进乡村振兴，加快农业产业化，盘活农村资产，增加农民财产性收入，使更多农村居民勤劳致富。要加强农村基础设施和公共服务体系建设，改善农村人居环境。[①]从历史的视角出发，对脱贫攻坚实践进行系统的研究，探讨脱贫地区2020年后的治贫策略及具体措施，分析巩固拓展脱贫攻坚成果同乡村振兴有效衔接的具体措施及内容，能够弥补当前我国对2020年后贫困治理研究缺乏历史视角之不足。同时，吸取脱贫攻坚实践经验，将其应用于一般地区乡村振兴中来，推动脱贫地区脱贫攻坚成果巩固同一般地区乡村振兴的有效衔接，能够将现有研究引向深入，分类、分层开展巩固拓展脱贫攻坚成果同乡村振兴有效衔接研究。更重要的是，在共同富裕的历史背景和发展阶段中，对二者有效衔接的举措进行系统探讨，能够从更宏大的视角审视巩固拓展脱贫攻坚成果同乡村振兴有效衔接问题，并从具体工作入手，为实现共同富裕提供支撑。

回到云南，对脱贫攻坚实践的总结基本按照"理论遵循—主要举措—成效—经验启示—面临的问题和挑战—下一步展望与对策或同乡村振兴有效衔接"的框架展开。而成果以宣传脱贫攻坚实践经验为主，对各项帮扶举措的分析不够深入，也没有对各种举措后续巩固的探讨。更重要的是，缺少体系化的研究。同时，研究的落脚点仍然停留在脱贫和乡村振兴，而没有放到共同富裕的层面。在这样的背景下，对云南脱贫攻坚实践举措推进中面临的困难和问题、可持续扶持或巩固脱贫成果面临的问题及挑战进行深入研究，站在共同富裕的角度，分析每一项举措后续的巩固对策以及同乡村振兴的有效衔接问题，具有重要的理论与应用价值。

（三）研究意义

从学术价值看，本项研究从历史的视角、理论演进的视角、制度变迁的视角等，历史地看待脱贫攻坚实践、巩固拓展脱贫攻坚成果同乡村振兴的有效衔接问题。学术价值体现在以下几个方面：一是系统梳理脱贫攻坚的内容及构成，全面展示脱贫攻坚的内容及体系。二是系统梳理脱贫攻

---

① 习近平：《扎实推动共同富裕》，载《求是》2021年第20期。

坚实践，通过实践进一步检验中国特色反贫困理论及治贫范式的价值和意义。三是结合脱贫攻坚实践分析，探索巩固拓展脱贫攻坚成果阶段治贫体系完善的方向及内容，为构建新阶段中国贫困治理的理论体系奠定基础。四是分类、分层探讨巩固拓展脱贫攻坚成果同乡村振兴有效衔接，丰富脱贫攻坚同乡村振兴有效衔接的理论研究体系。五是站在历史的角度，把脱贫攻坚、巩固拓展脱贫攻坚成果、乡村振兴看作是促进农村共同富裕的重要举措，为中国特色社会主义共同富裕的理论体系添砖加瓦。

从应用价值看，《中共中央 国务院关于实现巩固拓展脱贫攻坚成果同乡村振兴有效衔接的意见》提出，脱贫攻坚目标任务完成后，设立5年过渡期。脱贫地区要根据形势变化，厘清工作思路，做好过渡期内领导体制、工作体系、发展规划、政策举措、考核机制等有效衔接，从解决建档立卡贫困人口"两不愁三保障"为重点转向实现乡村产业兴旺、生态宜居、乡风文明、治理有效、生活富裕，从集中资源支持脱贫攻坚转向巩固拓展脱贫攻坚成果和全面推进乡村振兴。本研究从历史的视角来审视脱贫攻坚实践、巩固拓展脱贫攻坚成果同乡村振兴有效衔接，全面展示脱贫攻坚、巩固拓展脱贫攻坚成果同乡村振兴有效衔接的实践现状。从历史延续性的角度为云南乃至全国其他地方巩固拓展脱贫攻坚成果同乡村振兴有效衔接提供决策参考。同时，本研究探讨脱贫地区巩固拓展脱贫攻坚成果同乡村振兴有效衔接、脱贫地区与一般地区脱贫攻坚成果巩固同乡村振兴有效衔接问题，并从产业就业、易地搬迁、教育扶贫、健康扶贫、社会保障兜底扶贫、生态扶贫、资产收益扶贫等具体举措的衔接出发，分析面临的困难和问题，提出解决的对策建议；分析巩固拓展脱贫攻坚成果面临的问题，乡村振兴的现实基础及面临的挑战，提出解决对策，对做好脱贫攻坚成果巩固同乡村振兴有效衔接工作具有重要的借鉴意义。

二、研究设计

（一）研究思路

本项研究遵循"总—分—总"的逻辑结构。首先，对脱贫攻坚实践成效及经验启示进行总体介绍。其次，分述脱贫攻坚实践及巩固拓展脱贫攻坚成果同乡村振兴有效衔接。从脱贫攻坚的重点工作出发，分别介绍不同举措的具体实践、推进中的困难和问题，站在巩固拓展脱贫攻坚成果同乡村振兴有效衔接角度，分析面临的挑战，并对巩固拓展脱贫攻坚成果同乡村振兴有效衔接进行讨论。习近平总书记指出，脱贫的做法和手段大概有十多种，如发展特色产业脱贫、组织劳务输出脱贫、资产收益脱贫、易地搬迁脱贫、生态保护脱贫、发展教育脱贫、医疗保险和医疗救助脱贫、低保兜底脱贫、社会公益脱贫等。[①]结合中央安排及云南实践，本项研究在措施及手段的探讨中，选择了产业扶贫、就业扶贫、易地扶贫搬迁、教育扶贫、健康扶贫、社会保障兜底扶贫、生态扶贫、资产收益扶贫、内生动力培养等九个方面。在此基础上，结合致贫原因分析，谈脱贫攻坚未解决的农村发展问题，以及乡村振兴面临的现实基础及挑战。最后，站在历史延续性及共同富裕的角度，谈巩固拓展脱贫攻坚成果同乡村振兴有效衔接的系统设计。

在此，本项研究有一个隐性的假设，即脱贫攻坚阶段的脱贫人口仍然是一个极易返贫的人群，如果脱贫攻坚阶段的精准扶持措施可持续性不足，他们就可能返贫。因此，当前贫困治理的一个重要内容，是脱贫攻坚帮扶措施的可持续性。所以，从脱贫攻坚阶段的主要帮扶举措出发，对巩固拓展脱贫攻坚成果同乡村振兴有效衔接进行探讨。在此基础上，提出了本项研究的另一个假设，如果连致贫的原因都破解不了，就谈不上高质量发展，也就实现不了乡村振兴和共同富裕。因此，乡村振兴的前提，仍然是进一步破解阻碍群众致富的主客观因素。

（二）内容安排

在篇章结构上，第一章为导论部分，详细介绍本书研究与写作背景，总体安排、研究材料及材料获取方式。在导论的结束部分，对本书研究的发现进行了集中讨论。第二章介绍脱贫攻坚实践的成效及经验启示，第三章到第十一章，分别介绍产业、劳动力转移就业、易地搬迁、教育扶贫、健康扶贫、社会保障兜底扶贫、生态扶贫、资产收益扶贫、内生动力培养的具体实践，以及其推进中面临的问题对遗留问题、巩固拓展脱贫攻坚成果同乡村振兴有效衔接的思考。一部分只谈了推进中的问题，没有谈遗留

① 中共中央党史和文献研究院：《习近平扶贫论述摘编》，中央文献出版社2018年版，第76页。

问题。第十二章介绍脱贫攻坚尚未破解的问题及乡村振兴的现实基础，第十三章谈巩固拓展脱贫攻坚成果同乡村振兴有效衔接的系统设计。具体内容上，按照2012年拉开脱贫攻坚序幕、2015年全面打响脱贫攻坚战的阶段划分，将部分举措回溯到2013年，部分举措聚焦2015年后，目的是通过长期性叙事反映党的十八大以来中国特色社会主义共同富裕道路的具体实践。

（三）资料收集

资料收集主要有四个途径和工作。一是相关研究文献梳理。主要通过中国知网，分年度查询涉及扶贫的研究文献。

二是职能部门二手资料搜集整理。主要从云南省扶贫办及各厅局相关处室搜集扶贫方面的相关资料。

三是媒体资料搜集整理。主要通过网络，搜集报道云南扶贫的相关资料。

四是田野调查资料搜集整理。首先，充分利用做贫困村脱贫规划之便，对宁蒗县拉伯乡托甸村、剑川县马登镇玉龙村、剑川县甸南镇发达村、元阳县上新城乡兴隆街村、金平县金水河镇老刘村、施甸县木老元乡的4个村进行了调查。其次，借参与"云南精准扶贫研究""云南巩固脱贫成果研究""云南扶贫对象分类研究""守边强基攻坚战调查研究"等项目之便，整合个人主持的云南省社科规划项目"共享发展理念下云南决战脱贫攻坚实践经验研究""云南农村改革40年实践经验研究""'十四五'"期间云南深化农村改革的重点、难点及对策研究"，云南省社科院项目"'十四五'期间云南扶贫成果巩固提升与相对贫困治理研究""党的十八大以来中国扶贫理论创新与云南实践研究""云南农村深度贫困地区精准扶贫机制创新研究"等经费，对云南省普洱市、红河州、文山州、曲靖市、昭通市、怒江州、迪庆州、楚雄州等8个州（市），澜沧县、宁洱县、红河县、金平县、绿春县、西畴县、马龙县、镇雄县、泸水市、兰坪县、香格里拉市、姚安县等12个贫困县（市），澜沧县木戛乡拉巴村、宁洱县磨黑镇团结村、红河县迤萨镇勐龙村、姚安县左门乡地索村、西畴县蚌谷乡龙正村等近20个村做了调查。

从资料类型看，既有研究型资料包括论文、著作，也有政府相关部门提供的总结性、报告性资料，还有笔者通过座谈会、小组访谈、参与式调查获得的资料。其中，涉及致贫原因的调查资料体现出分时段的特点。2015年底到2016年初调查时基础设施差是典型特点，而2018年底调查时基础设施的相对落后是典型特点。调查资料的历时性特点，使本书的研究能够从历史的角度来审视脱贫攻坚实践、巩固拓展脱贫攻坚成果同乡村振兴的衔接问题。

三、研究发现

（一）共同富裕是有效衔接之魂

通过历时性的跟踪研究发现，脱贫攻坚和乡村振兴只是不同阶段中国农村的具体发展战略，其目的是通过持续地实施一些战略性的工程，促进农业农村现代化，满足人民群众不断增长的物质文化生活需求，满足人民群众对生态发展的期望，与共同富裕的社会主义本质要求有机契合在一起。脱贫攻坚解决的是绝对贫困问题，实现的是总体富裕；乡村振兴解决的是相对贫困问题，实现的是更高层次的富裕，体现在富裕的内容、富裕的面以及富裕的程度上。现阶段，我国推进脱贫攻坚成果巩固拓展同乡村振兴有效衔接，目的是守住脱贫攻坚的成果，守住总体富裕的果实，为乡村振兴提供支撑；同时，通过乡村振兴，为农村持续注入资源和力量，促进可持续发展，最终，彻底消除相对贫困问题，实现共同富裕。

共同富裕是社会主义的本质要求，是中国式现代化的重要特征。脱贫攻坚、乡村振兴是促进农村共同富裕的具体抓手，脱贫攻坚取得全面胜利，实现了全面小康路上一个都不掉队，在促进全体人民共同富裕的道路上迈出了坚实一步。实施乡村振兴战略，是党的十九大作出的重大决策部署，是决胜全面建成小康社会、全面建设社会主义现代化国家的重大历史任务，是实现全体人民共同富裕的必然要求。擘画了2035年相对贫困进一步缓解、共同富裕迈出坚实步伐，2050年农业强、农村美、农民富全面实现的宏伟蓝图。脱贫摘帽不是终点，而是新生活、新奋斗的起点。巩固拓展脱贫攻坚成果同乡村振兴有效衔接具有重大的战略意义，是让包括脱贫群众在内的广大人民过上更加美好的生活，朝着逐步实现全体人民共同富裕的目标继续前进，彰显党的根本宗旨和我国社会主义制度优势的伟大工程。站在共同富裕的角度，农村仍然是重点和难点，难在一次分配偏离农村、二次分配总量有限、三次分配量质不足。

一次分配偏离农村。实现共同富裕，要构建初次分配、再分配、第三次分配协调配套的基础性制度安排。初次分配即一次分配，在实现共同富裕中发挥着基础性作用。但一次分配是市场主导的分配机制，市场以效率和效益为核心来配置资源，形成了注重效率和效益的分配机制。目前，市场已经成为我国资源配置的决定性因素，在效率和效益至上的资源配置逻辑下，农村相对于城市来说效率和效益低，农业相对于工业、服务业效率和效益低，因此，资源配置和分配上倾向于效率和效益更高的城市、工业、服务业，而偏离农村、农业，导致农村实现共同富裕面临困难。

二次分配总量有限。再分配即二次分配，是将资源从拥有它较多的主体分配到拥有它较少的主体的活动。二次分配的前提是资源先过渡给政府，然后以政府强制力推行。主导二次分配的是行政机制。二次分配在共同富裕中发挥着重要作用，能够较大地改善一次分配带来的发展不均，促进社会公平。但即使我国历史性地摆脱了绝对贫困的困扰，社会主义初级阶段的基本国情也未改变，二次分配的总量有限，无法实现按需分配。以社会保障体系为核心的二次分配机制，仅能保障农村群众的基本生活，无法实现富裕目标，依靠二次分配实现共同富裕较困难。

三次分配量质不足。三次分配在共同富裕中发挥着补充作用。党的十九届四中全会、十九届五中全会、国家"十四五"规划和2035 年远景目标纲要都提出，要发挥慈善等三次分配作用，改善收入和财富分配格局。三次分配是由社会机制主导的资源配置活动，是对一次分配和二次分配的有益补充。三次分配推动共同富裕的主要路径包括发展慈善捐赠、社会企业、志愿服务和文化艺术等。目前，针对农村的三次分配机制还不完善，社会主体参与不足，分配的总量有限。同时，分配机制不完善，多数停留在直接给钱给物，与主体内生动力的培养联动不足。此外，分配的内容还较窄，以物资和金钱为主，志愿服务、无偿性服务互助等发展不足。

（二）乡村治理共同体是衔接保障

巩固拓展脱贫攻坚成果，全面推进乡村振兴，实现农民农村共同富裕有四个关键：一是坚持中国共产党的领导；二是持续推进收入分配制度改革；三是发展壮大集体经济；四是调动农民的主体积极性，以共建实现共富。是否有一个载体可以将几个关键点有机联结起来呢？党的十九届四中全会提出的"建设人人有责、人人尽责、人人享有的社会治理共同体"提供了平台。乡村治理共同体是坚持党的领导，发挥社会主义制度和集中办大事优势的有效载体；融政府、市场、社会多元主体于一体，是聚合乡村力量促进共建共富的有效途径；有效整合了政府行政管理、市场互惠管理、社会道德管理，是改善分配格局促进农民增收的组织依托。同时，乡村治理共同体在乡和村两个层面实现了国家与社会的结合，在国家与社会良性互动中促进共同富裕的国家行动与社会自觉行动有机结合。

首先，乡村治理共同体以党的领导为核心，通过坚持党的领导，实现了共同富裕从政治议程向政策议程、政治意志向行政伦理、行政伦理向治理机制的转化。通过党的领导、党员担任各级各部门的领导干部，推动了乡村振兴、共同富裕的政党意志向行政伦理转变，自上而下的治理机构设置与治理目标传导，推动了行政伦理向治理机制转变。通过治理机制创新，乡村振兴、共同富裕的政治议程转化为国家行动。

其次，乡村治理共同体整合一切社会力量，实现了共同富裕的政策议程向社会行动的转化。共同富裕是一个长远目标，需要一个过程，不可能一蹴而就。[①]实现农民农村共同富裕，需要有效聚合政府、市场、社会力量，使共同富裕转化为社会行动。实现农民农村共同富裕，单靠政府不行，需要整合全社会的资源，聚集民智、民力为共同富裕而奋斗。只有这样，共同富裕才能获得源源不断的动力，经过几代人持久的奋斗，最终实现这一目标。因此，需要强有力的社会动员机制，通过社会动员，调动全社会的积极性、主动性，使人民成为行动主体。必须贯彻人民中心思想，从为民谋利角度，开展强有力的政治动员，调动全体人民的积极性、主动性，聚合全社会的民智、民力、民财。乡村治理共同体由乡和村两个层面构成：乡的层面是在党委领导下，政府、市场、社会不同主体的有机结

---

① 习近平：《扎实推动共同富裕》，载《求是》2021年第20期。

合；村上承基层政府、下连村民，是在党组织领导下，融政府、市场、社会不同主体于一身的有机体。乡村两个面向，实现了国家政治议程向政策议程转化、政策议程向社会行动转化。

一方面，乡是国家农民农村共同富裕政策、资源整合的末梢，政策执行的末梢，成为国家共同富裕政策议程向社会行动转化的末梢。乡村治理共同体是国家意志表达的基石。从国家意志到国家行动，需要强有力的组织动员载体。"五级政府"架构下，乡村治理共同体成为国家意志表达的基础，乡村治理共同体建设实现了国家意志向市场主体、社会组织、自治组织、普通群众的输出，实现了广泛的社会动员，使国家意志转化为国家行动。在政府层面，党委领导、政府负责的体制机制，使乡村治理共同体成为执行国家意志的末梢。在村层面，党支部领导把自治组织整合到国家意志的执行中。

另一方面，村是国家与社会对接的现实平台，党对集体经济和社区治理的领导，实现了国家政治议程向社会行动的转化。乡村治理共同体面向广大农民，具有广泛的社会基础。其组成包括各类农村组织或个人，其解决的问题与农民群众生产生活直接相关，具有乡土性和社会性。在构成和服务对象上具有典型的社会性。通过对集体经济及社区治理的领导，人民至上、共同富裕的社会主义本质特征嵌入经济发展。党通过对基层治理和经济的领导，把实现共同富裕的政治目标向社会自觉行动转化，促进农村农民共同富裕。脱贫攻坚阶段，党建与扶贫"双推进"，实施第一书记、驻村工作制度，党员帮带制度，推动了共同富裕的政策议程向社会行动转化，有力地促进了脱贫攻坚进程。乡村治理共同体是国家与社会互动的载体。乡村治理共同体是将国家意志推向社会，破解国家意志传递"最后一公里"问题的有效载体。同时，也是社会对国家意志进行反馈的有效载体。通过利益整合，把广大农民群众的愿望即社会愿望向上传递，实现国家意志与社会愿望的互动，消除差异，实现统一，从而聚合国家与社会力量，促进共同富裕。

（三）集体经济是有效衔接突破口

实现巩固拓展脱贫攻坚成果同乡村振兴有效衔接，促进农村共同富裕，要以高质量的发展为低收入人群创造更多的就业机会，提高一次分配收入；要进一步做大二次分配，弥补低收入群体与其他群体在市场竞争中的不足；要进一步发挥三次分配的补充作用，为低收入者和弱者提供更多的物质和服务。而集体经济正好为实现这一切提供了可能。农村集体经济是集体成员利用集体所有的资源要素，通过合作与联合实现共同发展的一种经济形态，是社会主义公有制经济的重要形式。党领导下的集体经济发展模式为弱者创造了更多的一次分配机会、益弱性分配机制促进了社区公平、集体经济发展后利益共同体建设带动了社会共同体建设，有利于社区慈善与互助发展。新阶段，实现巩固拓展脱贫攻坚成果同乡村振兴有效衔接，要推动集体经济发展与分配格局完善深度融合。

首先，加强党的领导，做大一次分配。党的十八大以来，我国加强党对农村集体经济发展的领导，推动基层治理创新与经济发展有机结合，党建与脱贫攻坚"双推进"、党建与乡村振兴"双推进"有力地促进了基层党组织领导下集体经济的发展，促进了农民增收致富。新修订的《村民委员会组织法》《中国共产党农村基层组织工作条例》均规定："村党组织书记应当通过法定程序担任村民委员会主任和村级集体经济组织、合作经济组织负责人。"依托党组织建设和党的坚强领导，能够促进集体经济的发展、带动乡村产业发展。在集体经济与乡村产业发展中，党建与脱贫攻坚"双推进"机制对集体经济发展与助民致富进行了探索，积累了经验。主要做法是：以集体经济发展带动乡村产业发展，增加贫困群众经营性收入；在集体经济发展中，优先聘用贫困者参与劳动，为就业困难人群提供更多的就业机会，增加工资性收入。新阶段，要坚持党建与乡村振兴"双推进"，通过党领导的集体经济发展，促进产业振兴，增加脱贫群众、其他农村群众经营性收入，增加就业困难人员就业机会，增加工资性收入。

其次，完善分配机制，促进社区公平。集体经济是公有制的重要组成形式，集体经济分配具有较强的益弱性。集体经济发展能够提供更多的公共产品和福利。在公共产品和福利提供中，天生带有益弱、益贫性，如对集体范围内的老年人、儿童、妇女的关爱与分配倾斜。实现巩固拓展脱贫攻坚成果同乡村振兴有效衔接，要在加快集体经济发展的同时，完善分配机制，利用集体公积金、公益金，做大社区福利，建立对社区中的弱者的帮扶制度和分配倾斜制度，发挥集体经济对二次分配的补充作用，促进社区公平。

最后，重塑社会共同体，做优三次分配。集体经济发展有助于做大社区三次分配。2017年6月印发的《中共中央　国务院关于加强和完善城乡社区治理的意见》要求，增强农村集体经济组织支持农村社区建设能力，积极开展以生产互助、养老互助、救济互助等为主要形式的农村社区互助活动。实现巩固拓展脱贫攻坚成果同乡村振兴有效衔接，要依托集体经济的发展，让集体成员在资源共享、利益共享过程中，通过利益共同体建设重塑社会共同体，实现经济与社会的互构，促进成员间的互助与合作，引导农村群众广泛开展无偿服务、志愿服务，做大社区三次分配。同时，有效衔接社区外三次分配资源，实现内外联动，激发三次分配持续发展的动力。

总之，实现共同富裕，推动巩固拓展脱贫攻坚成果同乡村振兴有效衔接，最根本的举措在于激活农村可持续发展的动力，既要激活个体发展的动力，也要激活集体发展的动力。最佳途径是建构集体与个体发展的联动机制，这就需要借助党建与乡村振兴"双推进"，加快乡村治理共同体建设，按照"利益共同体、制度共同体、价值共同体"的演进逻辑，重塑乡村共同体。以利益共同体建设促进集体经济发展，为弱者创造更多的一次分配机会；构建制度共同体，建立益弱性分配机制，发挥集体经济对二次分配的补充作用；构建价值共同体，倡导互助，做优三次分配。

第二章　脱贫攻坚的成效、经验及启示

在脱贫攻坚阶段，云南坚持精准方略，以致贫原因为出发点，厘清治贫思路，按照贫困家庭、贫困村、贫困地区发展需求开展精准扶持。根据不同区域、人群致贫原因的特殊性，分类实施精准扶持。照顾到社会主义初级阶段的国情、省情，各种扶贫措施在共享发展、劳动优先、自力更生、社会公平等原则上形成。具体推进中，政府、市场、社会，企业、集体、贫困群众多元主体协同发力，各种帮扶措施综合推进。脱贫攻坚取得了决定性胜利，积累了一些宝贵经验，给做好"三农"工作提供了一些启示。

一、显著成效

云南脱贫攻坚取得了决定性胜利，933万农村贫困人口全部脱贫，8502个贫困村全部出列，88个贫困县全部摘帽，贫困地区人均可支配收入从2016年的7847元增加到2020年的11740元，150万人实现"挪穷窝""斩穷根"，历史性地解决了困扰云南千百年的区域性整体贫困和绝对贫困问题。贫困群众出行难、喝水难、用电难、通信难、上学难、就医难、住房难等问题得到基本解决，脱贫群众精神面貌焕然一新，兑现了"全面建成小康社会，一个民族都不能少"的庄严承诺。[1]不仅在解决贫困方面取得了巨大成效，贫困治理体系也逐步完善；同时，脱贫攻坚改善了农村产业结构，加快了全面小康社会建设进程。两方面的成就，为邻国扶贫工作提供了中国经验和中国方案。从总体上讲，脱贫攻坚成效是多方面、全方位的，可以从直接成效、间接成效、溢出效益三个层面进行系统梳理。

---

[1]　王宁：《坚定沿着习近平总书记指引的方向阔步前进　为全面建设社会主义现代化谱写好中国梦的云南篇章而奋斗》，云南网，https://yn.yunnan.cn/system/2021/12/03/031800385.shtml。

（一）直接成效巨大

一是庄严承诺如期兑现。现行标准下贫困人口全部脱贫、贫困村出列、贫困县摘帽的庄严承诺如期兑现。"不让一个少数民族掉队"的庄严承诺如期兑现。11个"直过民族"和人口较少民族实现整族脱贫，历史性地告别了绝对贫困。

贫困县有序退出。根据《云南省人民政府关于批准寻甸县等15个县退出贫困县的通知》，2018年9月，寻甸回族彝族自治县、罗平县、牟定县、姚安县、石屏县、宁洱哈尼族彝族自治县、勐海县、祥云县、宾川县、巍山彝族回族自治县、洱源县、鹤庆县、芒市、玉龙纳西族自治县、云县等15个县（市）达到贫困县退出有关指标，符合退出条件，批准退出贫困县。根据《云南省人民政府关于批准东川区等33个县（市、区）退出贫困县的通知》，2019年5月，东川区、禄劝县、威信县、绥江县、富源县、师宗县、龙陵县、昌宁县、双柏县、南华县、大姚县、永仁县、泸西县、砚山县、西畴县、景谷县、镇沅县、孟连县、西盟县、勐腊县、漾濞县、南涧县、永平县、盈江县、陇川县、香格里拉市、德钦县、临翔区、凤庆县、镇康县、耿马县、沧源县、双江县等33个县（市、区）已达到贫困县退出有关指标，符合退出条件，批准退出贫困县。根据《云南省人民政府关于批准昭阳区等31个县市区退出贫困县的通知》，2020年5月，昭阳区、鲁甸县、巧家县、彝良县、盐津县、大关县、永善县、宣威市、隆阳区、施甸县、武定县、红河县、元阳县、绿春县、金平县、文山市、麻栗坡县、马关县、丘北县、富宁县、景东县、墨江县、江城县、弥渡县、云龙县、剑川县、梁河县、永胜县、贡山县、维西县、永德县等31个县（市、区）已达到贫困县退出标准，符合贫困县退出条件，批准退出贫困县。根据《云南省人民政府关于批准镇雄等9个县市退出贫困县的通知》，2020年11月，镇雄县、会泽县、屏边县、广南县、澜沧县、宁蒗县、泸水市、福贡县、兰坪县等9个县（市）已达到贫困县退出标准，符合退出条件，批准退出贫困县。至此，云南88个贫困县如期实现脱贫退出目标。

"直过民族"和人口较少民族有序脱贫。2019年4月，独龙族、基诺族、德昂族率先实现整族脱贫；2020年3月，阿昌族、布朗族、普米族、景颇族、佤族、拉祜族实现整族脱贫；2020年6月，怒族、傈僳族贫困人口达到脱贫标准，2020年12月实现脱贫目标。至此，11个"直过民族"和人口较少民族摆脱了困扰千年的贫困问题。

贫困人口如期脱贫。农村贫困人口从2012年的804万人下降到2014年的574万人，2015年下降到471万人，2016年下降到373万人，2017年下降到279万人，2018年下降到179万人，2019年下降到44.2万人，2020年，全部贫困人口实现脱贫。

二是"两不愁三保障"[①]问题全面解决。贫困人口吃穿得到有效保障。贫困人口如期实现脱贫，收入水平全部高于贫困线，基本口粮、衣服得到保障。农村低保标准提高到每年4500元，建档立卡低保对象150.8万人，实现了应保尽保。截至2020年12月，546.26万名符合条件的建档立卡人口全部参加城乡居民养老保险，41万名残疾人被纳入扶贫对象，确保贫困人口应保尽保[②]，贫困人口吃穿不再是问题。

贫困家庭义务教育得到更好保障。88个贫困县实现县域义务教育均衡发展，义务教育学校办学条件"20条底线"全部达标，依法控辍保学，实现动态清零。[③]贫困家庭孩子在奖励补助下，不再因为贫困而辍学，义务教育得到全面落实和保障。

因病致贫问题得到有效解决。2016年到2020年，累计减少因病致贫28.28万户112.49万人。实现88个贫困县每个至少有一家公立医院达到二级医疗机构服务水平，每个乡镇和每个行政村都有一个卫生院和卫生室并配备合格医生，贫困群众看病有地方、有医生。88个贫困县的县、乡、村医疗机构全部达标。贫困患者在县域内定点医疗机构住院享受"先诊疗后付费"和"一站式"即时结报服务。贫困患者住院报销比例从2016年的61.15%提高到2020年的90.17%，人均自付费用从2441.63元降低到692.89元。[④]农村群众看得上病、看得起病，病有所医的梦想变成现实。

---

① 2018年以来，云南将饮水安全纳入脱贫考核指标体系，只有饮水安全达到要求，才能实现脱贫。

② 秦黛玥、期俊军：《云南兜牢民生底线，兜实群众安全感幸福感》，云南网，http:/ynfprx. yunnan.cn/system/2020/12/15/031179531.shtml。

③ 秦黛玥、期俊军：《云南兜牢民生底线，兜实群众安全感幸福感》，云南网，http:/ynfprx. yunnan.cn/system/2020/12/15/031179531.shtml。

④ 秦黛玥、期俊军：《云南兜牢民生底线，兜实群众安全感幸福感》，云南网，http:/ynfprx. yunnan.cn/system/2020/12/15/031179531.shtml。

住房不安全问题得到全面解决。累计解决了超过130万户约500万名农村贫困群众的住房安全问题，改造后的农房达到了"安全稳固、遮风避雨"的基本要求，86.6万户建档立卡贫困户危房得到改造，实现了"危房不住人，住人无危房"。[①]24.46万户贫困群众通过易地扶贫搬迁实现了住房安全的目标。

饮水不安全问题得到彻底解决。建档立卡贫困人口中存在饮水问题的24153户99453名贫困人口的饮水安全问题得到全面解决。2016年至2020年10月底，农村饮水安全巩固提升工程累计完成投资118.3亿元，巩固提升了1950.8万农村人口的饮水安全保障水平，其中建档立卡贫困人口280.5万人。农村集中供水率从2015年底的83%提高到96%，自来水普及率从2015年底的77.7%提高到94%。巩固提升农村饮水安全保障水平，保证让贫困群众喝上"放心水"。[②]

三是贫困地区基础设施显著改善。贫困地区群众出行难、用电难、通信难等长期没有解决的问题得到有效解决。"十三五"期间，累计新建和改建农村公路10.5万公里，建成7个"四好农村路"全国示范县，建制村100%通硬化路、100%通邮、具备条件建制村100%通客车的交通扶贫"三通"兜底性任务全面完成；优先实施2.5万公里"直过民族"、人口较少民族及沿边地区20户以上自然村通硬化路项目，11个"直过民族"和人口较少民族实现整族脱贫，告别"出行难"的历史。[③]2020年8月，实现全部乡镇和建制村100%通邮、乡镇100%通客运、有条件的建制村100%通客运的目标。截至2020年8月，累计投资17.06亿元，8502个贫困村广播电视信号覆盖率达到99%以上。

四是现代文明生活方式走进贫困村寨。通过移风易俗行动，贫困村寨的陈规陋习逐渐被破除，健康文明风尚正在形成，村规民约作用得到显现，村容村貌大大改善。99.6万名贫困群众如期住进了24.46万套安置

---

① 秦黛玥、期俊军：《云南兜牢民生底线，兜实群众安全感幸福感》，云南网，http://ynfprx. yunnan.cn/system/2020/12/15/031179531.shtml。

② 秦黛玥、期俊军：《云南兜牢民生底线，兜实群众安全感幸福感》，云南网，http://ynfprx. yunnan.cn/system/2020/12/15/031179531.shtml。

③ 秦黛玥、期俊军：《云南兜牢民生底线，兜实群众安全感幸福感》，云南网，http://ynfprx. yunnan.cn/system/2020/12/15/031179531.shtml。

房，多数群众告别了"交通靠走，通信靠吼，看家靠狗"的生活。①通过人居环境整治工程、"厕所革命"、建立农村环境卫生保洁制度，健康文明的生活方式走进贫困村寨。

五是贫困地区经济结构全面改善。农业产业格局发生巨变，2016年到2020年，累计培育形成26个扶贫主导产业，覆盖贫困户168.53万户，168.03万贫困户与各类新型经营主体建立了利益联结机制。"县县有主导产业、村村有产业基地、户户有增收项目"的产业扶贫格局基本形成。2019年，贫困地区农村居民人均可支配收入由2015年的7070元增加到10771元，首次突破万元大关，其中来自产业的经营性收入占比达到46.7%。② 贫困地区农业产业格局得到极大改善。

六是贫困地区经济发展后劲得到增强。农业龙头企业由3279户增加至4240户。129个县级物流集散中心建设全面推进，建成109个具有物流集散功能的园区、中心、基地，覆盖率达到84.5%；乡镇快递网点达3400个，覆盖率99.6%，建制村通邮率100%。消费扶贫发展迅速，扶贫产品累计销售202.65亿元。③

（二）间接成效明显

一是集中办大事的制度优势充分发挥。政府主导下的专项扶贫、行业扶贫、社会扶贫的大扶贫格局得到巩固和完善，党政军支持、工青妇积极加入、企事业单位广泛参与、社会各界积极支持的局面全面形成，上海、广东对口支援力度、广度向纵深发展；中央国家机关、企事业单位定点帮扶深入推进，省内机关与企事业单位挂包帮制度全面落实，万企帮万村全面推进，全社会合力攻坚的格局全面形成，集中力量办大事的制度优势进一步凸显。

二是党在农村的执政基础进一步夯实。脱贫攻坚增强了党在农村的美誉度，密切了党和群众之间的联系，党群关系、干群关系进一步改善。党

---

① 杨苑：《云南百万贫困群众"挪穷窝"，通过易地扶贫搬迁走进新生活》，云南网，http://ynfprx.yunnan.cn/system/2020/12/15/031179372.shtml。

② 赵家琦：《云南做法再成亮点！产业发展助农脱贫，我们是认真的》，云南网，http://ynfprx.yunnan.cn/system/2020/12/17/031183800.shtml。

③ 期俊军：《覆盖168.53万档卡户！云南产业扶贫"造血"富民》，云南网，http://ynfprx.yunnan.cn/system/2020/12/15/031179198.shtml。

建与扶贫"双推进"推动了集体经济发展，带动了村庄产业发展；党员联系和帮带贫困群众使广大脱贫群众感党恩、听党话、坚定跟党走的信念更加坚定。

三是贫困治理现代化进一步提升。脱贫攻坚顶层设计不断完善，政策的系统性、整体性、协同性更高。精准识别机制、帮扶和管理机制不断完善，产业扶贫利益联结机制、投入增长保障机制、社会参与合力攻坚机制、东西部协作机制以及考核评估、贫困退出等机制不断健全，贫困预警、识别、资源分配、内生动力培养、帮扶、退出、可持续扶持等不同环节、全过程的帮扶机制不断完善，对贫困治理的支撑能力不断提高。同时，制度执行力显著增强。锤炼出一支敢于攻坚、善于攻坚、动真碰硬且有情怀、敢担当、善作为的"三农"工作队伍，提高了脱贫攻坚各项制度的执行能力。通过党政"一把手"亲自抓、作风建设、督战结合来提高制度执行力的路径更加明确。此外，乡村治理能力得到明显提高。以"党支部+产业发展""三个组织化建设""选优配齐基层力量"为依托，基层党支部的组织动员能力显著提升。通过机关党支部与贫困村党支部结对开展活动，以及党员包带制度、网格化治理实践，乡村治理能力得到明显提高。

四是贫困治理能力得到显著提升。抓工作机制逐步完善，"五级书记抓扶贫"，省负总责、市县抓落实、县为责任主体的精准扶贫工作机制逐步完善。与之相应的县为主体的资源分配与整合使用机制全面建立。加强精准扶贫相关制度建设，结合实践及云南实际推进制度创新，提高制度执行力的工作推进机制逐步完善。工作推进程序进一步完善，以扶贫对象识别为基础，精准诊断贫情贫因，准确把握发展基础和条件，开展有针对性的分类扶持，加强动态监测与管理，适时调整扶持措施，建立防返贫长效机制的工作程序进一步完善。工作路径进一步清晰。以产业就业为核心，基础设施建设为基础，能力素质提升为重点，易地搬迁为助力，健康、教育、生态扶贫为推手，社会保障兜底为退路的精准扶贫路径更加清晰。

五是脱贫地区发展基础得到改善。农村地区的基础设施、公共服务体系等得到了极大改善。农村交通、饮水、电力、通信等基础设施得到全面提高；教育、医疗、文化等公共服务水平明显提升。脱贫地区群众受教育水平得到一定程度提高，初高中未升学毕业生绝大多数得到了职业教育机会，脱贫劳动力均接受过农村实用技术或劳动力转移就业培育，人的综合素质得到较大提高，云南农村发展的软件条件得到极大改善。

（三）溢出效益显著

贫困地区与全省、全国同步全面建成小康社会。贫困地区的快速发展，促进了区域协调发展。生态扶贫、移风易俗活动的推进，有利于农村全面发展。贫困村基础设施明显改善，群众自我发展能力较大提高，为乡村振兴奠定了坚实基础。此外，脱贫攻坚加快了云南城镇化进程，改善了农村经济结构，提高了中国发展道路的国际影响力。

一是加快了城镇化进程。"十三五"期间，实施了150万人的搬迁任务，集中安置贫困群众89.4万人，集中安置比例达到90%，建成500人以上集中安置区200个，其中800人以上的大型安置区109个、3000人以上的特大型安置区33个、万人以上的19个，万人以上的安置区数量在全国的数量占比达到27%。[①]集中安置全部选择在城镇周边，在后续扶持中，强化产业和就业扶持，加快公共服务体系建设，落实社会保障的乡城转换，实现了搬迁群众从农民到市民的转变，有力地促进了云南城镇化进程。易地扶贫搬迁城镇安置使云南常住人口城镇化率提高了2个百分点以上。

二是改善了农村经济结构。乡村旅游扶贫深入推进，乡村旅游点状发展、以点带面、精准扶贫、整体联动的特征不断凸显，已成为云南旅游产业的重要组成部分。2016年至2019年，乡村旅游共接待旅游者9.24亿人次，占云南旅游接待人次的39.3%；乡村旅游收入7301.4亿元，占全省旅游收入的23.7%；累计直接从业者56.17万人、间接就业者192万人，综合带动75万贫困人口增收脱贫。[②]在乡村旅游的带动下，农村第三产业占比得到提高。同时，在26个特色主导产业扶持中，"产加销一体化"发展成为基本取向，有力地促进了农村一产、二产、三产之间的融合发展。此外，截至2020年12月，云南木本油料种植面积已达到5150万亩，人均1亩以上。涌现出临沧坚果、鲁甸花椒、怒江草果、昭通竹笋等一批助农增

---

① 杨苑：《云南百万贫困群众"挪穷窝"，通过易地扶贫搬迁走进新生活》，云南网，http://ynfprx.yunnan.cn/system/2020/12/15/031179372.shtml。

② 期俊军：《覆盖168.53万档卡户！云南产业扶贫"造血"富民》，云南网，http://ynfprx.yunnan.cn/system/2020/12/15/031179198.shtml。

收效果明显的地方特色林产品，成为贫困地区的"铁杆庄稼""绿色银行"，云南88个贫困县生态产业带动194.6万名贫困群众稳定增收，贫困群众人均增收1720元。[①]在生态林业带动下，农村产业发展绿色化向前迈进。

三是提高了生态文明程度。2016年至2020年，88个贫困县共完成营造林2529.54万亩。通过实施生态工程，88个贫困县2019年末森林覆盖率达到63.19%，比2016年增长3.17个百分点，贫困地区生态环境持续改善，特色经济林种植面积不断增长，实现了山川增绿、群众增收。[②]17.7万名贫困群众从生态破坏者转变成森林守护人，150万名群众搬出大山，农村生态环境承载压力得到极大减轻。"靠山吃山就是砍树挖山"的老观念被"靠山吃山就是养山护山，用绿色发展促进脱贫致富"的新观念所代替，"绿水青山就是金山银山"的理念在云岭大地落地生根。

四是提高了中国发展道路的国际影响力。在脱贫攻坚中，云南在干部配备上优先安排，在要素配置上优先满足，在资金投入上优先保障，在公共服务上优先安排，动员一切可以动员的资源、力量，决战脱贫攻坚，扶贫工作取得了决定性胜利。贫困群众如期摆脱贫困，11个"直过民族"和人口较少民族摆脱了困扰千年的贫困问题。脱贫成效及实践通过南亚东南亚论坛、学术会议、边境居民走亲访友、各种媒体的传播，成为周边国家学习、效仿的典范。通过对云南成功实践的宣传，中国发展道路在南亚、东南亚地区国家中的影响力进一步提高。

五是为实现共同富裕奠定了基础。绝对贫困的彻底解决不仅是全面建成小康社会的标志性工程，也是走向共同富裕的必经之路。脱贫攻坚是一次集全国、全社会力量帮助弱者发展的实践，是一次有效地将一次分配、二次分配、三次分配有机结合起来的具体实践，为云南全面推进社会主义现代化建设、实现共同富裕提供了经验借鉴。

① 期俊军：《"增绿"促增收 好生态带来好生计》，云南网，http://ynfprx.yunnan.cn/system/2020/12/15/031179423.shtml。

② 期俊军：《"增绿"促增收 好生态带来好生计》，云南网，http://ynfprx.yunnan.cn/system/2020/12/15/031179423.shtml。

二、丰富经验

在打赢精准脱贫攻坚战座谈会上，习近平总书记把脱贫攻坚经验概括为"六个坚持"①。云南脱贫攻坚实践经验在于构建了"党政主责、部门同责、干部主帮、群众主体、社会参与"的攻坚工作格局。坚持"五级书记抓扶贫、党政同责促攻坚"；实行"一月一研判、一季一调度"，推动巡视整改工作；实行贫困县纪委书记例会和"红黑榜"通报制度；针对11个"直过民族"和人口较少民族创新实践"一个民族聚居区一个行动计划、一个集团帮扶"攻坚模式；脱贫措施"户户清"，推动"六清六定"工作机制的形成；围绕建设、搬迁、拆旧、帮扶四大任务强力推进易地扶贫搬迁；建立扶贫实训基地，培训基层扶贫干部，提高其实战能力；深入开展"自强、诚信、感恩"主题实践活动，积极推行"爱心超市"、"三讲三评"、"五分钱"工程、"村史室、小喇叭"工程、深度贫困人口培训中心等，有效激发贫困群众脱贫攻坚的内生动力。②在笔者参与的另外两本著作中，《脱贫攻坚的云南实践》将脱贫攻坚经验概括为：坚持用"四个自信"提振各族群众的脱贫信心和内生动力，用敢为人先之气魄推动跨越发展，用非常之功兑现对全省人民的庄严承诺，用群众之幸福提高社会治理效能，用绿色发展提高扶贫开发的可持续性；《云南脱贫攻坚战纪实》将脱贫攻坚经验启示概括为：坚持党的领导是根本保证，坚持"一家人都要过上好日子"是奋斗目标，坚持制度优势是制胜密码，坚持精准扶贫是基本方略，坚持资源整合是有效举措，坚持群众主体是动力源泉，坚持东西协作是重要手段，坚持党建引领是坚强保障。③这些经验概括更多从宏观角度展开，本书站在开展好具体工作角度出发，从微观角度来归

---

① 六个坚持：一是坚持党的领导、强化组织保证，落实脱贫攻坚"一把手"负责制，省、市、县、乡、村五级书记一起抓，为脱贫攻坚提供坚强政治保证。二是坚持精准方略、提高脱贫实效，解决好扶贫谁、谁来扶、怎么扶、如何退问题，扶贫扶到点上、扶到根上。三是坚持加大投入、强化资金支持，发挥政府投入主体和主导作用，吸引社会资金广泛参与脱贫攻坚。四是坚持社会动员，凝聚各方力量，充分发挥政府和社会两方面力量作用，形成全社会广泛参与脱贫攻坚的格局。五是坚持从严要求，促进真抓实干，把全面从严治党要求贯穿脱贫攻坚工作全过程和各环节，确保帮扶工作扎实、脱贫结果真实，使脱贫攻坚成效经得起实践和历史检验。六是坚持群众主体，激发内生动力，充分调动贫困群众的积极性、主动性、创造性，用人民群众的内生动力支撑脱贫攻坚。

② 李熙临：《这些实践经验让云南脱贫攻坚迈上新台阶》，云南网，http://yn.yunnan.cn/system/2020/03/19/030621358.shtml。

③ 《脱贫攻坚的云南实践》经验部分由笔者执笔，《云南脱贫攻坚战纪实》经验部分由张体伟执笔。

纳总结云南脱贫攻坚实践经验，具体从扶贫管理、扶贫推进措施及手段、"五个一批"等三个层面展开。

（一）扶贫管理中的经验

1. 强化动态管理，突出精准识别与帮扶

在贫困人口识别中，确立年度调整与不定期回头看相结合的动态管理机制。在2013年首次识别后，2015年，通过回头看，不断提高识别精准度。2017年6月开始的第五次回头看，全面普查建档立卡贫困户与一般农户收入情况，将符合标准的群众纳入建档立卡中来，实现了应纳尽纳、应退尽退。在贫困人口帮扶中，强化动态监管与帮扶。通过驻村干部、挂钩帮扶干部、村干部等的经常性走访，实时掌握贫困户各项帮扶措施推进情况、进度等，并根据发展情况，适时调整帮扶策略和措施，确保贫困户有序脱贫。

2. 以脱贫责任制为核心，加强对脱贫工作的领导

形成以脱贫责任制为核心的脱贫工作领导机制。通过建立自上而下、党政"一把手"负责、责任层层分解以县为责任主体的脱贫领导与管理机制，解决了资源动员与脱贫攻坚谁来负责的问题，能够发挥辖区内最大资源动员能力，将辖区内能够投入脱贫攻坚的资源全部用于脱贫攻坚，最大限度避免脱贫资源的挤占与挪用。同时，党政"一把手"负责的领导机制还确立了各个层级"一把手"对脱贫攻坚负责的问题，在问责制下，能够发挥"一把手"管辖内的政治动员能力，确保各项工作有人问、有人管、有人抓。更为重要的是，党政"一把手"负责、责任层层分解的管理机制与党政领导干部管理机制有机结合在一起，既是对党政领导干部贯彻落实党中央、国务院扶贫精神的一种检验标准与检验方式，也是对党政领导干部工作能力富有时代特征的一种考核和检验，已经成为党政领导考核、任用的重要依据之一，同时也成为云南决胜脱贫攻坚的组织保障。

3. 以资源整合为核心，建立大扶贫格局

一方面，通过整合财政资源，将涉农资源及涉农部门整合到脱贫攻坚实践中来，集政府相关部门之合力，共同推进脱贫攻坚。另一方面，通过整合社会资源，包括结对帮扶地区、单位、个人，以及其他社会群体帮扶资源，与财政资源一起，按照地区脱贫攻坚规划，集中一切资源办大事、

搞扶贫。有效解决了原来财政资源投入各自为政，投入时间不统一、投入标准不统一、资源使用分散的问题；解决了社会资源投入散、小、乱，以及由此带来的问题；有效解决了传统社会资源投入以投入主体为核心，扶贫措施、扶贫目标、扶贫对象由资源投入主体自由选择，导致社会帮扶与专项扶贫、行业扶贫之间标准不一、措施不一，甚至重复帮扶等问题。更为重要的是，通过资源整合，解决了财政专项扶持资源相对有限的问题，对解决扶贫资源总体不足的问题具有重要意义。

4. 以智力和经济帮扶为核心，加强结对帮扶

发挥帮扶地区、单位、个人智力扶贫的优势，促进贫困地区、贫困户发展观念的转变。最典型的是各大高校通过技术服务、教育培训、建立试验示范基地等形式，建立以技术扶贫、智力扶贫为核心的扶贫模式。智力扶贫解决了人才短缺、技术储备不足的问题，建立了扶贫先扶智的扶贫框架，对提高帮扶对象自我发展能力具有重要的推动作用。

同时，发挥帮扶地区、单位经济发展的互补作用。一是利用结对帮扶双方在工业、农业、服务业发展中的优势互补，加快贫困地区工业、农业、服务业发展。主要路径是帮扶地区或单位进行投资、技术投入，改善被帮扶对象的发展环境和发展质量，最后实现脱贫目标。二是为贫困地区、贫困人群的农产品寻找出路，旅游业寻找客源。帮扶单位和地区定点购买帮扶村庄出产的农产品，为农产品的销售牵线搭桥是主要的实践。三是为贫困地区、贫困人群劳动力转移就业提供帮助。上海、广东对口帮扶的主要措施是劳动力转移就业，通过整合企业用工需求，对云南贫困劳动力进行订单式培训，直接转移进入企业打工。

（二）扶贫推进中的经验

1. 以需求为导向，强化精准帮扶

坚持按照贫困人群、贫困户的实际需求来进行帮扶。"缺什么补什么"是按照贫困发展需求进行帮扶的直观表达。以需求为导向，强化精准帮扶对实现脱贫目标具有重要的意义。更深层次的意义在于落实了共享发展理念。在生产力总体上还不发达、以按劳分配为主要分配方式、扶贫资源相对有限的背景下，作为小康社会底线的脱贫攻坚要实现预期目标，一方面要知道贫困人群、贫困地区需要什么，他们离小康还有什么差距；另一方面，要按照他们的需求，结合小康社会的底线标准实施精确扶持。在脱贫攻坚实践中，以需求为导向，强化精准帮扶，是云南与全国同步顺利全面建成小康社会的宝贵经验。

2. 以共享发展为导向，加强政策和制度创新

围绕共享发展，加强扶贫政策与制度创新。一方面，以贫困人群与其他人群同步实现小康梦为底线，加强扶贫政策与制度创新。制定倾斜性的扶持政策，以高于其他人群的政策、资源倾斜，实现贫困人群的高速或跨越发展，实现贫困人群与其他群体同步进入小康，共享改革发展成果。典型如以特困人群共享改革发展成果为目标，制定特殊的政策与帮扶措施，对五保户、困境儿童进行集中供养，对特殊困难家庭给予特殊帮扶，以实现特困人群共享改革发展成果的目标。此外，探索形成了按照贫困户人口与劳动付出为依据的政策创新与制度建设路径，政策的公平性更加突出，在更高层次上对共享发展进行探索。另一方面，坚持以社会保障兜底来解决贫困人口的生存和发展问题，让社会上的弱者共享改革发展成果。

3. 以党建为核心，党建与扶贫"双推进"

一方面加强基层党组织战斗能力建设，提高基层党组织带领群众脱贫致富的能力，创新党组织、党员帮带机制，发挥党组织、党员在带领群众脱贫中的能力和作用。另一方面，借助扶贫项目的实施，改善基层党组织服务带动能力，创新基层党组织帮扶机制，促进群众脱贫致富。通过党员包带，彰显党员的先锋模范作用，既锻炼了党员干部，又有助于提高基层党组织的战斗力；还体现了党员先进性，能够提高党在群众中的威望和认同感。

同时，强化服务功能，发挥基层党组织的脱贫引领作用。通过扶贫模式创新，发挥党组织在产业发展中的中介作用，起到联系企业与农户的纽带作用，拓展了基层党组织的服务功能，提高了基层党组织在群众心中的政治认同感。借助现有基础设施，发挥基层党组织的产业扶贫功能。大力推进"基层党组织+农村电商"的扶贫模式，以村（社区）服务型基层党组织综合平台为基础，依托为民服务站的供求信息、一村一品、乡村旅游、劳务用工、农家乐、农村淘宝等功能模块，搜集群众需求信息，为当地农产品销售寻找出路。"基层党组织+农村电商"的扶贫模式，不仅拓展了基层党组织的服务功能，还借助电商扶贫的契机，加强了基层党组织服务基础设施的建设，实现了双赢。

4. 以可持续发展为核心，坚持绿色发展理念

坚持绿色扶贫战略。坚持绿色发展，从产业发展生态化的角度来看绿色扶贫。在产业扶持中，毫无例外地关注绿色农业、有机农业、生态农业的发展，这使云南脱贫攻坚打上了深刻的绿色烙印。为实现绿色发展，减少破坏与加强建设并重。一方面加强对石漠化、滑坡、水土流失治理，在滇东南石漠化片区，加强石漠化治理；另一方面，在山区产业扶持中，普遍扶持经济林果发展，提高地表覆被率。在易地扶贫搬迁中，积极推进搬迁群众宅基地复垦和耕地退耕还林、还草项目。在产业扶贫项目选择中，突出对生态农业的发展扶持。通过坚持绿色发展理念，破解发展与保护二者之间的矛盾，破解人口与资源矛盾严重、人与生态协调发展困难的问题。

（三）"五个一批"实践经验

1. 产业就业扶贫经验

在产业扶贫中，云南坚持以农民为主体的产业选择方式，坚持稳中求变的产业选择原则，加强利益联结机制建设，坚持激励引导为主的产业结构调整方式，加强产业扶贫与新扶贫方式的结合。

一是坚持以农民为主体的产业选择方式。强调贫困户的主体性，推进菜单式产业扶贫。基本做法是：以村为单位，整合上报当地产业发展计划；县级政府根据各村上报的产业发展计划，结合当地特色、优势产业发展规划，形成当地产业扶持内容、标准；贫困户根据自身土地、劳动力以及其他生产条件，在政府拟定的产业扶持计划中选择一至二项产业，并着手具体生产环节；政府根据事前制定的产业扶持计划，根据贫困户产业发展情况进行扶持，一般根据产业发展规模或家庭人口数来进行补助。

菜单式扶贫坚持了以农民为主体的产业选择方式。基本逻辑是在调查基础上，制定适合当地发展的产业规划，并在规划基础上，制定相应的扶持政策。通过激励性的扶持政策，引导贫困户根据产业发展规划调整产业结构，从事经济效益更高的产业。在这个过程中，贫困户主观上不可能马上作出回应，所以，往往有驻村工作队、村干部通过摸底调查，帮助贫困

户制定发展计划。但这个发展计划的执行以及产业的选择最终要靠贫困户自己来完成。贫困户只有积极参与产业探索与发展，政府才给予激励性扶持。

二是坚持稳中求变的产业选择原则。坚持稳中求变的产业选择原则，即在产业扶持中，坚持以传统产业为基础，适当引入新产业。一种是引入外来经营主体，通过外来经营主体的产业实践，引导群众改变观念，接受新产业，促进产业结构调整。另一种是在本地种养大户中开展试验示范，试验示范成功后，动员贫困户接受并从事新的产业。两种新产业探索模式，都有一个过程，即不是一年内就能够实现的。所以，相反的例子更能证实稳中求变的产业扶持经验的重要性。一些地方为了短时间内脱贫，新的产业项目一启动就迅速推广，全面铺开。如养特色鸡，农户养鸡技术尚不成熟。政府发的鸡苗，农户养几天就死掉一半。这种全面推开的做法，效益并不明显。这从反面印证了稳中求变、不急于求成的重要性。

三是加强利益联结机制建设。通过扶持农民专业合作社，将分散的农户组织起来，联合起来抵御市场风险，提高贫困户抵御市场风险的能力。加强龙头企业、合作社、家庭农场、农业庄园、大户扶持，建立贫困户与新型经营主体之间紧密的利益联结机制，将贫困户与产业发展的火车头捆绑在一起。创新发展模式，探索出"合作社+贫困户""企业+合作社+贫困户"等经营方式，在此基础上，创造性地尝试了企业、合作社托管贫困户资产、资源，贫困户稳定收益的利益联结与脱贫方式，将新型经营主体与贫困户通过资产、资源的托管联系起来，共同致富奔小康。这一经验的核心在于将贫困户与产业发展的火车头捆绑在一起，让贫困户共享特色产业发展的红利。

四是坚持激励引导为主的产业结构调整方式。产业扶贫基本按照带头示范、宣传动员，制定产业发展规划和奖励标准，鼓励贫困户按照规划开展新的产业探索，政府整合资金给予适当激励来进行。在产业结构调整中，以激励引导为主是基本理念，即通过项目或资金给予产业探索的贫困户一定的奖励，引导他们从事高附加值、收益更高的产业。激励引导一方面坚持了以农民为主体的产业发展理念；另一方面，对贫困户发展产业的投入给予了一定的扶持，对部分想发展产业而资金不足的贫困户具有重要的推动作用。这其中，养殖业的扶持与补助最高已接近畜种购置成本的80%，无疑对贫困户发展新产业具有重要的引导作用。

五是加强产业扶贫与新型扶贫方式的结合。推动产业扶贫与资产收益扶贫、产业扶贫与金融扶贫、产业扶贫与电商扶贫相结合。实质是做好产业发展的配套扶持，为扶持的产业发展提供全方位的扶持和服务，促进扶持产业的快速发展。产业扶贫与资产收益扶贫相结合的实质是把扶持资源配置到最高效的地方，通过新型经营主体的经营来促进特色产业的发展；同时，通过建立贫困户与新型经营主体之间紧密的利益联结机制，让贫困户共享特色产业发展的红利，努力实现资源配置中最需要与最高效的平衡。产业扶贫与金融扶贫相结合，实际上是为产业扶贫保驾护航，进一步缓解产业发展过程中资金不足的问题。而产业扶贫、资产收益扶贫、金融扶贫"三结合"的扶贫机制，其核心在于把产业扶贫与农地适度规模经营相结合，追求资源配置中最需要与最高效的平衡，让贫困户共享产业发展的红利。产业扶贫与电商扶贫相结合，实际上是为扶持产业的产品销售搭建平台，拓展销售渠道；并通过线上宣传，提高品牌知名度，提高线下销售价格，实质是做好产业扶贫的市场服务。

归纳起来讲，坚持以农民为主体、稳中求变、激励引导的产业选择方式，在产业选择的基础上，建立贫困户与新型经营主体之间紧密的利益联结机制，推动产业扶持与其他扶持方式的结合，为产业发展搭建全方位的服务平台，实现产业扶持资源在最需要与最高效之间的平衡，实现产业扶持资源的高效利用，是云南产业扶贫的宝贵经验。

同时，在劳动力转移就业扶持方面：探索以技术支持为基础、激励引导为主的扶持方式；加强组织动员，强化劳动力转移就业服务；因人制宜，探索劳动力梯度转移战略。

一是探索以技术支持为基础、激励引导为主的扶持方式。在加强实用技术培训基础上，制定劳动力转移就业激励政策，对外出务工的贫困劳动力给予适当补助。具体推进中，按照用工单位、用工地的需求开展技术培训，并实施交通费补助。激励引导的实质是补贴外出就业时的交通和食宿成本，虽然只能补贴单程即外出时的成本，但对于首次迈出家门的打工者来说，无疑是一种极大的鼓励。既有技术储备支持，又有外出时的适当补贴，增强了外出打工者的自信心，是劳动力转移就业扶持成功的基本条件。

二是加强组织动员，强化劳动力转移就业服务。通过强化劳动力就业市场需求信息的整合，加强转移劳动力与需求方的沟通协调服务，加强劳动力转移就业后的跟踪服务，织密劳动力转移就业服务保障网。具体实践中，通过就业需求信息整合，为贫困劳动力转移的去处提供了线索，解决劳动力转移中"去哪儿、干什么"的问题；而通过与劳动力需求方的沟通，解决"哪些人去、怎么去、有什么好处"等问题；劳动力就业后的跟踪服务，解决"去得怎么样、是否获得相应的好处"等问题。这一经验的关键在于通过全方位的就业服务，使贫困劳动力获得了与其他人群平等竞争的机会、平等的权益保障，使他们能够更加大胆地走出去，长见识、转观念，实现外出一人、带富一家的目标。

三是因人制宜，探索劳动力梯度转移战略。[①]在劳动力就业扶持中，有技术和受教育水平相对高的，引导往东部沿海地区转移；技术和受教育水平相对低一点的，引导往云南省内转移；其他人群引导就近往城镇转移或就地打工。从知识、技能看，形成高低结合的转移格局；从劳动力转移距离看，形成远近结合的转移格局；从产业看，既有技术含量高的产业，如到东部沿海地区打工，也有无须技术要求的搬运工，实现了不同产业的结合。

通过梯度转移，后一批人转移出来正好填补了前一批人转移后留下的人力资源空缺。其优势在于，不同的人群，只要愿意转移就业，就可根据自身的能力，在劳动力转移就业的梯度上找到自己的位置。基本理念是根据劳动力自身的综合条件，为其谋求最适合的外出打工机会，避免一味强调向东部沿海、向工矿企业转移带来的生活、工作规律、文化等方面的不适应；同时，满足云南、全国劳动力就业需求格局。

归纳起来讲，云南农村劳动力转移就业扶持方面的经验就是基于农业比较效益低的现实，根据家庭劳动力与土地资源状况，引导劳动力离开土地，到别人家的土地、建筑工地、工厂等去打工，转变传统仅靠土地养活自己的观念。为打消群众的顾虑，整合用工需求，为转移劳动力实现尽快

---

① 开远市部分领导提出"梯度转移"战略，笔者借用这一形象的概念。

转移和就业牵线搭桥。为缓解远距离打工产生的交通、食宿等成本，建立激励性补助机制，根据外出打工距离的远近，给予相应的补助。

2. 易地扶贫搬迁方面的经验

一是坚持扶贫原则。坚持不因易地搬迁加剧贫困户贫困程度，坚持不因易地搬迁导致随迁户（一般农户）贫困。实践中，充分利用好国家优惠政策对搬迁建房的帮扶效用，不把易地搬迁变成搬迁户的负担，避免出现房子建好了群众却更加贫困了，随迁户因房子欠下了一大笔债务而陷入贫困等情况。

二是加强易地搬迁与其他发展项目的结合。推进易地扶贫搬迁与新型城镇化相结合，加速云南城镇化；同时，为搬迁农户创造一个优越的生存环境，拓展搬迁后打工、经商等机会；改善生活环境，减少自然灾害对生产生活造成的影响。推进易地扶贫搬迁与美丽乡村结合，将易地搬迁安置点选择在经过统一规划的美丽乡村建设点，为易地搬迁安置点提供更好的公共服务和基础设施，让搬迁户共享美丽家园建设成果。核心在于通过整合资源，改善搬迁群众生产生活的外部环境，拓展发展机会。

三是坚持综合扶持。坚持把易地扶贫搬迁与劳动力转移就业扶持结合起来，在实现搬迁的同时，实现生计方式的转变。坚持迁出地扶持与迁入地扶持的协同，通过土地流转、产业扶持，盘活迁出地资源，增加搬迁群众的资产收益和经营性收入。加强迁入地扶持，增加搬迁群众物业方面的资产收益；加强迁入地产业扶持，加大扶贫车间、产业园区建设，增加搬迁群众工资性收入。

归纳起来讲，易地扶贫搬迁方面的经验是在住有所居目标指导下，坚持扶贫安居原则，通过多方整合资金，努力实现脱贫与住有所居协同推进。强调易地扶贫搬迁与小城镇建设、美丽乡村农村建设相结合，改善迁入地生产生活环境。加强综合扶持，在搬迁的同时，重构搬迁群众新的生产生活方式，提高其生计韧性。

3. 社会保障兜底方面的经验

一是探索多种形式的住有所居实现方式。在住房保障中，探索和实践不同形式的住房保障路径，包括贫困户拥有产权的保障房、贫困户没有产权的保障房、贫困户与村集体共有产权的保障房。

二是强化最低生活保障在收入保障中的作用。收入保障没有捷径可循，唯一的做法就是精准锁定贫困人口，通过最低生活保障来实现社会保障兜底扶贫。2016年，云南农村最低生活保障标准提高到2694元，12个脱贫摘帽县提高到3100元，率先实现农村最低生活保障标准与国家扶贫标准"两线合一"。[①]2020年，云南最低生活保障标准提高到4500元，为兜底保障对象提供基本的生活保障。

三是多元保障协同推进。把住房、生活、医疗有机结合起来，同时，长期性的低保与临时性救助相结合，促进兜底保障的全面性。

归纳起来讲，社会保障兜底扶贫方面的经验就是在农村建立的向贫困人群倾斜的社会保障体系，通过各种扶持和救助制度解决"两不愁三保障"中最基本的生存问题。

4. 生态扶贫方面的经验

一是生态建设与易地搬迁结合，实现项目双赢。把生态建设与易地搬迁结合起来，通过易地搬迁，将原来居住在山区的村民，集中或插花式地搬迁到一个新的地方，一些搬迁距离远的耕地自然退出耕作或实施退耕还林，既实现易地扶贫搬迁的目标，让部分生活在不具备生产生活条件地方的贫困群众搬迁到一个新的生活地点又实现了生态建设的目标，同时，在退耕还林补助下，搬迁户还获得了稳定的收益保障。

二是生态建设与就业扶持结合，实现叠加效应。把生态公益林建设与就业扶持结合，发挥生态建设与就业扶持的叠加效应。在生态公益林建设重点区域，在国家公益林补贴基础上，扩大向贫困户招录护林员的规模，把贫困户从生态破坏者转变为生态建设者和维护者，把生态建设与就业扶持结合起来，发挥扶持项目的叠加效应。

三是生态建设与产业扶持结合，走绿色发展道路。把生态建设与产业扶持结合起来，在退耕还林中发展经济林果，实现生态与经济效益双丰收。在产业扶持中，发展生态农业，提高农业附加值。同时，大力发展生态旅游，建立生态保护和建设的利益导向机制，坚持走绿色发展道路。

四是以基础设施改善为基础，减少农村环境污染。加强垃圾清运、垃

---

① 李丹丹：《云南易地扶贫搬迁安置点开工率88%》，http://www.ynylxf.cn/NewsVlow. aspx?NewsID=184618。

圾处理设施建设，减少农民生活对环境的污染。同时，加强农村生活环境维护与制度建设，探索建立起"党支部、党员带头，农户门前包保"的农村生活环境维护机制，减少农村环境污染。

5. 教育扶贫方面的经验

一是坚持以教育均衡化发展为目标推动贫困地区教育发展。坚持教育均衡化的发展目标，加大对贫困地区教育经费投入，建立倾斜性投入政策，改善教育基础设施。实施人才倾斜政策，通过各类人才项目，加大对贫困地区教育人才的支持力度。通过东西部协作、城乡协作、县域教育人才管理方式创新，提高贫困地区的教育水平。

二是坚持以提高劳动者受教育水平为目的深入推进控辍保学。坚持多元主体协作，政府、村委会、家长、学校、老师等多元主体协作，共同推进控辍保学行动。多元措施协同，宣传教育、法律落实、激励引导等多种措施并行，深入推进控辍保学。

三是坚持以缓解教育成本为中心完善教育扶持政策。抓住因学致贫这个牛鼻子，建立从幼儿园到高等教育不同学龄学生奖励与扶持政策，缓解家庭教育支出压力。

6. 健康扶贫方面的经验

一是坚持以缓解因医致贫为导向加强医疗救助。抓住因医疗费用高、看不起病这个主要矛盾，建立以医疗救助为基础的健康扶贫机制。通过补助购买合作医疗、补助购买大病保险、实施医疗救助，缓解贫困群众医疗支出，破解因医致贫问题。

二是坚持以破解因病致贫为导向加强综合扶持。关注因病体弱、缺乏劳动力问题，对因病致贫家庭实施综合扶持，协同推进最低生活保障、就业扶贫、资产收益扶贫等，破解缺乏劳动力问题。

三是坚持以创新发展为引领加强医疗扶持。开展医疗服务方式创新，全面推广先看病再付费方式、家庭医生签约服务、大病分类管理等健康扶贫方式，让医疗改革发展成果率先惠及贫困群众。

从具体层面讲，云南脱贫攻坚实践经验可概括为以下几条：第一，建立明确的责任体系与信息交流机制，建立省、州（市）、县、乡（镇）四级党委、政府"一把手"负责和统筹的脱贫动员体系，建立省、州

（市）、县、乡（镇）上下联动的信息传递与组织管理体系。第二，加强资源整合，建立全方位的资源动员体系，整合政府、企业、集体（社区）、新型经营主体及对口帮扶地区、单位、个人帮扶资源，按照统一规划、统一部署，集中使用有限资源，分批、分年度推进脱贫工作。第三，突出以农民为主体，通过项目管理机制创新，探索和实践参与式的扶贫开发，让贫困人群成为脱贫攻坚的主体，调动他们的积极性，增强扶贫的可持续性。第四，建立资源倾斜机制和激励为主的利益导向机制，对贫困户参与脱贫项目给予适当的扶助，缓解贫困人群在发展生产或扩大再生产过程中，以及改善生存生活条件过程中资源、资金之不足。第五，加强配套服务，完善产业、劳动力转移就业等综合服务，为贫困人群参与脱贫项目提供全方位的服务。第六，突出脱贫攻坚作为全面小康底线工程的地位，加强脱贫项目与其他发展战略和项目的结合。第七，给予贫困群众综合性帮扶，探索以最低生活保障、医疗、教育为基础，产业、劳动力转移就业为核心，住房为重点，观念转变等综合性内容协同推进的扶贫开发模式。

三、实践启示

脱贫攻坚取得了决定性胜利，无论是从宏观角度还是微观角度来看，都取得了一些宝贵的经验。这些经验及实践，留下了一些重要的启示，对后脱贫攻坚阶段的贫困治理及农村工作具有重要的现实意义。从脱贫攻坚实践本身来看，农村贫困是一种多维贫困，管理创新对贫困治理具有重要作用，贫困治理需要采取综合性措施是三条重要的启示。①

（一）农村贫困是一种多维贫困

脱贫攻坚实践显示，农村贫困不只是收入或物质贫困，还是收入、支出、权利等的多维贫困；同时，农村贫困还是个体贫困与区域贫困的交织。脱贫攻坚实践就是围绕多维贫困展开的。在"两不愁三保障"的基础脱贫要求中：不愁吃、不愁穿反映了收入问题；住房有保障反映的不只是

---

① 《脱贫攻坚的云南实践》从宏观角度总结了脱贫攻坚实践"坚持人民至上，健全治理体系；坚持新发展理念，创新治理机制；坚持现代化目标，提高治理效能；坚持城乡融合，破解'三农'问题；坚持党的领导，强化政府主导"五个方面的启示。本书从贫困治理规律的角度以及更细微的层面来归纳脱贫攻坚实践的启示。

收入问题，而是国家经济社会发展水平及国家关怀；医疗有保障、教育有保障侧重于支出，但也反映了国家的总体福利水平。而在怎么扶的问题上，就业、教育帮扶体现了对人力资本及人的能力贫困的关注；易地扶贫搬迁、生态扶贫更多关注了传统的资源型贫困问题；而参与式扶贫项目、贫困户与经营主体利益联结机制建设等，更多关注了权利贫困问题。精准帮扶到户解决的是个体贫困问题，而基础设施建设、教育扶持、组织建设解决的则是区域性的共性问题。可以说，脱贫攻坚实践，就是解剖多维贫困成因、采取多元化措施解决多维贫困的过程。

农村贫困是一种多维贫困的启示，为我们从不同的角度来看待和理解贫困问题，为地方因地制宜，选择与自身贫情相对应的帮扶措施提供了指导和启示。认识到农村贫困的多维性，在后脱贫攻坚时代，即相对贫困治理中，坚持从多维角度识别相对贫困就是一种必然选择。同时，从精准帮扶的角度出发，对相对贫困人口即低收入人口给予多维性帮扶，发挥帮扶举措的叠加效应也是一种必然选择。

从进一步延伸的角度讲，农村发展缓慢的原因是多维的，不是单一因素造成的。因此，促进乡村振兴，不能就问题谈问题，而要看到问题的多维性。比如一个地方产业基础薄弱，可能不只是产业本身的问题，还可能是交通基础设施、人力资本等方面的问题。同时，农村发展缓慢的原因既有个体因素的叠加，也有公共性问题的放大。比如：群众农业生产技术掌握不足的个体因素叠加，就可能导致地方产业发展困难；而区域性气候条件恶劣的影响，则可能导致个体职业选择偏离农业，加剧农业生产技术掌握的不足。

进一步讲，农村贫困的多维性启示，教会了我们用系统的眼光去看待农业、看待农村、看待农民。在实现巩固拓展脱贫攻坚成果同乡村振兴有效衔接的道路上，我们就应当采用多维眼光去审视，既要关注个体横切面上的问题，也要关注区域或公共领域的问题。同时，还要把农业、农村、农民问题作为一个有机体来审视。

（二）管理创新对治贫具有重要作用

脱贫攻坚实践也显示，管理创新对贫困治理具有重要作用，且这种管理是一种服务型管理、精准管理。强调精准管理，这是贫困治理产生实效的基础。如果不能精准确定贫困人口，那么扶贫活动就失去了对象；如果不能精准掌握扶贫对象的动态发展情况，也就无法掌握扶贫措施的效果，也无法掌握贫困人口是否已经脱贫。因此，在脱贫攻坚阶段，贫困人口识别摈弃了统计数据估算法，采用建档立卡及动态管理办法，贫困人口的识别到户到人。在建档立卡及动态管理基础上，扶贫措施从粗放式转向精细化，建立了针对不同致贫原因及发展需求的贫困家庭的分类扶持措施。同时，扶贫项目还被细分为面向贫困户的项目和面向带动贫困户的项目两类，不仅扶持贫困户，还对带动贫困户发展的新型经营主体以及带动贫困户、贫困村发展的基层组织给予扶持。而在脱贫退出方面，也同样一户一户计算、一户一户销户，并引入第三方评估机制，与传统以统计数据估算相比，更加精准。综合来看，脱贫攻坚实践之所以能够取得决定性胜利，关键就在于建立了一套精细化的服务型管理机制，推动了扶贫方式从粗放式向精细化的转变。

基于此，在后脱贫攻坚阶段，就要从管理角度出发，进一步创新管理机制，以管理机制创新，探索更加高效、精准的贫困治理机制。只有建立高效的管理机制，才能有效防止返贫，对低收入人口给予及时帮扶。2021年以来，云南建立脱贫人口救助平台、低收入人口救助平台，就是一种管理方式的创新。这种管理方式创新，使贫困治理由原来的政府主导和政府主动向群众主动转变。相较于脱贫攻坚阶段政府大规模的识别工作，既降低了识别成本，又提高了识别效率。

进一步讲，在乡村振兴过程中，也要建立精准高效的管理机制，方能准确、及时地整合群众的发展需求，再通过各种资源包括政策资源、财政资源、人才资源等的精准配置，促进农村高质量发展，进而促进共同富裕。

（三）贫困治理需要采取综合措施

透过脱贫攻坚实践可以看出，贫困治理需要采取综合性的措施。在这些措施中，基础设施建设是突破口，产业扶持是核心，资源配置优化组合是关键，群众自我发展能力提高是落脚点。

首先，贫困治理的突破口是基础设施建设。基础设施落后是导致贫困的重要原因，而基础设施相对落后成为贫困治理的永恒主题。在经济发展中，基础设施相对落后，导致市场配置资源下优势资源向其他地区集中，脱贫地区根本无法获得与其他地区相同的发展机会，所以，基础设施建设成为贫困治理永恒的主题。

其次，贫困治理的核心是产业扶持。无论扶贫工作、扶贫开发形式如何发展变化，产业扶持一直是贫困治理的核心。这也反映了一个问题，贫困最直接、最集中的反映是经济贫困。所以，抓住了产业扶持这个核心，就抓住了贫困治理的主要矛盾。

再次，贫困治理需要实现资源配置的优化组合。在贫困治理中，只有将连片开发与精准到户有机结合起来，各种帮扶措施才有了实施单位和着力点。连片开发是改善基础设施、做强做大特色产业的必然要求，也是应对区域性整体贫困的主要手段。精准到户是弥补连片开发中贫困户、脱贫户在机会公平下过程、结果不公平的主要措施，能够避免贫困户、脱贫户被动参与扶贫开发，让广大群众主动参与到扶贫开发中来。

最后，贫困治理的落脚点是提高群众自我发展能力。贫困群众自我发展能力的提高始终是贫困治理的难点及重点。贫困群众致贫的根本原因是自我发展能力不足，即便在相同的发展机会面前，也难以获得与其他人群同等的发展。所以，提高贫困群众自我发展能力始终是贫困治理的重点。

认识到贫困治理需要采取综合举措，在巩固拓展脱贫攻坚成果同乡村振兴有效衔接中，就要始终牢牢抓住基础设施改善这个前提，牵住产业振兴这个牛鼻子，通过资源优化配置解决好不同层次的发展问题，抓牢人力资本建设及自我发展能力提升这个关键举措。而从实现共同富裕的角度讲，就要始终以自我发展能力的提升为基础，促进人自由全面的发展。

总之，云南脱贫攻坚取得了决定性的胜利，这为全面实施乡村振兴战略奠定了坚实的物质基础。同时，脱贫攻坚各项行之有效的举措，也为乡村振兴提供了经验借鉴。脱贫攻坚能取得决定性胜利，与脱贫攻坚实践中的新理念、新方法、新举措分不开。这些新理念、新方法、新举措凝结成了脱贫攻坚的经验和启示。在巩固拓展脱贫攻坚成果同乡村振兴有效衔接阶段，利用好脱贫攻坚实践中取得的经验，从实践启示中找到一些解决

"三农"问题的基本规律，对实现乡村振兴、促进农村共同富裕具有重要的现实意义。在利用好实践经验的同时，还需要回到脱贫攻坚具体措施的实践及演变中，到具体的实践和问题中去寻找巩固拓展脱贫攻坚成果同乡村振兴有效衔接的措施和办法。

第三章　产业扶贫

产业扶贫是"五个一批"工程的重要组成部分，是脱贫攻坚的核心举措，也是巩固拓展脱贫攻坚成果的核心举措，同时，它还是脱贫地区实现产业兴旺、生活富裕的基础和前提。在脱贫攻坚阶段，云南以有条件的建档立卡贫困户全覆盖为目标，通过建立激励引导机制，培育特色产业，加强与产业相关的技术培训和新型经营主体培养，加强组织建设，建立贫困户与新型经营主体之间的紧密利益联结机制，形成了一批具有地方特色的农业产业。巩固拓展脱贫攻坚成果阶段，需要持续推进产业扶持全覆盖和利益联结机制建设。但由于前期基础薄弱、客观环境限制，各项帮扶产业基础仍然薄弱，前景不容乐观。巩固拓展脱贫攻坚成果，需要在产品品质提升、市场拓展、品牌打造、利益联结与分享机制创新等方面开展可持续扶持。实现产业兴旺，要转变传统依托自然优势进行特色产业开发的思路，确立高品质、绿色化的发展思路。从特殊的地形地貌出发，摒弃规模化、机械化的发展思路，严格按照适度规模和更加灵活的机械化发展模式开展后续扶持。转变以户为重点的扶持思路，加强集体经济的扶持，全面实施以集体经济发展带动产业兴旺的发展战略，促进共同富裕取得实质性进展。

一、主要措施及内容

从2016年起，云南开始探索涉农资金整合使用制度，整合形成的资金30%用于农村产业扶贫。在产业扶贫中，以县为单位，建立激励机制，加快特色农业发展步伐，鼓励发展多种农业模式，强化组织化建设，探索推进新扶贫方式。

（一）建立多种激励扶持机制

一是建立侧重贫困户、以货币补助为主的激励机制。按照县级政府资金筹集能力及总额，平均分配，直补到贫困户。2016年，根据贫困户种植面积或养殖头数（只数）给予补助，鼓励多种、多养。在养殖业中，养殖生猪每头补助200元，养殖山羊每只补助200元，养鸡每只补助20元，养牛每头补助3000元等；在种植业上，发展经济作物的给予补助，如种植万寿菊每亩补助200元，种植普通中药材每亩补助200元，重楼最高，有的地方每亩补助达到10000元。家庭劳动力多、土地面积广的贫困户能够获得的激励补助远高于家庭劳动力少、土地面积少的贫困户。家庭劳动力多、土地多的贫困家庭的积极性能够被调动起来，从而加快脱贫步伐。同时，对那些勤劳的贫困家庭的积极性的调动较有利，干得越多，扶持越多。部分地方探索了根据贫困程度给予分类扶持的做法。如开远市2016年根据产业发展的特点，以及贫困户致贫原因及生存环境恶劣程度、贫困深浅程度、脱贫攻坚任务轻重等实际，将贫困地区分为高寒山区、东山片区、西山片区三个片区，制定出不同片区产业发展的总体规划，并根据规划内容，制定不同标准的扶持政策，引导贫困户调整产业结构。如对高寒山区、东山片区、西山片区苹果种植分别给予每亩500元、400元、400元的补助，对高寒山区、东山片区、西山片区烤烟种植分别给予每亩150元、100元、100元的补助。2017年，开远市的激励补助按2016年达到贫困退出标准和未达到贫困退出标准分两类扶持：一类为达到贫困退出标准需巩固的贫困人口，按1000元／人标准补助；一类为未达到贫困退出标准的贫困人口，按1400元／人标准补助。

2017年，建立以人口为标准的激励扶持机制，即按照贫困户家庭人口数给予产业扶持。如果贫困家庭人口少，干得再多，激励性扶持也少。也就是说，在产业扶持上形成了干多干少一个样的局面，对家庭人口少的贫困户的积极性调动不利。从调查来看，2018年以来的按户补助标准最高达到5000元左右，一般为3000元左右。2018年后，一些贫困县在产业扶贫与资产收益扶贫相结合的扶持中，又恢复按户补助的做法，每户贫困户补助标准相同。

二是建立照顾贫困户实际情况的产业扶持机制。根据贫困家庭实际情况，适宜发展产业的，补助到农户；不适宜发展产业的，通过入股合作社、企业，将产业扶持资金变股金、贫困户变股东，推进资产收益扶贫。

贫困户变股东、产业扶持资金变股金的做法，是对产业扶持到户还是扶持新型经营主体的一种平衡，目的是把有限的产业扶持资金用于农村产业发展的新增长极，并把贫困户与新的增长极捆绑在一起，使贫困户能分享产业发展的红利。宁洱县制定了"5311"的产业扶持办法，即5000元产业扶贫到户资金中，3000元用来扶持贫困户参加的合作社，1000元用来扶持村集体，1000元用来扶持贫困户。

2018年以来，建立侧重新型经营主体的扶持机制。产业扶持资金向带动贫困户发展的新型经营主体倾斜。但侧重新型经营主体扶持只是相对的，部分产业扶持资金仍然直接扶持到贫困户。2018年8月以来，根据带动贫困户的脱贫方式、脱贫数量等给予龙头企业、农民专业合作社、专业大户适当奖补。对龙头企业每带动1户贫困户脱贫，给予一次性最高3000元的奖补，但奖补总额不超过100万元。对农民专业合作社、家庭农场、专业大户等带动贫困户脱贫致富的，按照带动脱贫30户以下、30—50户、50户以上等标准给予奖补，但最高奖补不超过20万元。对集中土地超过500亩、入股贫困户超过100户的合作社，给予50万元的以奖代补资金奖励。同时，强化金融政策支持。按照企业、合作社带动贫困户的数量，给予不低于50%的贷款贴息。对企业、合作社每带动1户贫困户脱贫给予2万元贷款额度同期同档次基准利率全额贴息奖励。同时，对带动10—20户贫困户发展产业的创业致富带头人，按照同期同档次基准利率给予10万—20万元贷款额度全额贴息奖励。2018—2020年，曲靖市每年拿出1亿元，对带动贫困户脱贫致富的新型经营主体进行奖励性扶持，对带动贫困户达到10户以上、每户稳定增收5000元以上的经营主体，按照每带动1户给予3000元奖励的标准给予3万—100万元的奖励。姚安县抓好对合作社、企业、家庭农场、种植养殖大户扶持。在贫困村建立养殖场、冷库、生产基地，成立合作社，扶贫资金投入形成的基础设施入股合作社，建立利益联结机制，集体与合作社按照2:3的比例进行分成。

三是推广菜单式产业扶持机制，即根据当地实际情况，制定产业扶持激励范围和标准，对适合当地发展、对特色产业发展具有促进作用的产业按照规模给予补助，贫困户根据家庭实际情况在激励扶持的产业中选择适合自己的产业，并着手进行生产，政府根据实际生产发展情况给予激励性扶持的产业扶持机制。

通过菜单式产业扶持机制的激励引导，建立起利益诱导式产业结构调整机制。让有条件的贫困户，在激励引导下对家庭种植养殖结构进行调整，但不同的激励引导机制所起到的作用不同。依据产业发展内容及规模给予扶持，对贫困户积极性的调动最强，但对市场风险及市场预期判断之不足，会导致部分贫困户望而却步。而侧重新型经营主体的扶持可以有效地解决贫困户的担忧。因此，"让老百姓干，不如让老百姓看。"让他种坚果，他种上不管，还不如让村干部流转土地种，过几年看到村干部有收入后，他就会自己买苗来种。所以，普洱市探索了"311"的产业扶持思路：5000元的产业扶持资金，3000元用来扶持企业，解决企业融资难题；1000元扶持到合作社，带动集体经济发展；1000元扶持到农户，鼓励农户发展种植养殖业。

（二）加快特色农业发展

坚持以高原特色现代农业为主要方向，重点以粮油、生猪、牛羊、蔬菜、花卉、中药材、茶叶、核桃、水果、咖啡、食用菌、橡胶、甘蔗、蚕桑、渔业、烤烟等16个区域性特色产业作为产业扶贫的重点，通过"一县一业、一乡一特、一村一品"政策的激励引导，动态调整产业结构，促进产业布局优化。

一是加快"一县一业"特色产业发展。研究制定贫困县特色产业发展规划，对贫困村、贫困户因地制宜发展种植养殖业、农产品加工业和传统手工业等给予重点扶持。同时，加快对贫困人口参与度高的现代农业产业园区、农业科技示范园区、优质种业基地、创业园区扶持步伐。2017年，编制完成云南省和88个贫困县特色产业精准扶贫规划，在每个乡镇精准选择2—3项特色产业，形成以云烟、云茶、云咖、云花、云菜、云果和特色养殖为代表的"一村一品、一户一业"产业扶贫格局。鲁甸花椒、永德坚果、云南核桃、红河哈尼梯田红米4个高原特色"云品"被选为中央电视台"广告精准扶贫"推介产品。

二是加快"一村一品"特色产业发展。大力实施贫困村"一村一品、多村一品"产业推进行动，确保每个贫困村都有一两个产业发展项目，有土地、有劳动力的贫困户至少参与1个的产业增收项目。

三是加强产业化扶持。通过财政奖补、税收优惠、金融服务，加快农业产业化龙头企业培育；同时，按照每个贫困村至少拥有1个农民专业合作组织的目标，扶持发展农民专业合作组织。在加快龙头企业和农民专业合作组织发展的同时，通过建立财政奖补机制、金融服务机制，加快农村致富带头人、农村经纪人、家庭农场、贫困村集体经济的发展。同时，以新型工业化为带动，加快贫困县县域经济发展和工业园区建设。组织龙头企业带动贫困户发展产地初加工，开展产品净化、分类分级、干燥、预冷、储藏、保鲜、包装、运输等产后服务，促进农产品增值、贫困户增收。

（三）鼓励发展多种农业模式

一是鼓励发展林下立体农业。引导广大贫困户发展立体农业，推广林药、林禽、林畜等立体农业发展模式，提高单位面积的产值。如开远市推广玉米套种、南瓜套种等模式。以宜林荒地为重点，扶持贫困户发展蜜桃、葫芦梨、杨梅、苹果等特色水果，并在林下套种中药材。怒江州在核桃树下套种魔芋。除魔芋外，群众自发在核桃树下种植蔬菜也较普遍；而高海拔地区部分贫困村鼓励贫困户在核桃树下种植药材。

二是鼓励发展生态循环农业。探索推广稻鱼共生、稻虾共生、水稻和泥鳅共生、稻鱼鸭共生的循环农业发展模式。在提高单位面积土地收益的同时，实现农业发展生态化目标。红河州元阳县、红河县、金平县灵活推广稻鱼共生发展模式，一些地方水稻栽下后放鱼苗，一些地方水稻收获后放鱼苗，一些地方稻鱼收获后放鸭，实现了三种产业协同发展。

三是扶持发展乡村旅游和休闲农业。依托自然生态、历史文化、民族风情、边境口岸等资源，大力发展生态观光、民族文化、休闲养生等乡村旅游，积极开发民族特色手工艺、服饰、美食、歌舞等旅游产品。依托村庄优美的自然风光、独特的民族文化和乡土文化吸引游客，加强旅游基础设施建设，实现乡村旅游与农业产业的良性互动。扶持贫困户、贫困村发展农家乐、客栈，扶持贫困户从事旅游接待。同时，围绕旅游业，加快种植业、养殖业的发展，实现旅游业与农业协同发展。在旅游开发中，通过就业岗位倾斜、产业扶持、技能培训等，帮助贫困劳动力参与到旅游开发中来，拓宽贫困人口就业增收渠道。

四是探索推动产业易地发展模式。引导在本村无条件发展产业的贫困户，将产业发展资金集中起来，入股到其他村庄甚至其他乡镇的新型经营主体中，贫困户按股分红。红河县打破行政界限，将各乡镇符合条件的贫困户组织起来组建专业合作社，贫困户将小额信贷资金5万元入股合作社，政府以每户3000元的产业扶持资金补助到合作社，合作社选择好项目及实施项目的龙头企业，将合作社的资金入股到龙头企业，贫困户每年可按股分红。合作期满后贷款本金由企业负责偿还。社员可到企业打工，学会技术后回村发展产业。

（四）加强组织化建设

扶持发展合作社。通过简化手续、给予启动资金和项目扶持、金融扶持等方式，扶持农民专业合作社发展。以贫困村为单位，普遍成立农民专业合作社，通过合作社将分散的农户组织起来，实现技术、市场、农资购买等的联合及自我服务。一种是通过合作社将特定产业基础上的贫困户和一般农户、大户、农业企业组织起来。一种是通过合作社将分散的贫困劳动力组织起来，开展劳务服务，如造林专业合作社。

加强经营模式创新。以合作社尤其是种植养殖合作社为基础，推广形成了"合作社+农户""合作社+农户+公司"的种植业或养殖业利益联结模式和"公司+基地+农户""合作社+农户""公司+基地+合作社+农户"等经营模式。在"公司+基地+农户"经营模式下，公司提供技术指导，农户种植或养殖，公司负责收购和销售，多数有保底收购价，打消了贫困户对于销路的担忧。"合作社+农户"的养殖扶贫模式主要有两种合作方式。一是合作社为农户提供金融服务、技术指导、生产资料垫资及产品销售服务。二是合作社为农户提供种畜、技术指导，农户养殖，合作社根据农户提供的养殖服务支付报酬，如按照种畜增长的公斤数支付报酬，或按照母畜下崽数支付报酬。在"公司+基地+合作社+农户"经营模式下，公司在合作社所在地建立基地，对社员进行技术培训，统一生产技术，最后收购和销售社员生产的产品。在"合作社+农户+公司"的种植业或养殖业扶持模式中，企业一般承担产品销售任务，合作社起到规范社员行为、提高社员谈判地位的作用。在部分"合作社+农户"养殖模式下，农户利用承包经营权进行抵押贷款，贷款交由合作社使用，合作社购买家畜或家禽，再交由农户养殖，最后由合作社收购农户的畜产品，养殖增值收益由贫困户独享。

通过扶持发展合作社，将分散的农户组织起来，提高了社会化服务水平和市场竞争力。同时，通过经营模式创新，将贫困户与龙头企业的利益捆绑在一起，提高了贫困户抵御市场风险的能力。

（五）推广扶贫新方式

一是推广电商扶贫。加强产业扶贫与电商扶贫的结合。以贫困县、贫困村和建档立卡贫困户为重点，通过加强基础设施建设，改善电商发展条件。引导更多的企业建立电商服务平台，服务脱贫攻坚。同时，通过加大对电商人才的培训，提升贫困人口利用电商创业、就业的能力。

二是推广资产收益扶贫。2017年以来，云南结合农村产权制度改革的推进，引导贫困村、贫困户依法依规以扶贫资金、土地经营权，采用入股、租赁、互换、转让、托管、联营等方式与企业、个人等经营主体发展多种形式的农业适度规模经营，让贫困村、贫困户在农业适度规模经营中获得资产收益。同时，实施农村承包土地的经营权、农民住房的财产权、林（木）权抵押贷款，为贫困户提供金融服务。

三是实施光伏扶贫。2016年，在63个县（市、区），按照贫困村200kW村级光伏电站、贫困户3KW光伏发电系统开展村级光伏发电站和户用光伏系统建设。其中，农户户用分散式光伏发电系统产权、收益归农户所有。村级光伏发电站收益归村集体，通过股权量化，用来开展对贫困户的扶持。

四是实施金融扶贫。面对贫困户贷款难、生产发展缺资金的现实问题，云南长期以来不断探索金融扶贫的有效机制和方式，把扶贫专项贷款、小额信贷、扶贫贴息贷款以及强基惠民股份等有机结合起来，部分县（市、区）依托行业扶贫，还推出了妇女贷免扶补政策、残疾人专项贷款扶持等金融扶贫。2016年到2018年的3年间，累计发放扶贫小额贷款

251.93亿元,惠及56.53万户建档立卡贫困户,118个县(市、区)建立风险补偿金11.48亿元。以宾川县为代表的县（市、区）实施了林果贷、信用贷等金融扶贫方式。

同时，探索产业扶贫与新扶贫方式相结合的扶贫模式，加强产业扶贫与资产收益扶贫、电商扶贫、金融扶贫相结合等。产业扶贫与资产收益扶贫将在资产收益扶贫部分详细介绍，在此不再赘述。加强产业扶贫与金融扶贫的结合，根据贫困村、贫困户产业发展需求，连续给予3年的小额信贷扶持，一般每户为5000元、10000元，最高到每户30000元、50000元。到期还款后还可再贷款。曲靖市筹集资金设立小额信贷风险补偿基金，金融主体按照风险基金5倍的额度向外发放贷款。到2018年，曲靖市累计投入风险补偿资金8000万元，撬动金融主体放贷4亿元左右。加强产业扶贫与电商扶贫相结合，为产业扶持形成的特色农产品销售搭建平台，解决了传统上农产品卖不出去的问题。

加强产业扶贫与新型扶贫方式的结合，实质上是做好产业发展的配套扶持，为扶持的产业发展提供全方位的服务。产业扶持与资产收益扶持相结合的实质是把扶持资源配置到最高效的地方，通过新型经营主体的经营来促进特色产业的发展。产业扶持与金融扶持相结合，实际上是为产业扶持保驾护航，进一步缓解贫困户发展产业过程中资金不足这一现实问题。而产业扶持、资产收益扶持、金融扶持"三结合"的扶持机制，其核心经验在于把产业扶持与农地适度规模经营相结合，追求资源配置中最需要与最高效的平衡，让贫困户共享产业发展的红利。产业扶持与电商扶持相结合，实际上是为扶持产业的产品销售搭建平台，拓展销售渠道，提高销售价格，增加销售收益。同时，通过线上宣传，提高品牌知名度，提高线下销售价格。其实质是做好产业扶持的市场服务，提高产业扶持的绩效。

在巩固拓展脱贫攻坚成果中，云南按照产业全覆盖、集体经济全覆盖的思路，加强产业扶贫的后续扶持。同时，加强"双绑"机制建设，通过建立合作社，把脱贫户吸纳到产业后续扶持中来，并通过构建合作社与龙头企业的利益联结机制，将脱贫户与龙头企业联结在一起，增强产业发展的后劲及脱贫群众抵御市场风险的能力。

二、推进中的困难及问题

产业扶贫是实现群众脱贫增收的核心举措，但产业的发展需要实现各种要素的有效组合，既要有土地、水、优良的气候等自然条件，也要有掌握一定技术的劳动力，同时，还要有与之配套的基础设施及市场等。云南地处云贵高原，区域差异大，产业扶贫难度较大，在推进中面临一些困难和问题。

（一）产业扶贫存在结构性、适配性问题

一是30%的涉农整合资金用于产业扶贫合理性不足。在产业扶贫中，要求涉农资金整合形成资金的30%用于产业扶贫。但产业发展需要具备一定的条件，既要有自然资源条件，包括气候、土地、水以及旅游开发的自然景观等，也要具备一定的发展基础，包括种植养殖历史、技术、交通运输、市场、经营管理人才等。而各地自然资源状况、发展基础存在较大差异，产业对当地经济社会发展的支撑能力存在差异，对贫困户脱贫致富的贡献也存在差异。毫无差异地将30%的涉农资金用于产业扶贫：一方面投入与当地脱贫发展需求不匹配，既有可能超过产业发展对脱贫贡献的比例，也可能低于产业发展对脱贫贡献的比例；另一方面，将有限的帮扶资源整合投入到产业扶贫中，势必影响到基础设施等其他方面的投入。文山州部分县（市）外出打工比例高，一定要拿30%的涉农资金发展产业与区域发展不相符，有的县（市）10%就够了。涉农资金整合使用与30%的比例要投入到产业扶持中存在冲突，整合使用要求强化县级自主权，涉农资金整合后30%用于产业扶贫与此存在矛盾，同时，仅扶持贫困户是无法实现规模化发展的。

此外，从行业部门的角度出发，产业扶贫是不论贫困与否的，但在脱贫攻坚涉农资金整合使用上，产业扶贫资金只能用到贫困户身上，这使贫困地区需要非贫困户参与的相关产业发展困难，导致区域性产业培育与发展面临困难。如香格里拉市牦牛品种老化，农牧局向上级部门申请到1000万元的保种项目资金，目的是用于牦牛品种退化、品种改良试验及研究，以实现品种改良。但保种资金作为涉农资金被整合到脱贫攻坚中，因此没有真正用于牦牛品种的保种及改良，对牦牛品种改良产生不利影响。

二是推进产业扶贫全覆盖受到质疑。并非所有的贫困户都适合发展产业，将没有劳动力、没有土地的贫困户的产业扶贫资金转为资产，开展资产收益扶贫受到了一些质疑。这样导致部分不适宜发展产业的贫困户也享受到产业扶持资金，使有限产业扶持资金的扶持效果下降。尤其是在产业扶持资金按户平分的情况下，一些没有劳动力、土地资源，或劳动力全部外出打工的家庭也被列入产业扶持对象，由此造成产业扶持不精准，无法将有限的资源集中使用在能够发展产业的贫困人群身上。

三是产业扶持精准与区域产业发展衔接困难。一方面，精准扶贫侧重对贫困户的扶持，对非贫困户就会形成一种新的不公平。这在深度贫困地区尤其典型。因为区域性发展同质化、低水平现象严重，贫困户与非贫困户之间界限模糊。在悬崖效应影响下，土地资源短缺的深度贫困地区，非贫困户会因为无法享受扶持资金而对产业发展项目认同度低、参与不足，导致连片产业扶持失败。

另一方面过度侧重生产体系及规模，忽略了经营体系及品牌打造，影响产业可持续、高质量发展。产业扶贫资源总体有限，产业扶贫过度侧重对贫困户生产环节及区域生产规模的扶持，导致经营体系及品牌建设滞后。生产规模形成后，品牌没有形成，相关的销售网络、物流体系没有形成，产业难以发展壮大。同时，县际间、区域性、全省性公共品牌建设滞后，县际间各吹各打，同质化竞争导致有限的品牌建设资源遭到浪费，影响了特色产业高质量发展。

（二）过度侧重新兴产业

在产业扶贫中，产业选择过度侧重新兴产业的发展，容易忽略传统产业的提质增效。在产业扶贫中，各地尤其重视新兴产业的引进，总希望在引进经营主体和新兴产业上有所突破，并在经营主体和新兴产业发展带动下，实现当地产业结构调整，形成以新兴产业为主体的优势特色产业，从而带动贫困户脱贫增收。这就存在过度重视新兴产业发展的问题。由于过度重视新兴产业的发展，往往忽略了传统产业的提质增效。贫困村、贫困乡镇、贫困县并不是没有特色产业，每个村、每个乡、每个县都因为自身特有的气候、自然资源而拥有区别于其他村、乡、县的特色产业结构和布局。而贫困的一个原因，往往是品种老化、种植殖技术落后、产品质量无法满足市场需求、销售市场没有打开，尤其是没有形成生态化、有机化的农业发展道路。过度重视新兴产业的培育和发展带来了两个方面的问题。

一方面，新兴产业培植时间长、潜在风险大。对于贫困户、贫困村、贫困乡来说，接受新兴产业需要一个较长的时间，根本原因在于贫困户接受新事物的时间要比一般农户长得多。同时，由于新兴产业原本没有在当地出现过，当地农户尤其是贫困户没有技术基础，水土等自然条件是否适合尚需要时间和产品质量来检验，所以，产业探索失败的潜在风险较大。

另一方面，传统产业被忽视，优势产业培育不足。对于贫困户、贫困村、贫困乡来说，在已有产业基础上进行技术提升、品种改良、产品质量升级、市场建设无疑能够实现传统产业的提质增效，而目前过度重视新兴产业的发展，无疑使有限的帮扶资源投向新兴产业，进而导致对传统产业的重视不足，无法实现提质增效的目标。在养殖业方面，各地都有一些抗病能力强、早已适应当地气候条件的畜禽品种，但在长期相对封闭的产业发展格局下，畜禽品种老化严重，个体体型变小，典型如黄牛、牦牛，但在产业扶持中，侧重于引进新品种，对传统畜禽品种的改良不够。新的畜禽品种以圈养为主，饲料成本增加，人工成本增加，与传统畜禽品种以放养为主、低饲料成本相比，群众接受度低。在种植业上，强调引进外地产值高、效益高的品种及产业，而没有从产业发展生态化、品牌化的角度来改善传统产业生产经营方式，提高传统产业品牌效益及价值。

（三）经营主体难培育

由于发展基础薄弱，新型经营主体培养较困难。文山州产业散、小、弱，98%的耕地是山地，青壮年大量外出务工，产业发展中劳动力投入成为大问题，经营主体培育困难。截至2018年11月，7225户新型经营主体，多数经营不善，有实质作用的不到20%。西畴县资源条件散、小，产业项目难争取。到2018年底，400多个合作社名存实亡的多，多数是家庭农场。姚安县贫困人口多位于山区、半山区，土地分散、贫瘠，规模化经营困难。经营主体培育困难，全县只有4家从事农产品加工的企业。

因为新型经营主体培育困难，所以各地都强调以土地流转为推手，引进外来经营主体。其基本逻辑是：土地流转给土地流出农民带来租金，一部分土地流出农民外出打工，一部分土地流出农民在流转的土地上打工；外来经营主体利用流转的土地发展特色种植业，对当地起到示范带动作用。其目的是通过外部经营主体的示范带动，促进特色产业发展。这在部分地区被认为是产业扶贫与资产收益扶贫、劳动力转移就业协调推进的经验。但一些地方因为外来经营者技术、资金等储备不足，不仅计划发展的产业没有发展起来，而且还有部分经营主体连土地租金都无力支付，进一步打击了贫困户产业探索的积极性。更为重要的是，外来经营主体所从事的产业可能因水土不服而失败，影响贫困户产业探索的信心。而深层次的问题在于，外来经营主体作为资本持有者，资本的增值需求及特性促使资源配置到高效益的地方，一旦有效益更高的领域或地方出现，资本的投向就会发生改变，对特色产业的发展将产生负面影响。

（四）产业雷同度高

由于贫困人口集中分布在山区、半山区，因此，山区、半山区成为扶贫的主战场。在山区、半山区产业扶贫中，与坡地多、气候冷凉、退耕还林面积大的资源条件相对应，形成了基本相同的产业发展布局，即核桃、特色养殖（包括生猪养殖、肉牛养殖、肉羊养殖、特色鸡养殖）、中药材种植（包括重楼、党参、附子、板蓝根等）三大块。每个村都是一个模式，雷同度太高，尤其是核桃、生猪养殖、肉牛养殖、肉羊养殖、中药材种植。高雷同度必然导致各地产品同质化、缺少特色、竞争力低下。更为重要的是，区域性农产品雷同将导致价格、生产技术方面的恶性竞争，尤其是大量使用化肥来提高产量的恶性竞争，农业生态化发展将受到影响。

在产业雷同度高的背景下，各类产业规模扩张无序，市场前景不乐观。目前，尚未对扶持的农业产业及其产品市场占有量、市场需求、市场饱和度做过调查和分析，因此，都以现有产业规模、产量、价格、效益来帮助贫困户算经济账，推进产业扶贫全覆盖即动员贫困户一起发展某种产业，导致产业布局和产业规模有效控制失灵，可能超过市场需求，形成产能过剩的局面。2016年下半年生猪价格高，各地鼓励贫困户养猪，在小猪价格最高时买进，即便有政府的补助，成本也较高；而2017年上半年开始，生猪价格开始下滑，每公斤价格下降了6元左右，高养殖成本与低收益相伴，贫困户脱贫面临困难。2018年以来，生猪价格波动起伏也较大。普洱市80年代中期开始先后发展了茶叶、咖啡、核桃、橡胶等四大产业，但没有一个效益好的。目前，茶叶市场价格相对稳定；咖啡市场价格不好；核桃市场价格从每公斤20多元下降到每公斤七八元，有的鲜果带皮的仅售1元1公斤，但核桃经过20多年的发展难以转型，不敢轻易砍掉。

更重要的是，都看重养殖业的发展，却忽略了生态承受能力，在强调发展生态型养殖，林下养殖成为普遍模式且以规模扩大为主要方向的情况下，忽略或没有测算生态承载能力。同时，忽略了饲料自我保障能力。一致认为，贫困户之所以贫困，是因为粮食变现方式不对。因此，要提高粮食的变现能力，就要扩大农户养殖规模。但这种忽视地区客观条件、盲目推动产业规模扩张的做法，存在极大的风险。笔者调查的一个乡，全乡有6000多人、16000多亩耕地，计划发展7000亩经济林果、3000亩特色蔬菜，剩下的耕地仅6000多亩。但当地却规划养殖50万羽土鸡，通过简单计算可以看出，剩下的6000多亩耕地，就算种植玉米亩产达到2000斤，全乡粮食产量也才1200万斤，而50万羽土鸡每只鸡每天要消耗3两玉米，年均需要饲料5475万斤，粮食生产将难以满足土鸡养殖发展需求。更何况，当地玉米产量亩均仅达到800斤，6000亩耕地产量仅达到480万斤。这么大的养殖规模，即使全部耕地用于粮食种植，全乡粮食也满足不了养殖业的发展需求。而问题的症结还在于假设贫困户粮食种植多，可以用自己的粮食来发展养殖业，或是通过采集野外饲料来发展养殖业。现实是，部分贫困户是因土地少、劳动力少而贫困，哪来的土地种植粮食喂猪、养鸡，哪来的劳动力找猪草。一旦鼓励所有农户都发展养殖业，那些靠购买饲料来发展养殖业的贫困户将因为养殖规模的扩大而增加养殖成本，一旦收益无法保证，将加剧其贫困状况。

三、遗留问题及未来挑战

（一）产业发展可持续性不足

经过脱贫攻坚、巩固拓展脱贫攻坚成果的各项举措，脱贫地区产业发展格局得到了较大改善，但产业发展的可持续性仍然不足。首先，资源条件的分散与有限导致产业难以形成规模。受土地资源数量、禀赋、气候等的影响，无论发展何种产业，其种植规模、养殖规模都难以扩大，这在山区最为典型。如香格里拉市农户居住分散，产业规模小，抗风险能力弱，龙头企业少，精深加工少，有带动能力的企业少，外地企业少，农户收入依靠林下资源比重较高，一般产业推广很难，无法形成规模，企业和客商进入较少，市场交易成本高，产品竞争力低，难以实现巩固拓展脱贫攻坚成果和产业兴旺的目标。

其次，农产品品牌建设滞后于产业发展。产业扶持侧重于调整产业结构，产业扶持资金主要用于激励引导贫困户开展产业结构调整，扶持经营主体，品牌打造因投入不足而滞后于产业结构调整。同时，部分产业农产品尚未形成产量，主要是一些生产周期较长的中药材。没有品牌支撑，在市场上就缺乏竞争力。澜沧县相关领导干部就认为，产业扶持主要针对建档立卡贫困户，对后期可持续发展带来不利，主要是产业的可持续性和产品营销环节链条断裂。

最后，脱贫户自身的原因导致产业发展基础不稳固。迪庆州的脱贫户普遍发展能力较弱，虽然产业扶持实现了长短结合、产业全覆盖，一般农户收益较好，但因自身资金、技术投入不到位，还是不能实现稳定增收。宁洱县磨黑镇农户缺乏种植养殖业方面的技术及相关知识，无法更好地管理农作物及经济林果，因此，没有中长期产业的脱贫户面临返贫的风险。即使到2018年底，泸水市产业发展仍未形成产业链条，产业组织化程度低；农产品市场竞争力不强，农户存在丰产丰收不增收的问题；企业带动能力弱，农户生产初级产品标准不统一，一二三产业融合不够；技术支撑不足，农户学技术的实践能力弱。姚安县属于典型的农业县，即使2018年已经实现脱贫摘帽，但农产品受市场因素影响较大，农业产业化程度低，抗风险能力弱，产业发展后劲不足，少部分群众收入主要靠低保、养老金等财政转移性支付收入。昭通市产业扶持因缺乏龙头企业带动，效果不明显，传统养殖和种植业多，加工企业少，产业基地建成后，包装、运输、销售困难。楚雄州产业扶贫没有龙头企业带动。

此外，稳中求变的产业选择原则导致部分山区脱贫户存在返贫风险。

在广大山区，稳中求变实际上就是稳定原有的产业发展格局，实现原有产业的立体式发展，增加单位面积收益，如在原来的玉米种植中推广南瓜套种或豆类套种。这种产业选择原则及发展模式，实际上是提高土地的开发利用率。对于广大山区来说，产业结构实际上没有大的改变。而提高土地的利用率，无疑会造成对土地的过度开发，从而导致生态环境进一步恶化。从长期来看，这种产业选择原则可能导致返贫现象。当干旱来临时，稳中求变的产业选择原则将使山区脱贫群众农业生产无望。2017年5月，石林县等滇东南一片干旱就使已播种的玉米难出苗、已种植的烤烟旱死。对2016年刚脱贫的群众来说，这无疑是导致其返贫的重要原因。

同时，葡萄、中药材、核桃仍然是脱贫的主要产业。但高风险与高效益相伴，三大产业发展的隐患较多。2015—2020年的实践表明，核桃和葡萄成为脱贫产业的风险极大，从事核桃种植的农户效益越来越低，部分已出现亏损现象。葡萄更是如此，因为技术要求较高，长期从事葡萄种植的农户仅有少数获益，部分在建水县租地经营的大户亏损严重。

（二）产业结构仍较单一

市场从供需角度对农产品价格产生影响，进而形成规模性返贫风险。按照自然条件优势和"一村一品""一乡一业"发展思路形成的特色农业发展格局，产生了大量产业结构相对单一的村和乡（镇）。但在现代农业发展中，全国各地设施农业弱化了云南的自然条件优势，尤其是气候优势，导致所有地区都能发展特色农业。由此导致产业结构单一的村和乡（镇）受市场风险的影响大，产业结构越单一，受市场冲击出现规模性返贫的风险就越大。2021年3—5月，云南冬马铃薯价格断崖式下跌，不仅导致一些新型经营主体亏损，也给脱贫户脱贫成果稳定带来了挑战。

从市场风险角度看，产业结构越单一，风险越大，规模性返贫风险也因此增加。同时，产业链条越短，产业风险越大。对于多数脱贫村来说，一二三产业融合发展程度较低，多数还停留在初级产品销售上，市场风险更大。

（三）集体扶持投入不足

在产业扶持中，更多侧重于对农民家庭和个体的扶持，扶持资金主要投向贫困户。在巩固拓展脱贫攻坚成果阶段，在脱贫攻坚的惯性思维影响下，产业扶持精准到户，建立偏重于个体的扶持机制。即使进行了适当优化，也以新型经营主体包括龙头企业、合作社、大户为主，对集体扶持不足，村庄集体应对产业发展风险的能力没有提高，从而导致集体资源开发和产业发展缓慢。而集体产业探索更多以集体经济扶持专项资金来展开。在扶持发展集体经济时，偏重于收益稳定、风险较小的资产收益扶持，集体经济发展潜力较小。

农村集体经济是社会主义公有制的重要载体，在巩固拓展脱贫攻坚成果同乡村振兴有效衔接背景下，加强对农村集体产业发展的扶持，不仅是增强集体经济发展能力的重要途径，也是通过公有制经济发展巩固脱贫成果、促进共同富裕的重要途径。对集体经济扶持不足，导致村庄内生发展能力不足、集体应对返贫风险的能力不足。

（四）粮食自给能力不足

在以山区、半山区为主的贫困人口分布格局下，大部分脱贫地区海拔高、气候冷凉，适宜种植的农作物品种少，粮食产量低，贫困问题突出。因此，要实现脱贫致富，必须调整种植结构，发展经济效益高的蔬菜、水果、中药材等非粮产业。这样做的结果，必然引起区域性粮食自给率下降，且与地区粮经结构调整幅度成反比例关系。粮经结构调整幅度越大，粮食自给率越低。在产业结构调整之前，群众虽然贫困，但粮食基本能够自给，在大规模的产业结构调整后，虽然贫困户实现了脱贫，但脱贫户从原来的粮食基本自给变为无法自给，粮食的商品化成本高，这又可能导致返贫问题的出现。

这一问题在易地扶贫搬迁安置的150万名群众中体现得最为明显，尤其是城镇安置群众，由于没有时间照料粮食作物，所以原来的耕地要么退耕还林，要么出租给企业，或是改种其他耗时少、费工少的作物，如花椒，已不再种植粮食。粮食从原来的基本自给变为全部靠购买，加重了生活成本，成为返贫的重要因素之一。

四、巩固产业脱贫成果同产业兴旺有效衔接

对于云南来说，实现巩固产业脱贫成果同产业兴旺有效衔接，需要转变侧重于农户的产业扶持理念，建立侧重于集体的扶持理念。同时，站在产业可持续发展的角度，建立侧重于基础设施、市场、销售平台、品牌建设等产业发展支撑体系的扶持机制。在转变扶持理念的基础上，创新产业发展机制，重视传统产业的提质增效，摒弃仅自然优势的发展理念等。

（一）完善产业扶持机制

一是调整产业扶持着力点。一方面，加大产业发展支撑体系包括基础设施、市场、销售平台、服务体系等建设，逐步消除给予脱贫户扶持力度越大农村不公平问题越严重的问题。另一方面，完善脱贫户产业扶持机制。改变以现金补助为主的扶持机制，建立以金融为重点的扶持机制，即转变直接发放产业补助资金的做法，转而建立以金融和保障为重点的扶持机制。加强对脱贫人群经营能力的培养，通过补助或奖励脱贫群众参与各种技术培训，提高脱贫群众农业经营能力，增强其自我发展的内生动力。

二是以粮食基本自给为目标开展后续扶持。转变粮食作物收入低、经济作物才能增收的观念，明确粮食基本自给在巩固拓展脱贫攻坚成果及乡村振兴中的基础性地位和作用。按照产业结构多元化的思路，引导有条件的脱贫户开展粮食作物种植，确保粮食基本自给，守住"不愁吃"的底线。对于没有条件开展粮食种植如土地已出租、易地搬迁的群众，要时刻关注其家庭收入变化，防止出现收入无法支撑粮食购买情况的出现。

三是以产业结构多元化为导向开展后续扶持。转变"一村一品""一乡一业"的产业扶持思路，按照产业结构多元化的思路，开展后续扶持。引导产业结构单一的村庄及脱贫群众向产业多元化方向发展，以避免市场冲击下产业结构越单一、产业风险越大、规模性返贫风险越大的问题出现。在产业结构转型困难、短期内难以形成多元化产业结构的村庄，要加强社会化服务体系建设，降低生产成本，提高市场竞争力。同时，从延伸产业链出发，提高产业竞争力，确保不出现规模性返贫。

（二）重视产业提质增效

一是实施扶持产业提质增效建设。加强品种改良，推进传统种植养

殖业品种改良工作，提高农产品品质。加强绿色农业发展方式引导，引导广大脱贫群众转变产业发展方式，走绿色、无公害、有机农业发展道路，实现农产品提质增效。加大对生态农业生产、销售、品牌建设等方面的扶持，帮助农业龙头企业和农民专业合作社申请生态农业、生态林业认证。同时，加强农产品品牌建设，打造一批生态农业品牌，提高品牌效益，增加农民收入。加强以合作社为核心的社会化服务体系建设，为群众提供产前籽种、农资购买，产中技术或代耕、代管服务，产后农产品加工、销售服务。

二是做大做强扶持产业。进一步整合种植养殖力量及资源，将地域相近、种植养殖品种相同地区的种植养殖业组织联合起来，形成跨行政区域即跨县、跨州（市）的规模化种植养殖业，使其产生更大规模的效应。围绕"三张牌"①，加强区域性特色产业打造。紧紧依托自然条件、历史文化、发展基础，加强区域性特色产业品牌建设。以区域性特色主导产品为龙头，以合作社、协会为纽带，把具备同类生产条件的分散或相对分散的土地、农户、产品连成一串，形成"山连山、村连村、乡连镇、县连县"货卖一家的产业发展格局。尤其是将产业资源分散、经营方式分割的旅游资源、旅游产业向前推进，按照资源互补、合作经营的思路，做大做强云南旅游产业，形成区域性优势旅游产业。

三是加强对种植养殖产品加工能力扶持。加工能力的扶持应注意把农户初加工与农业企业深加工有机结合起来，通过农户初加工能力建设，化解区域性农产品加工能力不足的问题，消除农产品鲜货集中上市时价格下降的现象，避免农户增产不增收问题的出现。通过农业企业深加工能力建设及品牌打造，提高农产品知名度、美誉度，拓展农产品市场占有率。

四是加强对农产品市场建设扶持。依托旅游大省战略的推进，在旅游景点建设中，配套推进当地特色农产品销售市场建设，以旅游带动当地农产品的市场广度。加快地方特色农产品交易市场及配套基础设施建设，加大区域性农特产品交易中心、冷链物流等基础设施建设。加快电商平台建设，以电商平台推动地方特色产品走出去、走得更远。加强线下市场平台建设，通过农超对接等，拓展农产品市场。

---

① "三张牌"即绿色能源、绿色食品、健康生活目的地。

（三）加大集体经济扶持力度

加快集体经济发展，并以基层党组织建设和集体经济发展为依托，为弱者创造更多的一次分配机会；通过集体经济的补充作用，做强二次分配；加强集体内部的互助合作与互帮互助，促进集体内部三次分配的发展。这是巩固拓展脱贫攻坚成果同乡村振兴有效衔接并最终走向共同富裕的基本路径。因此，在巩固拓展脱贫攻坚成果同乡村振兴有效衔接中，要加大对集体经济的扶持力度。

一是深化改革，破除集体经济发展障碍。首先要解决好集体的组成问题。目前的集体是一个封闭的集体，只能流出，不能流进。集体经济要壮大，集体规模也要壮大。要以户籍制度改革为突破口，建立以居住和生活地为主的户籍登记制度，并适当放开部分集体经济组织权益。其次要解决好集体收益分配问题，在按股份分配、益弱性分配基础上，要建立激励性分配机制，对那些在集体经济发展中作出贡献的个人进行奖励。

二要加强支持体系建设。首先，强化政策支持，包括用地、税收优惠、奖励政策，以及集体经济组织承担农业农村项目的宽松政策。出台分类探索集体经济发展的支持政策，把乡村旅游、集体山林开发、现代农业发展、劳务服务作为重点，打造好乡村旅游带动型、林下资源开发带动型、现代农业带动型、劳务服务带动型等集体经济发展模式。其次，加强人才支持。在选派第一书记的同时，发挥好乡村干部培训学院、各级党校、农民讲习所的作用，强化对村干部集体经济发展能力的培训。

三是注意盘活多种集体资源，增强发展后劲。利用好集体未发包到户的耕地、荒山、荒滩等资源，发展特色产业。利用好集体林地资源，尤其是野生菌资源，加强集体对山林管理和开发的统筹，促进集体经济发展。对集体管理的小坝塘、加工作坊等，进行统筹利用，为发展集体经济创造条件。

四是突出"农工商""产加销"一体化，延伸产业发展链条。坚持一二三产业协同发展，农业、工业、商贸服务业一体化发展。依托村庄传统种植养殖业基础，集体经济发展要突出解决好一家一户干不了的事，加强冷链物流设施、深加工基础设施建设，开展农产品深加工。加强品牌建设，提高市场竞争力，拓展销售市场。

（四）创新产业发展机制

一是加快"空心村"社会化服务体系建设。以新型农民合作组织培养为契机，加快农业社会化服务体系建设，确保合作社覆盖所有群众，为社员提供产前籽种购买、产中技术指导、产后产品销售服务，降低贫困户参与产业发展时的劳动投入。

二是加快农村土地管理和利用方式创新。积极探索土地委托管理经营模式。将外出人口及老年人的土地以委托经营的形式委托给本村职业农民或村集体经营，受委托者扣除经营成本及少量委托经营服务收益后，其他收益交给委托者。

三是按照全产业链模式推动农业现代化。要按照"组织化建设促进标准化生产和规范种植、工业支持丰富产品形式、数字赋能和品牌建设促进销售、立体农业模式增效、绿色农业提质"的思路系统谋划农业现代化之路。制定生产规范及标准，按照绿色食品牌的要求，制定不同类别、品种种植养殖规范及生产标准，引导种植、养殖、加工企业按照统一的规范和标准进行生产。普及种植及初级加工技术，加强种植技术培训、病虫害综合防治、施肥等技术培训。加强合作社扶持与培养。以村为单位，广泛扶持种植养殖合作社发展，以合作社来规范种植养殖行为，为其提供农资、技术、销售服务，提高其组织化和社会化程度。打造"云系"品牌，完善销售体系。整合品牌资源，打造统一品牌。打破地域限制，按照品种、产品类型，打造云南统一品牌，形成"云系"品牌及系列产品。加快数字赋能销售体系建设，按照产品类型，建立云南农特产品销售网，打造互联网市场，助推"互联网+"线上销售模式。加强销售组织化建设，依托省供销社的组织体系，推广产地与城镇市场直供销售模式。加强龙头企业与种植养殖户利益联结机制建设，推进"产加销"一体化。

归纳起来讲，在脱贫攻坚阶段，产业扶贫重在调整结构，侧重于个体扶持。但在具体扶持中，一些做法和举措的合理性不足，导致出现产业结构单一化、产品同质化严重等问题，脱贫地区产业发展基础仍然薄弱。在巩固拓展脱贫攻坚成果同乡村振兴有效衔接阶段，产业扶持侧重点要在产业结构调整基础上促进产业规模化、集约化、绿色化发展。通过提质增效方面的扶持，确保扶持产业持续产生益贫效应，帮助群众致富。同时，调整扶持着力点,将扶持着力点调整到集体经济上来,通过对集体经济的扶持,增强村庄产业的内生发展能力,为实现共同富裕奠定坚实的物质基础。此外,要看到城镇化和农村"空心化"相伴而行的大趋势,创新农业发展机制,通过完善社会化服务体系,全产业链重塑"云系"产业,促进农业高质高效发展。

第四章　劳动力转移就业

实施劳动力转移就业对解决部分劳动力多、土地资源少的贫困户的脱贫问题起着重要作用。长期以来，云南都把劳动力转移就业当作促进群众快速增收的重要举措来抓，通过加强技术培训、强化服务、开展有组织的劳动力输出，增强贫困劳动力外出就业的能力和机会；加强扶贫车间建设和公益岗位开发，促进贫困劳动力就近就地就业。但因劳动力综合素质差异，转移就业的效果存在差距，部分群众脱贫稳定性差。大量的劳动力转移就业还加剧了农村"空心化"，影响区域经济协调发展。不过，劳动力转移就业为农业土地资源优化配置和农村绿色发展提供了新的机遇。实现巩固拓展脱贫攻坚成果同乡村振兴有效衔接，要强化后续服务和技能提升，增强群众自主创业、高质量就业的能力。在推进农村劳动力向城市转移的同时，要坚持"工农兼顾"的思路，推进劳动力在农业上的组织化转移，破解劳动力向城市转移后农业劳动力结构性短缺问题。同时，乘势而上，顺势而为，促进土地资源优化配置，推动绿色发展。

一、主要措施及实践

早在"八五"期间提出"五一工程"①时，云南就提出户均向乡镇企业或发达地区转移一个劳动力的扶贫措施，1997年被确定为国家劳务输出扶贫试点省。在脱贫攻坚阶段，转移培训专项资金达到中央财政安排云南扶贫资金总量的5.4%，先后出台《云南省农村劳动力转移就业行动扶贫计划（2016—2020年）》《关于切实做好就业扶贫工作的实施意见》

---

① "五一工程"：有条件的地方，人均建成半亩到一亩稳产高产的基本农田，户均一亩林果园或经济作物，户均向乡镇企业或发达地区转移一个劳动力，户均一项养殖业或其他家庭副业，户均掌握一项实用技术。

（2017）等政策文件，通过技能培训，依托"四个一批"转移策略^①扶持劳动者创业就业。2016年，免费对建档立卡贫困劳动力开展订单、定向、定岗培训。2016—2018年3年间，累计实现贫困劳动力转移就业168.22万人，其中跨省就业60.09万人、省内就业33.13万人、县内就业75万人。截至2019年12月底，414.93万名建档立卡贫困劳动力中，有280.05万人实现转移就业，转移就业率达67.60%。2020年，云南农村劳动力转移就业1512万人，转移就业率达70%，同比增加288万人、提升13个百分点。其中，建档立卡贫困劳动力转移就业达318.2万人、转移就业率达到71%，同比增加34.1万人、提升9个百分点。^②在劳动力转移就业扶持中，云南健全激励引导机制，强化转移就业服务，加强就业岗位开发，促进有意愿的贫困劳动力充分就业。

（一）健全激励扶持政策

整合就业补助资金，建立对各类促进劳动力转移就业的主体的奖补制度。2018—2020年，88个贫困县就业补助资金分配按每年10%增量递增，其中27个深度贫困县的就业补助资金增量每年每个县不低于100万元。依托就业补助资金，建立对组织动员主体、带动就业主体、贫困劳动力的全方位扶持制度。

一是对外出务工人员给予补助。对建档立卡贫困劳动力外出务工且稳定就业3个月以上的，给予最高不超过500元/人的一次性交通费补助。一些财政收入高的县（市、区）进一步加大对外出务工省的补贴力度。如开远市2016年、2017年对到省外打工的建档立卡贫困劳动力给予1000元/人的补助，对省内州外打工人员给予500元/人的补助，对州内打工人员给予200元/人的补助。同时，结合小额信贷扶贫，制定转移输出贫困地区农民工信贷扶持政策。每个外出务工的农民工按《云南省小额信贷资金管理办法》办理相关手续后，省内务工人员可获得1000元、省外务工人员可获得2000元以内小额信贷资金的扶持，为贫困劳动力就业前和就业初期交通、

① "四个一批"转移策略：依托当地龙头企业，培训一批适应当地产业发展需要的劳动者；依托定点培训机构，提升转移一批技能劳动力实现异地就业；依托技工院校、职业院校，培养一批适应重点产业发展的技能人才；依托各类创业基地，扶持一批劳动者实现创业就业。

② 秦黛坤：《就业扶贫让云南脱贫"专列"开出加速度》，云南网，http://ynfprx.yunnan.cn/system/2020/12/15/031179264.shtml。

住宿和生活困难等问题的解决提供帮助。2020年，针对外出务工且稳定就业3个月以上的贫困劳动力，按照省外就业每人最高不超过1000元、省内（县外）就业每人最高不超过500元的标准予以外出务工补助，凭收入证明每年最多可享受1次。①

二是对劳动力转移就业组织动员主体进行奖补。为提高基层组织管理部门的工作积极性，对乡、村组织本地劳动力到县外就业的，每成功输出1人给予不低于100元的工作经费补助；对一次性成功输出30人以上规模到省外、境外转移就业的，每批次给予3000元的补助；对在人力资源社会保障部门备案的人力资源服务机构、村委会和农村劳动力经纪人等组织劳务输出的，按省外转移300元/人、县外转移200元/人给予补助。

三是对吸纳贫困劳动力就业的主体给予奖补。2018年9月以来，加大对企业等经营主体吸纳贫困劳动力就业的补助力度。对吸纳贫困劳动力就业的扶贫车间，按照每吸纳1名贫困劳动力给予1000元的一次性奖补进行扶持，奖补金额最高不超过5万元。对吸纳贫困劳动力的企业给予扶持，扶持方式以落实社会保险补贴政策为主。对就业扶贫基地进行扶持，对那些吸纳贫困劳动力就业数量多、成效好的基地给予一次性资金奖补。对那些吸纳农村贫困劳动力成为劳务经纪人、招收贫困劳动力并协商签订1年以上劳动合同的劳务公司，按吸纳贫困劳动力人数给予不超过3年的基本养老保险、基本医疗保险和失业保险补贴。

四是对自主创业的劳动者给予扶持。对那些自主创业的贫困劳动者，优先提供3年期最高不超过10万元的贷免扶补创业担保贷款，并按规定给予贴息。对首次创办小微企业或从事个体经营，且所创办企业或个体工商户自工商登记注册之日起正常运营6个月以上的贫困劳动力，按规定给予创业补助。

五是对贫困劳动力及参与贫困劳动力职业技能培训的主体给予扶持。对那些参加职业培训的贫困劳动力，在培训期间给予职业培训补贴和生活费补贴。对那些吸纳贫困劳动力就业并开展以工代训的企业、农民专业合作社和扶贫车间等各类生产经营主体给予扶持，根据吸纳人数，按规定标

①　秦黛玥：《就业扶贫让云南脱贫"专列"开出加速度》，云南网，http://ynfprx.yunnan.cn/system/2020/12/15/031179264.shtml。

准给予一定期限的职业培训补贴，最长不超过6个月；对那些新录用农村贫困劳动力并依托所属培训机构或政府认定的培训机构开展岗位技能培训的企业，给予职业培训补贴。同时，为有就读技工院校愿望的贫困家庭学生提供免学费技工教育。

六是对贫困劳动力转移创业实施税收优惠。2019年—2021年，给予贫困劳动力从事个体经营税收优惠，对贫困劳动力从事个体经营的，在3年内按每户每年14400元为限额依次扣减其当年实际应缴纳的增值税、城市维护建设税、教育费附加、地方教育附加和个人所得税。对招用贫困劳动力就业的企业，在3年内按每人每年7800元的定额标准依次扣减增值税、城市维护建设税、教育费附加、地方教育附加和企业所得税。

（二）强化技能技术培训

以"订单式""定岗式"和"校企联合"培训等模式为推动，加强转移就业劳动力培训。培训对象为贫困地区具有一定文化程度、遵纪守法、身体健康、16—55周岁、自愿参加转移培训的农村劳动力(不含在校学生)。其中，引导性培训按照人均300元补助标准给予补助，技能培训按照人均1000元补助标准给予补助。2018年以来，进一步加强对有意愿参加培训贫困劳动力的技能培训，实现对有培训意愿的建档立卡贫困劳动力全覆盖。在县级层面，严格按照贫困劳动力100%参加劳动力转移培训、100%推荐工作来开展工作，并争取实现培训人员50%以上转移就业的目标。

一是开展订单式培训。根据用工企业需求，有针对性地开展技术培训，接受培训后的贫困劳动力，直接进入相应的企业打工。在东西部扶贫协作背景下，为东部企业开展订单培训成为普遍做法。同时，根据当地企业需求，开展订单培训也是重要的内容。文山州把培训班办到村，开展养殖、支砌工培训。

二是开展一般引导性技术培训。借助党校、农民讲习所等载体，对贫困劳动力进行技术培训，主要包括汽修、挖掘机驾驶、建筑技术，以及美容美发等非农技术，鼓励贫困劳动力在掌握适当技术后外出打工。最典型的要数普洱市采取的"好汉班"，直接针对内生动力不足的男劳动力，通过半封闭、半军事化的管理，让内生动力不足的男青年在一个新的环境中共同学习，提高技术技能，提高综合素质。

三是加强初高中毕业生职业技术教育。以县为单位，与上海、广东以及省内的职高、职业技术学校等签订合作协议，免试将贫困家庭初高中毕业生推荐到相关学校学习，学校为学生提供免费教育，并给予适当生活补助。部分州（市）制定了特殊扶持政策，在统一的本科教育扶持之外，对中等职业教育给予补助，如香格里拉市给予职业技术学校贫困家庭学生每年2500元补助。企业冠名班、定向培养成为帮助贫困家庭初高中毕业生实现就业的主要措施。

（三）强化劳务输出服务

一是加强组织动员。聚焦滇西边境地区、乌蒙山片区、迪庆州、怒江州和石漠化地区，特别是"直过民族"地区，以建档立卡贫困劳动力为主要对象，实施农村劳动力转移就业扶贫计划。先后与北京、广东、上海、福建、江苏、浙江等9个省(市)建立劳务对接机制，设立省内外劳务输出服务站32个，强化劳动力转移就业组织动员及服务。在"挂包帮""转走访"工作中，实施转移就业行动，通过加强思想动员、联系就业门路、联系技能培训等，帮助贫困户转移就业。在千企帮扶千村行动、百校帮扶百乡（镇）行动中，实施万名队员帮扶劳动力就业行动，通过帮扶队员利用个人资源，帮助贫困劳动力转移就业。

二是加强就业信息服务。加强就业信息、贫困劳动力信息搜集与整合，并鼓励贫困劳动力外出打工。通过驻村工作队成员、挂包干部入户了解贫困户家庭条件，协助群众计算劳动力分配账，鼓励大家走出去；扶贫办按需培训，根据企业需求，对有意愿进入企业的贫困劳动力进行职业技术培训，培训完成后使其可进入企业打工。为了实现这一目标，各地引进和组建劳务服务公司和中介机构。在一些贫困县，每个乡镇都设立了劳务公司的服务站，为贫困劳动力转移就业提供多元化的服务，包括培训、联系企业、组织人员外出等。

在加强转移就业服务中，镇雄县由外出务工人员发起，在浙江清溪设立党工委，开展劳务输出的全方位服务。开远市市级各个部门搜集整合相关企业劳动力需求情况，在碑格贫困乡成立劳务输出公司，专门负责劳动力转移就业。此外，开远市的外出经商、打工者知青会馆成立了一个外出务工工会小组，定期举行聚会，为打工人员提供法律援助，对刚外出打工又没有找到工作的群众提供食宿，允许他们找到工作后再离开会馆。碑格乡两名大学毕业生自主创业成立家政公司，带动碑格乡30多名贫困群众外出务工。通过全方位的就业服务，有效解决了贫困劳动力外出打工技术储备不足，外出就业机会不足，外出就业中权利维护、利益保障困难等问题。

（四）加大就业岗位开发

2018年，出台推进就业扶贫三年行动计划，推广以工代赈、以奖代补、劳务补助等方式，动员贫困群众参与小型基础设施、农村人居环境整治等项目建设，增加劳务收入。针对"无法离乡、无业可扶、无力脱贫"的贫困大龄劳动力、残疾家庭劳动力和有重病患者家庭劳动力，整合就业补助资金，开发扶贫工作信息员、公路养护、农村保洁、治安巡逻等乡村公共服务岗位，实施就业帮扶安置。安置在乡村公共服务岗位上的人员，按每人每月500元标准发放乡村公共服务岗位补贴。2019年以来，加强在岗人员日常管理和监督检查，对不上岗领补贴的、500元的人均补贴标准与工作时间明显不匹配的、在岗人员与岗位要求严重不适合的，及时予以纠正。

一是加强扶贫车间建设，开发就近就业岗位。整合贫困劳动力及技能掌握情况，联系企业需求，将贫困户在家就能完成的加工任务或工作承接下来，由贫困户在家完成，企业根据工作量及任务完成情况，发放计件工资。实现贫困劳动力就地转移就业目标。同时，鼓励企业就近、就地建立生产车间，实现劳动力就近、就地转移。地方政府在土地供给方面给予支持，并根据企业生产需求，搭建好厂房，完成必要的基础设施建设。企业在当地发展加工业，主要聘用贫困劳动力来开展生产，促进贫困家庭富余劳动力就地、就近转移就业。2018年，新建扶贫车间306个，吸纳贫困劳动力就业5285人。到2018年底，文山州建设扶贫车间44个，送货上门，由群众加工，解决了2000多户贫困家庭的就近就业问题。2019年，云南建设完成扶贫车间1900个，吸纳贫困劳动力3.77万人。截至2020年12月，认定扶贫车间2408个，吸纳就业18.21万人。[①]

---

① 秦黛玥：《就业扶贫让云南脱贫"专列"开出加速度》，云南网，http://ynfprx.yunnan.cn/system/2020/12/15/031179264.shtml。

二是加强公益岗位开发，专门聘用贫困劳动力。结合生态扶贫、易地扶贫搬迁、资产收益扶贫、环境整治等的推进，加大生态护林员、护路员、护边员、护河员、村庄卫生员、城市保洁员等岗位的开发力度，为劳动力、半劳动力提供就业机会。姚安县为"两无人员"即无劳动能力、无收入来源的贫困户提供公益岗位。到2018年底，迪庆州农村劳动力推荐就业27417人、转移就业16000多人。同时，开发公益岗位安置557人。到2018年底，上海对口帮扶文山州共投入3500万元，用来开发公益岗位，安置9923个贫困劳动力。

2019年，云南省开发乡村公共服务岗位兜底帮扶贫困劳动力20.1万人，聘用生态护林员17.04万名、护路员1.26万名，新增贫困劳动力转移就业26.28万人，累计达197.2万人次。规范开发公益岗位，兜底安置贫困劳动力40.37万人。

在巩固拓展脱贫攻坚成果中，按照人力资源社会保障部、国家发展改革委、财政部、农业农村部、国家乡村振兴局《关于切实加强就业帮扶巩固拓展脱贫攻坚成果助力乡村振兴的指导意见》要求，从稳定外出务工规模、支持就地就近就业出发、健全就业帮扶长效机制、优化提升就业服务、精准实施技能提升等内容出发，云南进一步加强劳动力转移就业服务，特别是在新冠疫情出现后的就业困难时期，加强对就业不稳定、就业困难人群排查，通过搭建输出地与用工地的直达通道，将就业人群从家直接输送到工厂，促进群众稳定就业。坚持按照对有就业意愿的劳动力百分之百进行培训的要求，持续开展技能技术培训和转移就业服务。但在劳动力转移就业方向上，仍然以城市和工业、服务业为主。

二、推进中的困难及问题

受到区域经济社会条件、劳动力自身条件等因素的影响，以及就业扶持本身的不足，云南农村劳动力转移就业扶持在推进中还面临一些困难和问题。

（一）区域经济发展差异影响扶持效果

受地方政府服务供给能力、贫困人口分布等原因影响，劳动力转移就业培训及扶持的有效性存在差异。

首先，区域性劳动力就业服务能力不足，影响扶持效果。迪庆州公共服务滞后，保障能力弱，29个乡镇中有16个没有社保和就业服务站。到2018年底，仍然没有技能评定机构，技能型劳动力少；市场经济不发达，缺乏劳动中介机构和农村劳务经理人。镇雄县缺资金，无法兑现对村委会劳务经纪人、人力资源中介等的一次性补贴，影响积极性。

其次，地方二、三产业就业岗位供给不足，影响扶持效果。贫困劳动力转移就业扶持受制于当地二、三产业的发展基础。在远距离转移受限的情况下，就近转移成为贫困劳动力就业扶持的重点。但贫困地区"一产独大，二、三产业发展滞后"的产业发展格局，又限制了贫困劳动力就近转移的步伐，尤其是在易地扶贫搬迁规模大的背景下。怒江州10.2万名贫困群众搬迁，劳动力转移压力更大。会泽县8万多人的易地扶贫搬迁规模，非农产业就业压力大。镇雄县等易地扶贫搬迁大县也面临类似的问题。搬迁群众主要依靠就业和薪资水平的提升来提高收入水平，但县域内二、三产业发展滞后，就业岗位增长不足，外出务工主要从事劳动密集型工作，收入增加困难。2018年底，迪庆州已实现70%的建档立卡贫困户户均1人转移就业目标，但州内企业就业岗位进一步开发较难，企业要为就业人员买五险一金，包吃住，一般人均月收入2000元。社保支出资金较大，个人实际收入不高，企业用工成本较大、用不起工等问题，导致转移就业人员收入偏低，脱贫效果稳定性差。

最后，群众居住分散，影响扶持效果。等贫困群众分散居住在山区、半山区，导致组织动员较困难。同时，群众参与技术培训的交通成本、时间成本也高，由此导致与劳动力转移就业相关的扶持效果存在差异，山区相对于坝区要差。

（二）群众综合素质制约扶持效果

经过多年的发展，云南农村劳动力转移就业空间已经十分有限，贫困劳动力外出就业难度大。能够外出务工的贫困劳动力，多数已向外转移，留在家的受到家庭牵绊或个人能力素质影响，向外转移空间狭小。

贫困劳动力综合素质制约扶持效益。劳动力转移就业受制于贫困群众文化水平、语言能力、技术技能水平，扶持效果存在较大差异。贫困群众受教育水平普遍较低，尤其是在深度贫困地区，如怒江州人均受教育年限为7.6年，澜沧县人均受教育水平为6.3年。贫困群众对外交往的语言表达能力差，怒江州40%的农村群众不会讲普通话。贫困群众非农业技能技术掌握不足，尤其是"直过民族"，农业实用技术落后不说，非农技能技术更加落后。多种因素制约下，非农转移就业较困难，尤其是跨越千山万水的远距离转移更加困难。迪庆州转移就业岗位增加了，但是部分农村劳动力不敢或不愿意外出打工，加之其技能单一、技术水平低，可以从事的工作基本上是工作环境差、收入低的工作，到省外就业的较少。文山州组织转移贫困劳动力外出就业难，内生动力不足。群众在外打工也主要是"打盲工"，没有技术，收入低。

此外，贫困群众传统的农耕生活与劳作习惯限制了非农就业。贫困群众长期处于自由散漫的状态，与非农产业严格的作息时间格格不入，部分贫困劳动力在订单培训下实现了转移就业，但干不了几个月就回来了。更有甚者，护送其外出的政府工作人员还未回到家，他们已经坐飞机回到家里。此外，照顾幼小的子女和家中的老人、病人也会限制家庭中的主要劳动力外出。

（三）社会性风险影响扶持效果

在自2020年初开始的新冠疫情、新一轮技术革命带来的机器替代人力等风险冲击下，稳定转移就业受到影响。

一方面，因为疫情防控的需要，一些地方工厂停工、交通瘫痪，尤其是东部工业发达的地方，因为人口密度大、流动频繁，新冠疫情呈常态化，不仅导致就业岗位减少，而且导致劳动力外出困难。这在2020年上半年表现得最为明显。

另一方面，新一轮的技术革命正在推进，人工智能正在代替手工劳动，大批工厂通过引进智能机器人来代替传统的人工，导致工业用工人数减少，这给劳动力转移就业带来挑战。

此外，由于我国劳动力价格上涨较快，一些国外企业正从长三角、珠三角地区向东南亚国家转移，这导致全国性用工减少，增加了云南农村转移就业的难度，尤其是能力技术普遍不足的贫困劳动力。

三、遗留问题及未来挑战

劳动力转移就业在促进群众增收致富的同时，也带来了一些新的问题，如农村"空心化"、农村劳动力减少、农业劳动力价格上涨、农业发展失去主体等问题。

（一）区域经济发展受影响

劳动力转移就业扶持加剧了农村"空心化"现象。脱贫村绝大多数青壮年劳动力外出打工，外出打工的劳动力占全村劳动力的比例最高达到60%以上，一般贫困村达到40%，由此带来了四个方面的问题。

一是产业扶持失去主体。在劳动力转移就业扶持中，更多有技术、有知识的青壮年劳动力向外转移。虽然部分地区出现就业岗位开发困难的问题，但主要是因为扶持对象没有技术，文化水平低，更多是半劳动力。与此相反，对青壮年劳动力的需求仍然旺盛。香格里拉市、姚安县已出现劳动力供不应求的局面，农业转移人口已难以满足当地农业企业、餐饮服务等企业的需求。更重要的是，大量青壮年外出打工，新型职业农民培养无处着力，没有经营主体，任何产业扶持就失去了对象。同时，"土地流转和外来龙头企业带动型"产业发展战略受阻，主要原因是当地劳动力短缺导致经营者劳动力使用成本过高。澜沧县农村留守人员以老幼为主，劳动力缺乏，对农村经济发展产生瓶颈性制约。红河县劳动力转移就业后，留守的妇女、儿童、老人居多，制约产业发展。在这样的背景下，特色种植养殖技术培训没有年轻人参加，产业发展无人推动现象突出，产业扶持无处着力。

二是"老年人农业"影响绿色化发展。绝大多数青壮年劳动力外出打工，从事农业的主要是老年人，老年人由于年老体弱，只能种植离生产路较近的田地，离生产路较远的田地开始出现抛荒现象，尤其是遇到干旱。2015年，剑川县马登镇干旱，很多老年人都反映，由于没有路，挑不动了，土地就荒着了。2018年底，镇雄县中屯镇齐心村也出现了坡地抛荒的现象，主要是青壮年外出后，老年人无力耕种。在劳动力大规模转移与农民市民化快速推进的背景下，农村人口减少将导致山区、不适合规模化经营的土地抛荒，加剧粮食安全问题及基本农产品有效供给。同时，产业发展积极性不足。在青壮年外出打工的背景下，老年人要照顾孙子孙女，从事农业生产的时间减少。更为严重的是，老人、小孩的生活支出更多依赖外出打工的家庭成员，农业生产成为可有可无的活动，参与特色农业发展的动力不足、积极性不高。

此外，绿色农业发展困难。老年人年老体弱，无力从事出粪、挑粪等工作，以及相同数量的农家肥比化肥产生的效果低，所以，农业生产中农家肥使用量大大下降，化肥用量增加。由于劳动力投入不足，传统锄草的工作被除草剂代替，农药用量增加。多方面的原因，导致农业污染治理难度大，绿色化发展困难。

三是农业劳动力价格上涨，农业经营成本上升。大量劳动力向城镇转移，还导致农业用工短缺、劳动力价格持续上涨。2018年，宾川县脱贫出列，2020年8月到10月，笔者在宾川县调查时发现，农业劳动力用工短缺与劳动力价格攀升已成为一种趋势。在8月到10月的3个月期间，男劳动力的日工资已超过150元，宾川甚至达到180元到200元，女工超过120元，种蒜工达到150元/天。2021年4月底到5月初，笔者在宾川调查时发现，从南涧县到宾川打工，技术粗糙且只能打葡萄芽的男女工均已到140元以上/天，本地的手脚快的已到150元以上/天，用工紧时达到160元/天。2021年7月到8月，男劳动力日工资最高已达200元以上。在劳动力价格上涨的同时，无论是企业还是种植大户均反映请不到人。请不到人是因为大量的青壮年劳动力转移进城就业，尤其是刚毕业的初中生、高中生、技校生等基本以城镇就业为主。同时，愿意从事苦活、累活的农村劳动力越来越少，或没有用工方需要的技术。宾川葡萄种植户请工要提前预约，临时请很难找到技术娴熟的。多种原因导致劳动力价格攀升与用工短缺现象并存。在劳动力转移就业战略推动下，在今后较长一段时期内，如果一直奉行农业劳动力向城镇转移的思路，农业用工短缺与劳动力价格上涨将成为一种趋势，尤其是区域性的用工短缺与劳动力价格上涨，由此导致高原特色现代农业发展越迅速的地方，用工短缺与劳动力价格上涨现象越普遍，影响产业兴旺。

（二）贫困引致的社会性问题加剧

劳动力转移就业扶持在促进群众脱贫的同时，也引发了光棍多、老年贫困等一系列的社会问题。

一是使农村婚姻市场由本地市场拓展到全国市场，加剧了光棍问题。一方面，在劳动力转移就业推动下，大量的男女青年外出打工，婚姻圈扩大。婚姻圈从本地范围拓展到全国范围，云南男青年在全国性婚姻市场竞争中处于弱势，势必加重农村光棍现象。另一方面，在劳动力转移就业中，男青年相对于女青年外出打工要困难得多。大量女青年外出打工后，男性婚姻圈进一步缩小，竞争加剧，找对象困难，势必加剧农村的光棍现象。楚雄州姚安县左门乡地索村2017年末共有建档立卡贫困户162户584人，在建档立卡贫困户中，30岁以上60岁以下没有结婚的男子有43人，平均每4户贫困户中就有一人，老光棍现象突出。这一问题导致部分群众内生动力不足。一些情况严重的村庄，光棍比例已达到总人口的10%左右。光棍对未来的生活充满了迷茫，发展的积极性不足。这些人年轻时影响家庭脱贫进程，年老后，又形成大量的"五保户"、独人户，导致开发式扶贫困难，只能以社会保障兜底的形式来解决，这将产生大量的"五保"后备村。

同时，由于婚姻市场的拓展，打破了熟人范围，男女双方之间的了解进一步下降。婚后矛盾增多，离婚率上升，导致农村出现大量男子带着孩子的单亲家庭，后续扶持难度增加。

二是劳动力转移就业还加剧了老年人贫困。农村出现了一种现象——老年人贫困，即贫困老龄化，这种现象与劳动力转移就业相关。一是部分年轻时以外出打工为主的人群，他们年轻时进城打工，但不注意积累，如今因年老而无法继续在城里打工，回到农村后陷入贫困。二是农村"空心化"后形成大量的老光棍，逐渐形成3个老人或4个老人的家庭，基本上是一个50多岁的男子和已七八十岁的父母，两个五六十岁的男子和年迈的父母生活在一起，加剧了农村老年人贫困问题。

三是劳动力转移就业导致村庄治理困难。2017年以来，在就业扶贫推动下，云南农村劳动力转移就业总量稳定在1500万人以上。随着农村人口流动加快，治理主体发生变化。一方面，集体经济组织成员向外迁移，打破了集体的边界。治理主体面临着年轻人外出打工，以集体经济组织成员为基础，年富力强、有能力的自我管理人才难寻的问题。另一方面，随着农村承包地"三权分置"改革的推进，一些新型经营主体进入村庄，导致村域范围内从事生产生活的群众已不再属于同一村委会。加之农民进城后承包关系长期不变政策的落实，农村"人权分离"现象严重，即有农地承包权的集体经济组织成员向外流动，而没有集体经济组织成员权利的外来人员增多且有固化的趋势，由此造成农村治理主客体的错位：属于治理主体的户籍人口外流，无法履行治理主体的职责；而外来人员只作为治理客体存在，想成为治理主体但受到制度限制。同时，人口尤其是大量的年轻人向外流动，使村庄集体的行动能力下降、自我服务能力下降。

（三）侧重年轻人导致积累不足

按照有意愿的劳动力都能实现就业的扶持思路，云南将劳动力城镇转移的重点放在年轻人身上；而扶持有就业意愿的年老劳动力就地转移，通过公益岗位、扶贫车间使其实现就业。这样的转移策略导致家庭积累不足，对巩固拓展脱贫攻坚成果不利。

一方面，大龄劳动力就业稳定性差、收益偏低。年纪大一点的劳动力总体受教育水平低，技能技术水平低，多数在工厂或扶贫车间工作，收入不高。一些人在城市工厂打工，因牵挂家里的老人、孩子，或因为不适应城里的生活等，难以长期坚持打工。在公益岗位就业，收入水平增长空间较小，家庭积累不足。

另一方面，年轻人因受相对超前的消费习惯影响，无法实现家庭资本积累。调查发现，"结婚后外出打工的打工者能够将部分工资寄回家，未结婚就外出打工的工资基本只够花"已经成为一种普遍现象。转移就业年轻人更多解决的只是个人的温饱问题，无法形成家庭资本积累，无法提高家庭应对贫困和自我发展的能力。更严重的问题在于，在城镇养成了相对高的消费习惯，如果回到农村，对家庭消费的影响较大。

由于年轻人外出打工的比例大，且将收入多数用于在城市的消费，致脱贫家庭积累不足；年纪大一点的从事的多数是低收入的行业，收入空间增长有限，家庭资本积累总体不足。这样就导致以劳动力转移就业实现持续增收和共同富裕的难度增加。

四、巩固就业扶贫成果同乡村振兴有效衔接

在巩固拓展就业扶贫成果同乡村振兴有效衔接中，需要转变原来的转移就业思路，确立既能够增加积累又能够破解当地经济社会发展问题的新思路。因此，巩固转移就业扶持成果，探索形成"工农兼顾、城乡兼顾"的转移就业思路，为农村发展留住年轻人，为家庭致富增加积累，就成为新阶段转移就业扶持的新特点。

（一）加强可持续扶持

一是加强劳动力转移就业后续服务。借鉴镇雄等地劳动力输出后续服务的经验，在云南省之外的劳动力就业集中地成立党工委，或在云南省派驻机构下设立独立的外出务工服务中心，对云南省籍农民工开展就业联系、技术培训、权利维护等服务。鼓励劳务输出大州（市），引导外出务工人员在人口集中输出地成立党工委，为外出务工人员提供相关服务。

二是巩固和提高技能培训效果，提高就业质量。在原有技能培训基础上，开展技能提高培训，对已享受过技能培训，但没有实现转移就业、就业不稳定，或就业质量不高、收入低的人群，积极开展技能提高培训。在原有技能基础上，往前延伸，提高受训者的技能水平，提高其技术娴熟度。并根据受训者的技能水平，在就业服务中推荐与其技能水平相当的工作岗位，提高其就业质量。

三是建立动态化管理和帮扶机制。借鉴脱贫攻坚阶段帮扶动态管理经验，建立劳动力转移就业家庭动态管理和帮扶机制，掌握劳动力转移就业的动态信息，并根据需要给予及时的帮助。具体办法可在乡镇团委设立外出务工微信群，及时了解外出务工人员工作动态，并给予必要的帮扶。

（二）协同推进农村改革

一是优化农村土地资源配置。抓住劳动力转移就业带来的资源配置机会，利用劳动力转移就业及人口空心化导致的部分地区农地资源开发利用不足、土地闲置问题，加强对闲置农地资源的利用。通过流转、入股、托管等方式，加强对闲置土地资源的利用，进一步推进适度规模经营，增加

农民收入。

二是探索转移进城农民产权退出制度。探索推进转移进城农民宅基地、林地、承包地有偿退出机制，促进农村人口、劳动力、资源合理流动，彻底斩断进城农民的穷根。特别是在易地扶贫搬迁中，迁出地村集体经济基础普遍薄弱，应由政府整合资源，对退出农户给予适当补偿。政府收回的农地、林地经营权，按照国有资产的形式，出租给需要的经营主体或作为集体资产，用于易地产业开发；宅基地用于增减挂钩、筹集补偿资金及扶贫资金。

三是广泛开展社会组织建设。针对劳动力转移就业带来的社会问题，广泛开展农村自强性社会组织、社会关爱性组织建设。通过社会组织发展和心理干预，舒缓老光棍、老年人贫困等问题。

四是建立适应人口流动的治理机制。探索建立以村庄范围为治理对象的治理机制，根据治理单位的动态性，建立与治理主体和治理对象变化相一致的治理主体与治理对象体系，适应治理主体和治理对象的变化。围绕"民主选举、民主决策、民主管理、民主监督"四个环节开展治理创新，对于集体经济组织成员，四种权利是完整的。对于外来经营者或其他迁入人群，四种权利在设计上可能是不完整的。现阶段，应逐渐强调外来者在民主决策、民主管理两个方面的权利；同时，逐渐将其纳入基层治理民主决策与民主管理中来，逐渐建立与集体产权制度改革相适应的治理机制。

同时，借鉴城市社区管理机制取得的经验，探索建立农村社区化管理机制。社区化管理机制的典型特点是以公共服务为中心，面向辖区内所有的居民。在农村推广社区化管理机制，就是通过建立社区，为辖区群众提供公共服务。社区化管理能适应农村人口流动加快、公共服务需求增长迅速的发展趋势。

（三）调整优化发展战略

一是加快绿色经济发展步伐。借助劳动力转移就业、农村"空心化"带来的山区、不适合规模化经营的土地抛荒问题，全面推进山区绿色经济发展步伐。借助新一轮退耕还林还草项目推进的契机，将抛荒地、不适宜规模化流转的土地纳入退耕还林还草项目，实施退耕还林还草。借助退耕还林还草项目的推进，培育生态林产业、绿色畜牧业。

二是加快转移就业农民市民化。首先，建立多元化转移进城农民住房保障制度。通过建立购房补助制度、社会保障房制度、公租房制度、经济适用房制度等，实现进城农民"住有所居"目标。强化转移进城农民就业帮扶动态管理。按照确保转移进城农民家庭劳动力自愿充分就业的目标，建立就业培训、就业服务等就业动态管理机制，确保进城农民充分就业。完善转移进城农民创业扶持政策，加大创业培训力度，给予创业税收优惠，提供金融担保和贷款贴息。

三是建立适应农村老龄化的发展机制。从应对贫困老年化、劳动力转移就业带来的农村老龄化角度出发，加强农村老年人自组织建设，强化其自身的组织动员能力。同时，加快农村社会化服务体系建设，探索适应老年农业、老年社会的发展机制。

四是实施劳动力区域间农业转移战略。打破常规，以农业为就业途径，促进部分劳动力转移就业。首先，要重视30岁以上60岁以下的劳动力的转移就业；并探索推进有组织的农业劳动力区域间转移。在现有就业帮扶政策基础上，倡导"工农兼顾的灵活就业"思路。鼓励各地根据省内外农业用工规律，尤其是农忙时农业用工紧的规律，分类推进劳动力就业帮扶。对适合干农活的闲散劳动力，可以有组织地输出到一些农业用工紧的县（市、区），为劳动力就业提供一条新的路径，特别是易地搬迁城镇安置中缺乏非农就业能力的劳动力。在公益岗位有序减少及就业人员收入替代中，通过有组织的跨区域转移，使其在农忙时获得充分的就业机会，每年1—3个月的收入就能顶替公益岗位就业1年的收入。

为了实现这一目标，首先要加强对全省农业用工信息及农业劳动力资源的动态管理。其次要加强劳动力组织化输出机制建设。建立以县为单位、市场需求为导向组织化的农业劳动力输出机制。最后，探索建立农业用工地政府主导的技术培训与服务机制。根据用工地农业生产技术需求，广泛推广"以工代训"等培训模式，提高转移劳动力就业适应能力。

总体上讲，劳动力转移就业增加了家庭的工资性收入，是贫困群众短期内脱贫的重要措施。但劳动力转移就业不仅受制于劳动力个体的综合素质，而且受到外部经济环境的影响，扶持效果区域差异大，多数转移就业劳动力收益稳定性差。同时，以年轻人为主的转移就业扶持策略，对家庭积累的贡献不足。更重要的问题在于，劳动力转移就业加剧了农村"空心化"和农村光棍问题、老年人农业问题，导致治理有效性面临挑战。在巩固拓展脱贫攻坚成果同乡村振兴有效衔接阶段，要巩固转移就业扶持成果，需要持续加强技能技术培训，以适应外部经济环境及发展需求的变化。加强后续服务，建立动态化的管理和服务机制，给予需要帮扶的群众及时的帮助。乘势而上，优化农村资源配置，促进绿色发展。同时，探索组织化的劳动力区域间农业转移战略，将新增劳动力和年纪稍大一点的劳动力组织起来，到需要的农业生产区打工。确立"城乡兼顾、工农兼顾"的劳动力转移就业策略，消除劳动力转移就业扶持带来的农村"空心化"、老年人农业及劳动力价格上涨等问题。

第五章　易地扶贫搬迁

易地扶贫搬迁是解决"一方水土养不起一方人"和公共服务成本高地区贫困问题的有效手段，云南1996年启动易地扶贫搬迁试点、1999年全面启动，在脱贫攻坚阶段成为"五个一批"工程的重要组成部分。"十三五"期间，云南省实施了99.6万贫困人口和50多万同步搬迁人口的搬迁任务，累计搬迁人口达到150万人，建设安置房24.46万套。①集中安置比例由2016年的80.6%提高到2019年的100%，安置方式由农村安置向城镇集中安置转变，城镇安置比例由2016年的21.6%提高到2019年的90.6%。基于个体因素和环境限制，搬迁推进中遇到一些困难和问题；搬迁完成后，搬迁群体的稳定脱贫面临一定的挑战。目前，易地搬迁城镇安置群众的城市融入尚未完全实现，面临转型性、过渡性返贫风险。就业上半工半农，一部分转向非农产业，一部分还从事农业；收入上半城半乡，一半来自工厂、服务业收入，一半来自迁出地土地租金、产业经营收入，以及转移性收入。管理上户口迁移尚未完全实现，后续帮扶责任不清，迁出地主导的帮扶机制已暴露出同社区不同政策的问题。更重要的是由于土地资源缺乏，迁入地无法重塑迁出地的生产模式和经济空间，搬迁群众主要以转移就业实现增收。而在新冠疫情等风险冲击下，稳定就业面临困难。实现巩固拓展脱贫攻坚成果同乡村振兴有效衔接，要站在城乡融合发展的高度，从农民市民化的角度出发，转变责任主体，建立迁入地政府主导的后续扶持机制；从治理衔接出发，重建治理秩序，从破解"无土安置""无业安置"问题出发，以集体经济为载体，重建安置区经济发展空间；从社会融入角度出发，在完善公共服务均等化的同时，推动搬迁群众文化适应与融入。

---

① 杨苑：《云南百万贫困群众"挪穷窝"，通过易地扶贫搬迁走进新生活》，云南网，http://ynfprx.yunnan.cn/system/2020/12/15/031179372.shtml。

一、主要措施及内容

基于脱贫攻坚的责任划分，云南易地扶贫搬迁形成了户籍地政府主导的搬迁模式。以县为单位，通过调查分析，确定当地列入易地扶贫搬迁的区域和人群。接下来，根据实际，选择和规划建设集中安置点。根据搬迁群众实际情况和迁入地美丽乡村、城镇建设规划，建设搬迁安置房。在此基础上，根据易地扶贫搬迁集中安置点的规模，动员被列入易地扶贫搬迁的群众，并根据群众意愿和易地扶贫搬迁点的规模，最终确定搬迁群众。安置房建设完成后，组织搬迁群众搬迁入住。在整个过程中，一个共同的特点是以户籍所在地政府为主，包括乡政府、县政府，最高到州（市）政府。即使从一个乡搬迁到另外一个乡，也是以原户籍所在地乡政府为主，筹集资源；迁入地乡政府只负责安置点公共服务，且以县政府或州（市）政府为主来统筹。

（一）锁定搬迁对象

"十三五"期间，云南累计搬迁贫困人口和同步搬迁人口近150万人。2016年，落实搬迁对象，将搬迁对象落实到每家每户，并做好标注；2017年，再一次认真甄别贫困搬迁对象，对搬迁对象进行了动态调整。具体推进中，基层政府工作人员、驻村工作队、村干部进行入户调查，对群众搬迁意愿进行摸底，确定搬迁户名单。2018年以来，对30户以下、贫困发生率50%以上、基础设施和公共服务尚未达到脱贫出列条件的村庄，采取应搬尽搬、整村搬迁、进城入镇的举措，确保搬迁一户脱贫一户。在确定搬迁村庄后，基层政府工作人员、驻村工作队、村干部入户开展动员工作，并根据搬迁户的实际情况，制定相应的扶持政策。

（二）完善搬迁政策

根据中央要求及云南省情，不断完善搬迁对象补助政策、住房面积控制政策，完善安置方式，促进易地扶贫搬迁按照要求有序推进。

一是完善搬迁补助政策。2016年，制定了以家庭为单位的易地扶贫搬迁补助机制，每户补助6万元，并给予最高6万元贷款及贴息政策。如开远市将住房面积控制在90平方米以内，每平方米造价不超过1200元，建房及装修不超过12万元，靠政府补助6万元、贷款6万元就能实现搬迁和安居。

在人口较少民族为代表的特殊地区，易地搬迁补助标准更高，如保山市施甸县木老元乡在中烟集团的支持下，对布朗族贫困户给予8万元的补助。2016年，财政专项扶贫，对易地搬迁的随迁户补助1.5万元。

2017年3月，调整易地扶贫搬迁户安置补助政策，推动按户补助向按人补助转变。严格区分建档立卡和同步搬迁两类对象。对搬迁贫困户的补助标准由户均补助6万元调整为人均补助2万元（迪庆州人均补助2.2万元），签订旧房拆除协议并按期拆除的建档立卡贫困人口人均奖励0.6万元。但建档立卡贫困户建房补助和奖励资金不得超过面积控制标准的建房成本，自筹资金原则上户均不超过1万元。取消贫困户建房贷款政策。而同步搬迁户户均补助不低于1.5万元、贷款不超过6万元的政策不变。同时，推进跨区域安置，盘活政府投资公租房，实行差异化补助标准。在迪庆州和怒江州，城市和县城集中安置、边境一线集中安置、集镇集中安置及其他安置实行差异化补助标准。

二是完善安置房面积政策。2017年，将农村易地扶贫搬迁人均住房面积从36平方米调整至22.4平方米。并根据搬迁户人口数对易地扶贫搬迁住房标准进行严格规定，严格执行建档立卡搬迁人口住房建设面积不超过25平方米/人的标准，根据家庭实际人口，按照50、75、100、125、150平方米等户型进行设计和建设，最大户型面积不超过150平方米（即6人及以上户），其中单人单户和2人户安置住房采取集中建设公寓、与养老院共建等方式解决。同时，对同步搬迁人口住房面积进行限制，避免同步搬迁人口住房建设面积与建档立卡贫困搬迁人口住房建设面积差距过大。城市和县城集中安置住房多数为多层公寓，地面采用混凝土赶光，墙面刮腻子，不能过度装修。搬迁完成后，及时按照相关规定办理安置住房不动产登记，但严格遵守5年内住房不得进行交易的规定。

三是加大城镇安置比例，推进抵边安置。加强易地扶贫搬迁与新型城镇化的结合。元阳县上新城乡把小城镇建设与易地扶贫搬迁结合在一起，在乡政府所在的风口山建立了一个全县最大的移民区，设计容纳920户移民，2016年已有700多户搬下来。如果搬迁户能够达到1600户，风口山人口就能达到1万人以上。施甸县木老元乡也把易地扶贫搬迁与小城镇结合起来，将搬迁群众安置到木老元乡政府所在的木老元村委会。

2018年开始，云南易地扶贫搬迁安置到州（市）政府所在城市和县城的比例提高到75%以上。易地搬迁安置从分散安置向集中安置转变，安置方式由农村复制农村逐步向城镇集中安置转变。同时，规划布局了一批抵边新村，通过边民补助及其他优惠政策，引导非边境一线贫困人口抵边居住。在城镇集中安置下，跨区域安置增多。到2018年底，迪庆州易地扶贫搬迁实施了2400户9041人，其中建档立卡户1854户7044人，城镇安置新增4943人，其中建档立卡户3500人。城镇安置在香格里拉市建设了2个集中安置点，实施了跨县进城安置。在州级统筹基础上，维西县通过购买香格里拉市的公租房（以1750元/平方米的价格），将德钦县羊拉乡173户978人搬迁到香格里拉市。香格里拉市按照建设成本，出售公租房；同时，做好教育服务的衔接。其他的工作都是以州政府和维西县为主推动的。怒江州"十三五"期间累计搬迁98090人，接近全州人口的五分之一、贫困人口的一半。2018年以来，搬迁的65334人分别在州府怒江新城、3个县城跨区域安置16536户61888人、片马小镇抵边安置211户781人、8个中心集镇安置785户2665人。

四是实施向深度贫困地区倾斜政策。2018年以来，允许迪庆州、怒江州按照不超过工程项目国家下达资金总额2.5%的比例，列支新建安置区地质勘查、工程设计、招标投标、工程监理等前期工作经费。搬迁任务完成后节余资金可用于对建档立卡贫困搬迁人口的后续产业扶持。国家以工代赈项目资金全部集中在深度贫困县安排上，并以怒江、迪庆两州为重点，每年安排以工代赈项目资金不低于1.5亿元，连续实施三年。

实施深度贫困地区建设用地节余指标在东西部对口协作框架下交易。2017年，鼓励搬迁户积极参与拆旧复垦，对签订旧房拆除协议并在搬入新居一年内自行完成旧房拆除和土地复垦的农户给予奖励。借助拆除和土地复垦形成的建设用地节约指标，通过土地增减挂钩政策来保障安置点建设用地，剩余的节余指标用于省内流转交易，深度贫困县在东西部对口帮扶协作框架下开展跨省区交易。仅2018年一年，云南就审批增减挂钩项目388个，涉及拆旧复垦土地19.42万亩、保障安置用地4.93万亩，产生节余指标12.62万亩，累计流转节余指标10557亩，交易金额27亿元。2019年，产生节余指标7万多亩，累计省内交易34.2亿元、跨省交易197.4亿元。

2017—2019年，通过增减挂钩项目的实施，保障了全省99.6万易地扶贫搬迁人口安置用地，用地规模8.29万亩（其中集中安置点5.87万亩），产生节余指标25.47万亩。

（三）加大工作力度

一是强化项目推进督导。2017年底，成立云南省易地扶贫搬迁攻坚战指挥部，负责易地扶贫搬迁项目管理。加强项目督导，建立网格化督导机制。以发展改革委为基础，建立"党组成员包州、处级干部包县、全体干部挂点联户"的督导责任体系，对所有安置点采取分阶段集中督导、重要时段点穴督导等方式，进点入户开展督导工作。推行双点长制，由1名县级负责人和1名承建企业负责人共同担任安置点点长。推行蹲点驻守制和万人以上安置点挂牌督战制，建立分级、包片、驻点、全覆盖督导制度。2020年初，怒江州在易地扶贫搬迁收尾阶段，开展"背包上山、牵手进城"行动。组建近千人的"背包工作队"，背包上山、吃住在组、进村入户，帮助群众在3月底前搬出大山、迁入新居。

二是加强项目安全和质量管理。严守质量和安全"生命线"，所有搬迁项目必须开展地质灾害评估；将平时检查和拉网式集中排查、突击检查等相结合，重点对项目选址安全情况、工程质量安全情况等进行排查。严控施工进度，推行EPC工程总承包制，新增搬迁任务90%以上的安置点由国有大型企业建设。做好建材供应保障，与昆钢集团、云南建投分别签订建材供应协议和建设合作协议，保障钢筋、水泥等主要建材供应和质量。建立和落实月调度、旬分析、周通报等调度制度，实时掌握项目建设进度，及时预警通报，表彰先进，鞭策后进。落实拆旧复垦政策，实施拆旧复垦工程，形成建设用地节余指标，为搬迁项目提供土地指标供给。

三是加强问题整改。重视各类监督检查发现的问题，加强问题整改，逐一销号清零。严肃执纪问责，严格执行线索排查、线索移交、线索处置、问题追责、报告通报等制度，对发现的问题严肃处理。

（四）加强后续扶持

针对部分群众已搬迁入住的实际情况，2019年，云南加强迁入地配套扶持，做好搬迁户后续扶持工作。2019年8月，出台安置点以奖代补办法，建立先进安置点奖补制度。对列入"十三五"期间国家易地扶贫搬迁规划任务，且安置建档立卡贫困人口在200人以上、各项工作开展得好的集中安置点进行奖补。2020年，印发《云南省易地扶贫搬迁"稳得住"工作方案》，明确抓好户籍管理、配套服务、权益保障、社会治理等方面的重点工作，印发《易地扶贫搬迁居民生活指南》，帮助搬迁群众快速适应新生活。在后续扶持中，加强就业、创业扶持，推进资产收益扶持，协同推进社会治理创新，强化公共服务。

一是强化就业、创业扶持。通过开发公益岗位，加强技术培训，促进劳动力转移就业，确保搬迁户中至少有1人实现稳定就业。对一些无法实现转移的半劳动力，通过开发公益岗位就业。同时，通过加强创业培训，提供小额信贷等方式，促进搬迁户自主创业。

二是推进资产收益扶持。整合社会帮扶资金，财政支持集体发展资金，建盖两层的安置房。商铺作为集体资产，不占用搬迁户建房面积。搬迁户住房在二楼，但可享有集体股份量化到户的商铺收益，搬迁户可实现稳定增收。怒江州采取建产业基地、抓劳务输出、办扶贫车间等措施，实现每户搬迁家庭至少有1人稳定就业。镇雄县通过"六个一批"，即公益岗位安置一批、扶贫车间解决一批、向外转移就业解决一批、扶持创业解决一批、资产收益扶持一批，社会保障兜底一批来解决群众的增收问题。

三是协同推进社会治理创新。加强基层组织建设，推动整村搬迁的党组织、自治组织与安置点治理体系有效衔接。在分散搬迁安置点，依托安置点党组织、自治组织或新组建党组织，建立物业管理组织，加强自我管理。协同推进强基惠民工程，将安置点政府投资形成的资产，包括商铺、农贸市场等，转移给安置点形成的党组织、自治组织，提高基层自我管理的经济基础。

四是强化公共服务。加强公共服务基础设施建设，按照"就近就便""缺什么补什么""三化同步"（同步规划、同步建设、同步投入使用）原则，推进安置点义务教育学校、卫生院（所）、幼儿园、"一水两污"、活动场所、便民超市（中心）等配套服务设施建设。在安置点同步配套建成幼儿园和学校274所、卫生室315个、便民服务中心109个，实现就近就医就学和办理社会事务，近20万适龄学生无一人因搬迁辍学。①怒江州完成建档立卡贫困人口搬迁任务9.59万人，加上同步搬迁人口0.63万人，易地扶贫搬迁总规模达10.2万人，共建设75个集中安置点。同步规划配套建设供水、供电、排污、道路等安置点基础设施，以及活动场所、卫生室、幼儿园、便民超市等公共服务设施，满足搬迁群众生产生活、就医就学和文化活动等多层次需要。以社区融入为目标，落实户籍政策、就近入学、教育资助、健康扶贫、最低生活保障、养老保障、社会救助、社区治理等政策措施，确保搬迁群众共享城镇资源，融入城镇生活。德宏州2020年在尊重搬迁群众意愿的基础上先行实现一部分对象户籍迁移，逐步落实属地管理制度。做好社会保障的有机衔接。在户籍迁移基础上，抓好社会保障的乡城衔接，主动与迁出地政府核实搬迁对象社会保障情况，按照迁入地标准，及时落实搬迁群众社会保障待遇。聚焦低保对象、特困人员、留守儿童、留守老人等，搬迁群众共纳入保障对象30.6万人，其中城镇安置的5.8万名困难群众已经纳入城市低保。②

在巩固拓展脱贫攻坚成果阶段，云南加强搬迁人群就业帮扶，确保有条件的家庭至少有1人就业。加强产业扶持，通过建设各类产业园区，促进搬迁群众就业。同时，及时推动社会保障的衔接，发挥兜底保障作用。

二、推进中的困难及问题

（一）土地、资金制约

一是土地资源制约。一方面，建设用地指标有限，难以满足易地扶贫搬迁安置点建设需求。另一方面，部分地区地处生态功能核心区，土地开发利用受到限制。如到2018年底，迪庆州有建设用地指标6562亩，结余3520亩，已经获批出售2265亩。还有一部分可用来建设集中安置点，但德钦县多为保护区，有一部分农户需要从保护区核心区搬迁到缓冲区，土地指标无法获批。当地又没有其他土地可以用来安置。

① 杨苑：《云南百万贫困群众"挪穷窝"，通过易地扶贫搬迁走进新生活》，云南网，http://ynfprx.yunnan.cn/system/2020/12/15/031179372.shtml。
② 杨苑：《云南百万贫困群众"挪穷窝"，通过易地扶贫搬迁走进新生活》，云南网，http://ynfprx.yunnan.cn/system/2020/12/15/031179372.shtml。

二是地方财政压力大。一方面，易地扶贫搬迁前期投入费用较高，迪庆州和怒江州有中央下达资金2.5%的工作经费可用，其他地方则没有，需要地方财政投入，压力大。红河县易地扶贫搬迁12566户，新增339户，基础设施前期经费投入至少需要1.2亿元。另一方面，易地扶贫搬迁不只是搬迁，还要扶贫。但扶持更多集中在住房建设，对搬迁户产业扶持的投入有限，地方政府后续扶持资金压力大。尤其是群众自我发展能力不足的地方，在中央公益岗位指标之外，还要筹资进行公益岗位开发。楚雄州共建设148个集中安置点，除县城周围外，其他乡镇安置主要靠农业解决。安置点土地征用、设计等费用加起来，人均成本达到10万元左右，但国家标准只有31750元，无产业扶持发展资金。县级在产业扶持上筹集资金给予4000—7000元/人的扶持，筹资压力大。

（二）工作协同困难

一是旧房拆除困难。一方面，部分搬迁群众在迁出地还有大量的产业，多数搬迁后还要回迁出地经营自己的产业。旧房能够方便生产，所以不愿意拆除。另一方面，大部分搬迁点都设置在城镇，农民转变为市民，拆除搬迁群众旧房并进行复垦，与农民市民化优惠政策相冲突。文山州新房建设好，旧房难拆除。不仅要解决住的问题，还要解决生产用房问题。楚雄州易地搬迁点无土地、无产业；搬迁对象的资产、土地、牲畜等还在原地。部分搬迁群众还要回迁出地收核桃、花椒等农产品，希望保留适当的生产用房和最基本的生活用房，旧房拆除困难。迪庆州搬迁群众在旧房拆除中存在抵触情绪，旧房拆除推进缓慢，或拆除不彻底，只拆除主房。红河州有的旧房是两兄弟建盖的四合院，但只有一人搬迁，拆一部分就影响另一户住房的稳固性，拆除困难。

二是宅基地复垦成本高。多数搬迁群众分散居住在山区、半山区，大型机械到达较困难，只能采用小型机械作业，投入的人力、物力较多。部分旧房庭院进行了硬化，加之村庄道路硬化等，群众搬迁后宅基地复垦成本较高。楚雄州姚安县拆旧复垦成本达到3万—3.5万元/亩，省内指标调剂使用25万元/亩，省里提20%，州里提30%，县里能够整合的资金少。同时，搬迁户搬进楼房后，又要重新划土地建设畜圈，用于产业扶持。

故土难离是云南部分农村群众固有的观念，搬出大山，让他们面临着前所未有的困难。这些困难一方面说明了云南易地扶贫搬迁的难度之大，另一方面也说明了巩固拓展易地扶贫搬迁成果较困难。

三、遗留问题及未来挑战

（一）后续扶持面临困难

一是迁出地政府主导的帮扶机制鞭长莫及。在搬迁阶段，云南按照迁出地政府主导的责任机制和工作机制来推进易地搬迁，主要工作是动员群众迁出大山，并通过协调，抓好安置房建设。在搬迁过程中，抓好搬迁群众的搬迁服务、住房分配服务等。同时，与迁入地政府协调，抓好搬迁群众的就业安置工作。在后搬迁阶段，后续扶持资源尚没有转移到迁入地政府，仍然按照迁出地政府主导的模式推进，由此导致同一搬迁安置社区来自不同县（市、区）的群众享受着不同政策及资源等问题的出现。来自不同区域的搬迁户在相互比较中产生了心理不平衡，影响安置社区社会治理及搬迁户对政策的认可度。

二是产业发展面临无地困境。易地扶贫搬迁户多数被安置到了城镇，周围没有用来发展产业的土地。楚雄州"十三五"期间实施了47828人集中安置搬迁，城镇安置率达55.3%，后续保证搬迁户脱贫的手段、措施难找。在搬迁人口中，仅有44.3%的靠产业发展支撑，27%靠劳务，5.6%通过资产收入，4.8%从事服务岗位，6.2%通过社会保障兜底，其他12.1%。在中央和省级投入少的背景下，产业后续扶持面临无地、无钱困境。

三是搬迁人口综合素质影响就业扶持。在就业扶持中，收费员也要有知识，会算账。搞家政，部分群众连自己的房子都打扫不好，能够打扫好业主的房子吗？综合素质限制了就业扶持。受综合素质影响，澜沧县在"稳得住，能致富"上办法和措施不多。怒江州群众自身发展能力不足。群众缺乏技术，外出务工受限，只能探索以公益岗位开发为主的就业扶持。迪庆州在脱贫攻坚阶段实施易地扶贫搬迁3601户13879人（建档立卡2794户10729人），建设安置点110个（73个集中安置点、37个分散安置点），涉及23个乡镇。受集中安置点无产业发展用地、搬迁群众技能参差不齐、离原有生产资料距离较远、缺少适宜发展项目等因素制约，后续产业、就业可持续扶持较困难。

（二）群众生产生活适应慢

搬迁群众多数原来分散居住在山区、半山区，早已习惯了旧有的生产生活方式，突然搬迁到一个集中安置点后，适应慢。首先，除曲靖、昭通外，其他地方的搬迁群众原来以农业生产为主要生计来源，搬迁后要适应打工为主的生活较困难。红河州部分搬迁群众在原来生活中，一楼养猪鸡，二楼住。原来在高寒山区，习惯了烤火取暖。搬迁后，住房是好了，却无法生火，老人去世后要上祭都没有地方。

其次，多数群众搬迁前在家养鸡、猪、牛等，找饲料成为打发闲暇时间的主要方法，搬迁后打工之余的时间更多，没有具体的事务来打发。一些群众觉得闲得无聊。这其中，无法打工的老年人最难适应。因为搬迁前他们还是半劳动力，可以从事一些力所能及的农活，搬迁后什么也做不了。

再次，多数搬迁户原来是分散居住，邻里纠纷少，搬迁后集中居住，不适应。被列入易地扶贫搬迁的贫困人口多数居住在山区，分散居住，一户一个山头、三家村、五家村是典型写照。户与户之间的活动交集较少，只有村里有红白喜事时，村民们才聚在一起。也正因为活动交集不多，邻里之间的纠纷较少，村庄一派和谐气象。村民也不会因挤占地而发生矛盾。在分散居住背景下，农户的生活区与生产区有机结合在一起，住房周围就是田地，田地围着住房分布，生产、生活区高度重合。因生产、生活区高度重合，农户发展生产时花在路上的时间较少，收种容易，同时蔬菜种植方便、饲养家禽家畜容易。总体上讲，生产方便，生活成本低。同时，环境卫生好，垃圾自己处理，污水等因量少而可自我净化。而搬迁后插花安置方式下不同民族、不同村庄搬迁户集中居住在一起，邻里纠纷增多；如果还从事农业生产，离自己的耕地、林地较远，耕作不方便，生产成本增加。

最后，难以适应成倍增长的生活成本。搬迁进城后，原来自给或半自给的蔬菜、禽肉、粮食等，全部靠购买获得，生活成本成倍增加。同时，即使在以电代柴、以电代煤措施下，部分群众做饭、取暖仍然用柴。搬迁前，柴是干活时从村边、田间地头顺手拾回的，也不需要什么费用。而搬迁进城后，不是用电就是用煤气，生活成本增加。搬迁前，农村厕所一般不用水冲；搬迁进城后，水冲厕所使用水增加。更重要的是，搬迁前即使用的是自来水，但一般是农村饮水项目建设的蓄水池，水来自山泉水，安装水管就到家，不需要出钱。搬迁后，用水也要交钱。按照搬迁群众的说法，"马桶按钮一按，1角钱不在了"。最让搬迁群众感觉不适应的是：搬迁前各住各的，不需要缴纳管理费；搬迁后，第一年可能免费，第二年、第三年就开始要缴纳物管费。初步估计，搬迁群众生活上的支出，人均至少增加2000元，1个四口之家的生活成本增加8000元以上。且生活成本随着物价的上涨不断增加，不可预期的生活压力使搬迁群众内心无名地担忧。

更重要的问题在于，脱贫攻坚制定的贫困线是农村贫困线，不管是2300元的不变价，还是根据物价因素确定的贫困线，均是针对农村贫困来制定的。易地扶贫搬迁城镇安置脱贫标准是建立在农村贫困线之上的，但搬迁群众却在城镇生活。虽然他们脱贫了，但只是相对于农村贫困线来说的脱贫。目前尚没有城镇贫困线的说法，也没有城镇贫困人口的说法，只有低收入人口。由此形成"易地扶贫搬迁城镇安置群众享受城镇高消费生活，却按照农村贫困标准评定"的局面。

（三）社会治理面临困难

一是人户分离影响社会治理秩序重建。出于对城镇生活不可预期性的担忧，以及对迁出地各项权益的维护，多数搬迁群众不愿意迁移户口，造成人户分离现象。人户分离导致社区治理秩序重建困难。目前，安置社区治理秩序重建主要参照城市社区建设模式，但部分搬迁群众的户籍依然留在原住地，由此导致安置点社会治理秩序重构困难。建立在户籍基础上的自我管理制度如社区居民自治制度难以落实。在人户分离下，搬迁群众一些牵涉到户籍的问题还得回到原住地去解决，增加了交通等成本。

二是治理秩序衔接困难。搬迁前，在乡政村治的治理格局下，各种乡贤达人参与治理，传统文化在实现善治目标上发挥着重要的作用，以农民专业合作组织为代表的社会组织建立了利益联结基础上的管理机制。搬迁后，面对城市社区化的管理及市场理念基础上的物业管理等，群众难以在短时间内适应，导致治理秩序重构面临困难。同时，搬迁前在乡政村治格局下，村委会、村民小组是基本的自我管理单位。由于搬迁人口规模限制，搬迁后，多数安置点被嵌入到当地社区，并未根据搬迁前的治理架构来重建治理体系，原来的村委会、村民小组难以与社区、片区、幢长、楼长等有效衔接，搬迁前后治理秩序衔接困难。

三是群众参与能力不足。搬迁群众综合素质总体不高，搬迁前对村庄治理的参与能力就不足。搬迁后，面对全新的治理格局和治理秩序，参与的积极性不高。同时，参与的能力也不足。加之2018年以来，易地扶贫搬迁任务较重，前期工作以"搬得出"为重点，社会治理机构建设滞后，对群众的动员不足，群众参与能力更加不足。

四、巩固拓展搬迁成果同乡村振兴有效衔接

易地搬迁改变了150万名群众的生存和生活环境，同时，也为农村发展腾出了空间，因此，巩固好易地搬迁成果，对促进乡村振兴具有重要的作用。

（一）建立迁入地主导的扶持机制

从巩固拓展脱贫攻坚成果同乡村振兴有效衔接，促进搬迁群众市民化角度出发，要转变迁出地政府主导的帮扶机制，确立迁入地政府主导的后续扶持机制，明确迁入地党委和政府巩固脱贫成果的政治责任，建立迁入地党委和政府在巩固拓展易地搬迁成果中的第一责任人制度，进一步做好就业创业扶持，多措并举缓解搬迁群众生活成本增加问题，建立城镇低收入人口帮扶机制、搬迁群众后续住房保障机制。

一是加大迁入地创业扶持力度。一方面，积极开展农产品销售、经纪服务培训，借助搬迁前身在农村的优势，培育一支搬迁群众组成的经纪人队伍。发挥就近安置的优势，既实现搬迁户创业、就业，又活跃了农村经济。另一方面，加大对搬迁户的创业信贷扶持力度，为每户搬迁户提供1万元到5万元不等的小额贷款扶持。同时，加大迁入地产业扶持，通过发

展农业园区、工业园区，为搬迁户迁入后创造更多的发展机会。此外，强化搬迁户就业扶持，进一步加大搬迁户转移就业培训力度，提高其转移就业能力。

二是多措并举缓解城镇安置群众生活成本增加问题。建立和推广城镇安置群众"菜篮子工程"，对城镇安置群众实施农产品价格补贴，缓解城镇生活给其带来的成本增加压力。落实城镇安置群众临时价格补贴制度，当生活必需品价格快速上涨时，对进城安置群众给予临时性价格补贴。健全城镇安置群众社会保障制度，通过城镇低保、社会救助等全方位的措施，兜底解决城镇安置群众基本生活问题。

三是尽快建立城镇低收入群体确定与帮扶机制。解决城镇安置群众在城镇生活却按照农村贫困标准进行评定导致的扶贫标准低问题，以州（市）为单位，尽快确立城镇低收入人群扶持标准和措施，根据搬迁群众实际情况，协同推进开发式扶贫与保障性扶贫，对搬迁群众实施精准的后续帮扶。

四是建立与搬迁安置群众家庭人口变动相适应的住房帮扶政策。通过建立优先享受保障性租赁住房和长租房政策，解决搬迁家庭新增人口较多导致的住房拥挤问题，破解搬迁政策执行瞬时性与家庭人口动态性之间的矛盾，巩固脱贫成果。

（二）加强自我管理机制创新

一是建立以居住地或常住人口为基础的农村治理机制。在农村集中安置点，以村民自治为基础，建立以居住地或常住人口为基础的治理机制，改变以户籍为基础的农村治理机制，农村居民按照居住地参与村民自治，享受公共服务。

二是建立社区化的城镇集中安置点公共服务机制。在城镇集中安置点，以社区居民自治为基础，建立社区化的公共服务机制，由所在社区为搬迁群众提供基本的公共服务。

三是配套推进户籍制度改革。借鉴农民市民化的经验，无论是城镇安置点还是农村集中安置点，首先解决搬迁群众户籍问题，建立户随人走的户籍管理制度。同时，为消除群众后顾之忧，维持农村产权关系不变。

（三）加强群众社会适应能力干预

一是建立和发展社会组织，加强社会适应能力干预。在组建自我管理组织的同时，引导和鼓励安置点组建自强型社会组织。一方面，将一些社会适应能力干预类组织尤其是社工组织引入集中安置点，引导安置点群众组成自强型社会组织。另一方面，引导集中安置点在能人带领下组建自强型社会组织，通过相互帮助，提高适应搬迁生活的能力。

二是加强搬迁安置点社会适应能力帮扶。按照脱贫不脱钩的要求，建立搬迁户原来挂钩帮扶领导干部结对帮扶机制和心理疏导机制，这种结对帮扶机制应持续3—5年，直到群众适应新的安置点生活为止。一方面，切实解决搬迁群众就业和生计来源问题；另一方面，通过交心谈话，切实消除其生计安全方面的担忧。

三是加强对特殊人群的社会关爱。针对搬迁群众中老年人无事可做的问题，要加强老年人娱乐基础设施、娱乐项目建设，加快老年人协会组建步伐，通过老协把老年人组织起来，除开展一些必要的娱乐活动外，组织老年人开展一些力所能及的公益服务。迁入地政府通过购买服务的方式，对安置点老协组织的公益服务进行奖补，使搬迁老年人老有所乐、老有所为。

（四）重塑安置区经济发展空间

一是加快农村产权制度改革。探索土地承包经营权、林地经营权有偿退出机制。对部分以非农就业为主的城镇安置户，探索土地承包经营权、林地经营权有偿退出机制，通过国家购买方式，一次性买断其相关土地权利。通过有限市场化流转的方式，实现农村闲置土地资源的优化配置。

二是加大安置社区集体经济扶持。发展安置区产业，促进一二三产业融合发展。可通过流转土地，发展农业产业，吸纳搬迁劳动力就业。

三是依托集体经济重构社区共同体。要在安置区集体经济发展的基础上，通过股份制改革，将搬迁群众打造成利益共同体。同时，依托治理创新，加快安置社区各项制度建设，形成制度共同体。倡导搬迁群众互帮互助，推进价值共同体建设。通过重构社区共同体，改善搬迁群众生产生活空间。

　　总体上讲，巩固拓展易地扶贫搬迁成果同乡村振兴有效衔接，要站在城乡融合发展的高度，从农民市民化的角度出发，建立迁入地政府主导的帮扶机制，根据迁入地生活消费情况，确立新的扶持标准，尤其要重视搬迁后生活成本增加问题，加强社会适应干预，特别是中老年人等社会适应较慢的群体。加强社会治理创新、重建社会治理秩序至关重要，要通过加快迁入地社会治理共同体建设，为各项帮扶措施落地提供组织保证。在此基础上，加快易地搬迁安置区集体经济发展，破解"无土安置""无业安置"问题，重建安置区经济发展空间；在加快公共服务均等化的同时，推动搬迁群众文化适应与融入。此外，探索建立迁出地耕地、林地退出机制，为留在农村的群众创造更好的发展环境和条件。

第六章　教育扶贫

在脱贫攻坚阶段，教育扶贫成为跳出贫困陷阱、阻断贫困代际传递的根本措施。云南全面建立以免费教育、生活补助、助学贷款、社会帮扶"四位一体"的教育扶持机制，深入推进控辍保学行动，对特殊人群实施网上教学、送教上门等方式，圆满实现义务教育有保障目标。加强对职业教育和高等教育的扶持，推进高校毕业生就业扶持。这些措施在缓解教育支出、提高贫困人口受教育水平、增强技术技能方面起到了重要的作用。但在实践中，教育扶贫推进本身遇到一些困难，后续扶持也面临一些困难和问题，在巩固拓展脱贫攻坚成果同乡村振兴有效衔接阶段，需要进一步探索教育扶持的新机制、新举措。一方面，彻底阻断贫困代际传递；另一方面，提升乡村人力资本，为乡村振兴培养人才，实现人才振兴。最终，实现人的自由而全面的发展，为实现共同富裕奠定基础。

一、主要措施及内容

在脱贫攻坚中，云南教育经费向贫困地区、基础教育、职业教育倾斜，为教育扶贫提供资金保障；教育特岗计划、国培计划向贫困地区倾斜，为教育扶贫提供人才支持。在精准扶贫实践中，坚持扶贫必扶智的思路，深入推进教育脱贫一批战略，深入推进控辍保学行动，建立从学前教育到高等教育、研究生教育，从义务教育到职业教育等全方位的扶持政策，加快贫困地区教育基础设施建设，促进教育均衡化发展，阻断贫困代际传递。

（一）开展控辍保学

按照确保适龄儿童都能接受义务教育的目标推进控辍保学行动。2017

年，建立"双线四级"①责任体系，压实不同部门义务教育法定责任，形成联防联控联保工作机制。突出依法控辍保学，形成宣传教育、责令改正、行政处罚、提起诉讼或申请强制执行控辍保学工作"四步法"；建立教育部门、学校、村干部、贫困家庭、政府等多主体联防联控联保责任体系，确保义务教育阶段适龄儿童都能够接受义务教育。

在具体实践中，基层教育部门、乡镇政府加强对义务教育法的宣传，对用工企业加强儿童保护法和劳动法宣传，把教育义务与享受优惠项目权利捆绑，成立督学队，加强教育督导，确保学生顺利完成义务教育。宁洱县在控辍保学中，严格执行"双线六长"制，即县长、教育局局长、乡长、村主任、乡村学校校长、家长，实行乡长、村主任、校长、驻村工作队队长、家长五级联保。突出依法控辍保学，建立学校、村干部、贫困家庭、政府部门等多主体联防联控联保责任体系，确保义务教育阶段适龄儿童都能够接受义务教育，避免因贫辍学现象发生。2017—2018学年，共劝返复学建档立卡户学生7373人次。2019年9—12月，劝返安置辍学贫困家庭学生2529人。

此外，加强对特殊群体义务教育的扶持。针对部分适龄学生因婚、因外出无法到学校上学的现象，通过送教上门、网络教学，确保其获得应有的教育。马龙县针对少部分学生早婚辍学问题，实施送教上门；针对部分适龄学生厌学随父母外出问题，利用手机微信等工具，开展远程辅导教育，并要求其父母督学。针对因残未能入学的孩子，成立特殊学校，保证有条件入校的孩子都能上学；开展送学上门，为无法入校的孩子提供基本的学习机会。2018年，迪庆州香格里拉市成立了特殊学校，专门为残疾儿童提供教育服务。学校成立后，不仅承担香格里拉市残疾儿童教育服务，还承担了迪庆州其他两个县的残疾儿童服务。香格里拉市165名残疾儿童，在校49名，包括德钦、维西两县的部分残疾儿童。对办理过残疾证、无法上学的重度残疾儿童，积极开展一月两次的送教上门、医教结合服务。

（二）实施资助政策

2017年，出台《云南省脱贫攻坚规划（2016—2020年）》《关于建档

---

① "双线四级"：党委政府和教育系统两条线，县、乡、村、组四级。

立卡贫困户学生精准资助实施方案和普通高中建档立卡贫困户家庭经济困难学生生活费补助实施方案的通知》等政策文件，完善从学前教育到高等教育的针对建档立卡贫困户学生的精准资助政策。

一是实施学前教育资助。对建档立卡贫困户家庭经济困难学前教育儿童按每生每年300元标准给予省政府助学金资助，并逐步扩大覆盖面；已享受14年免费教育生活费补助政策的怒江州、迪庆州学前2年家庭经济困难在园儿童和"镇彝威"学前2年建档立卡贫困户家庭经济困难在园儿童不再重复享受。资助面为建档立卡贫困家庭学生的30%左右。

二是提高义务教育补助水平。对农村义务教育中的建档立卡贫困户学生，按每生每年800元标准给予营养改善计划补助；同时，对义务教育寄宿制学校中建档立卡贫困户家庭经济困难的寄宿学生按小学每生每年1000元、初中每生每年1250元标准补助生活费。在迪庆州，按照高原农牧民子女补助标准进行补助；8个人口较少民族所有义务教育阶段学生在落实好寄宿生生活费补助政策的基础上，再按照每生每年250元的标准给予补助。2017年末，迪庆州122所学校实施了14年义务教育，按照州办高中、县办初中、乡镇办小学（36所）、村办学前教育（69所）的集中办学思路推进。

三是落实普通高中国家助学金制度。统一补助标准，对普通高中建档立卡贫困户学生按每生每年2500元标准给予一等国家助学金资助。同时，免学杂费。免除公办学校普通高中建档立卡贫困户学生学杂费。对民办学校，按照当地同类型公办学校免学杂费标准给予补助，学杂费高出公办学校免学杂费标准的部分可以按规定继续向学生收取。从2017年秋季学期起，对普通高中全日制在校生中的建档立卡贫困户学生，除享受其他政策外再给予每人每年2500元的生活费补助。

四是落实中等职业教育国家助学金制度。对中等职业学校全日制在校一二年级建档立卡贫困户学生按每生每年2000元标准给予国家助学金资助。同时，免学杂费。对中等职业学校全日制在校建档立卡贫困户学生免除学费。对民办学校，国家按照每生每年2000元标准给予补助，学费收费标准高出2000元补助标准的部分可以按规定继续向学生收取。对中等职业学校建档立卡贫困户学生按每生每年3000元给予生活费补助，已享受每生每年2500元的迪庆州、怒江州中等职业教育农村学生全覆盖生活补助政策的学生不再重复享受。

五是实施高等教育资助制度。对普通高校本专科、民族预科，建档立卡贫困户学生按每生每年3500元标准给予一等国家助学金资助。在云南省内各高校就读的高校建档立卡贫困户学生优先享受新生入学资助、勤工助学、校内奖学金、困难补助、学费减免等政策。实施学费奖励制度，对建档立卡贫困户学生考取一本院校本科（含预科）的［"直过民族"建档立卡贫困户学生考取专科（含预科）以上的］，按每人每年5000元标准给予学费奖励。实施助学贷款政策，建档立卡贫困户学生就读普通本专科（含预科）或研究生的，可申请生源地信用助学贷款，本专科、研究生每生每年最高贷款额度分别为8000元、12000元，在校就读期间贷款利息全部由政府贴息。对建档立卡贫困户学生就读研究生的（有固定工资收入的除外），普通全日制硕士研究生按每生每年6000元标准给予国家助学金资助，普通全日制博士研究生按每生每年13000元标准给予国家助学金资助。同时，实施临时教育救助政策。云南省内各高校建立应急救助机制，确保因病因灾以及突发性事件等导致生活困难的建档立卡贫困户学生及时得到救助，避免其因贫失学。

部分州（市）从教育发展滞后、考上专科院校学生人数少的现实出发，制定了对考上专科甚至中专的奖励补助机制。迪庆州对考上专科、中专的傈僳族贫困家庭学生给予资助，资助标准与本科一致。文山州在全省学前教育每生每年300元的补助标准外，再给予贫困家庭幼儿每生每年600元的补助；考取一本院校的学生，省级资助5000元，州级再加2000元；一般本科，省级资助3500元，州里再加1000元。在"镇彝威"革命老区专项扶持下，不仅资助普通高中贫困家庭学生学费、食宿费，还给予每生每年2500元的生活补助；学前教育每生每年2200元。姚安县学前教育每生每年补助300元，州级加1000元。考上大学，额外给予奖励。

此外，继续实施农村义务教育阶段学生营养改善计划。在脱贫攻坚中，129个县（市、区）16613所中小学开展义务教育阶段营养改善计划，其中小学14834所、中学1779所，涉及中小学生495.5万人，其中小学生330.3万人、中学生165.2万人，义务教育阶段农村学校学生营养补助标准已提高到每人每天4元。

（三）推进义务教育均等化

在教育扶贫中，云南严格按照贫困县义务教育均等化发展退出标准推进教育均衡化发展。到2018年，16256所义务教育学校（含教学点）"20条底线"达标率提高到99.97%，79个贫困县基本实现义务教育均等发展，建档立卡高中毕业生高校录取率连续两年超过90%，全年1.3万名建档立卡高校毕业生初次就业率达91.9%。具体来讲，采取了四个方面的措施。

一是加快特殊地区教育发展。2018年以来，稳步提升"三区三州"教育基本公共服务水平，保障义务教育，发展学前教育，实施好"三区三州"现有免费教育政策。审慎开展迪庆州、怒江州"9+3"免费教育计划。重视加快贫困地区学前教育的发展。加快"一村一幼"工程建设、"班改幼"工作和"直过民族"、人口较少民族聚居区学前教育发展，通过新建、改扩建、共建，确保每个行政村在村委会所在地办好一所幼儿园，使适龄幼儿就近就便接受学前教育，有效解放建档立卡贫困家庭青壮年劳动力。

二是合理布局中小学校建设。加强寄宿制学校建设，从人均校舍面积、活动场地面积等方面，改善贫困地区各类学校的办学条件。实施中小学校舍基础设施达标工程，按照人均校舍面积、活动场所面积、食堂及住宿面积达标要求，加快校舍建设。同时，制定了学前3年行动计划，在每个行政村一个幼儿园的基本目标指引下，新建、改建、依托传统教育设施兴办幼儿园成为教育扶贫的重要措施。

三是实施师资配备达标工程。按照教育均衡发展要求的师生比来争取教师编制，引进教师力量。在增加教师数量基础上，推进大班改小班。但由于编制受限、年度招聘指标限制等，多数地方都难以实现师资配备达标目标。同时，为进一步加强贫困地区教育发展的人才支持，建立省级统筹乡村教师补充机制，加大特岗计划实施力度；落实连片特困地区乡村教师生活补助政策，稳定教师队伍。

四是推进城乡学校结对共建。启动实施义务教育阶段中小学校"1+1"城乡结对帮扶共建工程，通过建立城市义务教育学校与贫困地区农村义务教育学校之间的结对帮扶，从城市学校选派老师到农村支教，挂职锻炼，从农村学校选派老师到城市学校学习，开展城乡经验交流，从而提高贫困地区中小学办学水平。

（四）加强素质教育与就业帮扶

一是实施推普活动。首先，在少数民族劳动力中推广普通话。自2016年开始，以13万"直过民族"聚居区45岁以下不通汉语人群中的劳动力为主要对象，整合投入专项资金，加快普通话推广活动。通过举办推普脱贫培训班，对"直过民族"和人口较少民族中的青壮年劳动力进行普通话集中培训，提高45岁以下不通普通话劳动力普通话使用技能和水平。在具体工作中，开发"语言扶贫APP"，通过手机推广普通话，适应年轻劳动力生活方式。2017年，39311名不通汉语的少数民族群众经过普通话培训和检测，取得合格证书。同时，开展普及普通话示范村创建活动，通过典型引路，形成主动学习普通话的大环境。

其次，加强少数民族教师普通话推广培训。在民族地区推广"双语"教育，提高学龄儿童普通话掌握水平。2018年以来，启动学龄前儿童推普活动，帮助3—6岁少数民族儿童（以行政村为单位组织实施，不区分贫困家庭和非贫困家庭）形成国家通用语言思维习惯。经过努力，2018年，完成1000名少数民族教师、28240名"直过民族"和人口较少民族青壮年劳动力普通话集中培训，194096名劳动力通过"语言扶贫APP"学习普通话，完成350个普及普通话示范村创建工作。2019年，共完成劳动力普通话培训31519人，少数民族教师培训1000人，创建普通话示范村350个，新增87978人通过APP学习普通话。

二是加强职业教育扶持。改善县级中等职业学校办学条件，动员组织未升学的贫困家庭初高中毕业生到中等职业学校、技工学校就读，提高初高中毕业生职业技能水平，增强其自主创业和就业的能力。扩大民族班规模，增加民族学生获得优质教育的机会。2016年开始，不断扩大招生规模，每年招收4万名以上有就读技工院校意愿的建档立卡贫困家庭应往届初高中毕业生，使其免费接受技工教育。

同时，按照"教育培训一人，就业创业一人，脱贫致富一户"的目标，每年开展60万人次以上的职业技能培训，让每个有劳动能力且有参加职业培训意愿的建档立卡贫困家庭劳动者每年都能够到技工院校及其他培训机构接受至少一次免费职业培训，对接受技工教育和职业培训的贫困家庭学生（学员）推荐就业。仅2019年1—12月就完成172.90万人次贫困劳动力、28.33万人次"直过民族"劳动力职业培训，完成贫困劳动力技能性培训67.41万人次、"直过民族"技能性培训12.95万人次。

此外，深入推进职业教育对口支援，将东部职教集团、部分省市人民政府和云南省内职教集团等列入职业教育结对帮扶协作支援单位，将各州（市）、县级职业学校（省级重点及以下学校）列入职业教育结对帮扶协作受援单位。通过互派干部挂职，提高中等职业学校管理水平；互派教师，开展交流学习，提升中等职业学校教学能力。

三是实施高等教育招生倾斜政策。2017年以来，建立向贫困地区倾斜的招生政策，实施重点高校招收农村和贫困地区学生国家专项计划和云南省地方专项计划、高校专项计划，录取批次单列，专业以农林、水利、旅游、师范、医学以及其他适农涉农等贫困地区急需专业为主，增加贫困地区学生接受优质高等教育的机会。

四是加强毕业生就业帮扶。2019年以来，及时锁定离校未就业高校毕业生中建档立卡贫困家庭人员，指定专人全程帮扶。根据就业需求和专业特点，为其量身定制求职就业计划，实施"一对一"援助，提供有针对性的职业指导、职业培训、就业见习等。怒江州、迪庆州等深度贫困地区采取定向招聘、送岗位上门等举措，帮助建档立卡贫困家庭高校毕业生就业，提高已就业贫困劳动力的就业稳定性。

二、推进中的困难及问题

（一）扶持机制不完善

一是教育扶持过多侧重基础设施建设。多数山区教育基础设施建设受土地资源限制，学校无地可扩，部分地区建设成本高，校舍达标难实现。教育扶持的目标导向偏重如何改善贫困地区的办学条件，且这种办学条件不是软件，而是硬件。在这样的背景下，硬件改善了，但软件建设仍然落后，学生能够接受到的教育没有多大改变，对提高贫困地区、贫困家庭子女综合素质作用有限。

二是教育扶持过度侧重控辍保学。在以控辍保学为重点的教育扶贫战略下，完成义务教育成为教育扶持的重点。义务教育长达9年，所学内容以基础文化知识为主，不涉及技术、技能等方面的素质教育，无法实现提高贫困家庭子女综合素质的目标。同时，教育均衡化过度强调基础设施、师资配备，忽略了营造一个有利于孩子身心健康的学习环境与氛围，以及打造一支高素质的教师队伍的重要性。在义务教育免费以及各种困难学生补助与扶持政策下，贫困家庭孩子辍学的主要原因不是因为贫困，而是厌学。厌学的主要原因在于学习内容枯燥乏味，或是语言障碍、成绩差。换句话说，应试教育的大环境，使得学生厌学，即使坐在学校里，也难以实现提高综合素质的目标。

三是教育扶持基数与实际在校生不一致。贫困家庭学生扶持是建立在上一年9月入学学生数量基础上的，而到扶持当年，尤其是9月份新生入学后，两个数字相差较大。以文山州为例，高中阶段免、助、补，每生每年2500元，基层要配套30%，地方配套筹资困难。文山州高中在校生人数2016—2017年为5355人，2017—2018年为7084人，2018—2019年为8539人，财政预算按上一年9月学生数下达，每年差1000多名学生的补助，压力大。

四是对就业的重视不足。建立了助学贷款、贫困学生生活补助等方面的资助政策，但2019年以前没有贫困学生和贫困毕业生就业扶持方面的专项政策，仅有针对一般学生和毕业生的扶持政策，这对社会资本匮乏、资金严重不足的贫困大学生和贫困毕业生来说是不公平的。因此，在社会资本匮乏、少数民族毕业生语言障碍等影响下，贫困家庭大中专毕业生稳定就业较困难。2016年，宁蒗县拉伯乡托甸村共有50多名大学生，35人左右没有稳定就业。个别女大学生毕业后回家生下两个孩子，已不可能实现稳定就业，且贫困状况比其他村民更严峻，导致"读书无用论"有所传播，影响教育扶贫政策的推行。同时，也反映了重教育而不重视就业帮扶的教育扶贫模式无法阻断贫困的代际传递，还可能加剧贫困。

五是学前教育扶持不足。对县级以下幼儿园建档立卡户学生每年人均补助300元，但有30%的指标限制，难以实现对贫困户子女的全覆盖。同时，一乡一公办、一村一幼儿园的发展目标难以实现。多数村庄没有校舍、教室，缺幼师。此外，有的家长不愿意送子女进幼儿园。

六是地区间协同机制不完善。教育扶持信息不对称，州（市）范围内贫困家庭孩子享受教育扶持的情况容易掌握，但超出州（市）范围，教育部门也难以掌握孩子享受教育扶持的情况。学生资助落实过程中，州（市）内可以落实，州（市）外就学（高校）接受的优惠政策不掌握，家长也不清楚。国内高校学生优惠信息与生源地政府信息不对称。红河县籍在外就读大专以上学生享受助学金政策不在红河县教育局管辖范围内，无法统计是否享受扶持。红河县外出务工人员众多，随迁外出就学子女人数多，难以精准统计核实就学人员就读学校类别、年级，不能精准与扶贫系统数据对接。宁洱县不清楚本县籍各大专院校学生享受国家政策和扶持情况，导致有的学生重复享受，有的学生没有享受到，政策对接有空档。

（二）控辍保学难度大

一是孩子厌学，控辍保学难度大。部分孩子尤其是少数民族家庭的孩子，一部分没有上过幼儿园，普通话掌握能力不足，进入义务教育阶段后，难以听懂学校老师的普通话，因此产生厌学情绪。一部分孩子因为学习成绩差，学习成绩跟不上其他孩子而产生厌学情绪。基层工作人员也不敢过多动员或勒令其去上学。红河县少数辍学学生反复辍学，学校难以控制辍学学生去向，对辍学外出务工人员劝返缺少有效措施，县外辍学人员难以劝返。

二是控辍保学成本高，推进困难。文山州为了追回114个流失学生，派了81个工作队将他们劝返回来。有的远赴广东、深圳，成本较高。

三是早婚现象影响控辍保学。一部分民族地区早婚现象没有完全消除，青少年结婚生娃后无法再上学。普洱市有的瑶族女孩十三四岁就结婚，影响正常入学。红河州苗族女孩也有类似情况。

四是流失儿童回校影响其他学生。部分适龄青少年已在外打工，收入达到2000元，习惯了自食其力、经济相对宽裕的生活，回到学校又过上跟父母要钱的生活，不仅增加家庭负担，同时也不适应、不自在，总想外出打工。所以，春节后控辍保学压力最大。更重要的是，部分流失青少年已沾染上一些不良的社会习气，回到学校后，容易带坏在校学生。

五是边境沿线涉外婚姻的不稳定性导致控辍保学工作难以推进。涉外婚姻因为没有结婚证，一部分外籍妇女如果不适应当地生活就带着孩子回国去了，而孩子户口虽仍在国内，却难以保证他们稳定就学。同时，边民与外籍妇女结婚，外籍妇女带来的孩子没有中国户籍，无法入学。

在多种原因交织下，控辍保学压力较大，且区域间不平衡，边境、深度贫困、"直过民族"地区压力最大；劳动力外出就业比例大的地区压力大，而一般贫困地区、劳动力外出就业比例小的地区，压力相对较小。此外，控辍保学要求6周岁入学，条件不具备的地方，可推迟到7周岁，而在考核中却要计算6—16周岁适龄儿童和青少年入学情况，考核指标与政策不衔接。

（三）地方财政压力大

在教育扶贫中，云南建立了从学前教育到高等教育的补助机制，但多数都需要州（市）、县给予相应的配套。贫困地区本身财政收入就低，与教育扶贫相关的财政配套压力大。

首先，学前教育扶持尤其是幼儿园改扩建成本要逐级配套，部分贫困县配套压力大。红河州每个行政村建一个幼儿园，可通过新建、改建、依托三种方式推进，但依托条件有限，仅占三分之一，有三分之二的村委会要新建、改建幼儿园。部分贫困县财政收入少，无法配套资金。同时，州级配套能力也不足。

其次，高中阶段的教育扶持也需要地方给予配套，筹资压力大。上文提到的文山州高中阶段免、助、补经费差1000多名学生，需要地方提前配套投入，压力大。西畴县在贫困学生资助中幼儿园每生每年800元，县级每生每年要投入380元；高中每生每年3000元，县级每生每年要投入500元，配套压力大。

此外，在教育均衡化中基础设施建设投入不足，地方筹资压力大。澜沧县改薄项目、学前教育项目等资金缺口大，县级实施的基础设施建设需要3000元/平方米左右，而上级下达资金仅为2000元/平方米，每平方米缺口达1000元左右，加之地勘、设计、检测等前期工作经费，附属工程无专项资金，欠款较大，建设垫资过大，工程进度缓慢。

三、遗留问题及未来挑战

（一）教育负担仍然重

一是集中办学增加了家庭接送孩子的负担。集中办学后，原来在自然村就近上学的儿童要到村委会去上学，最远的要到乡镇去上学。一些上小学一二年级的小学生，每天要走几公里去上学，远的地方，小学生要走三四公里。这使雨季山区学生上学困难，在漫长的上学路上安全问题时有发生。因此，接送孩子上学成为一种普遍现象。接送孩子上学在城市早已司空见惯，但在农村，从孩子自己上学到接送孩子上学，家庭主要劳动力就会被耽误在来回的路上。

二是生活费、交通费等增加，家庭负担加重。集中办学后，大部分县市将高中集中到了县城，生活费高，目前，一名普通高中生月均生活费不低于500元，一年不低于5000元。对于农村家庭来说，一年5000元的生活费是一笔沉重的负担。虽然高中生每人每年有2500元的生活补助，那剩下的2000多元仍然是一个大数字。而初中、高中上学路上的交通费也是不小的负担。宁蒗县拉的乡没有高中，到了高中就要到永宁乡去上学，一个学生一个月回一次家，交通费单程要50元，往返就是100元，一年下来也要1000多元。独龙江乡没有高中，到贡山上学的交通成本较高，一名高中生每年要花费3000多元，成为高中学生家庭的主要负担。同时，由于独龙江乡教育资源相对不足，部分家庭自初中开始就将孩子送往贡山求学。这些看似不明显的教育支出，无形中加重了家庭的负担。

三是学前教育帮扶力度有限，家庭负担重。目前，云南统一的学前教育帮扶措施是给予每个贫困家庭幼儿每年300元的补助，补助标准相对低。只有在"镇彝威"革命老区特殊帮扶政策支持下，镇雄县学前教育的补助达到2200元。而文山州也在300元基础上增加了600元，达到900元。调查发现，学前教育发展不均衡，越贫困的地方，收费可能越高；而一般地区，学前教育收费要低得多。澜沧县木戛乡拉巴村日托班每人每年需

4600元，周托班达到每人每年5200元；而红河县迤萨镇勐龙村幼儿园每人每年仅需1876元。这一现象背后是生源多少的问题，即越贫困的地区，生源可能越少。影响贫困孩子学前教育的入学率，导致贫困孩子进入小学后语言障碍严重，尤其是"直过民族"地区的学生厌学情绪严重，极易辍学回家。

（二）教育均衡发展难度大

一是农村学前教育发展滞后。首先，农村学校数量少、分布不均，无法满足农村学前儿童就近入学需求。部分农村幼儿要到5公里以外的地方上幼儿园，一方面父母接送成本及由此引起的误工费高；另一方面，如果由学校接送，家庭学前教育负担将加重。其次，农村基本没有公办幼儿园，有的县只有县城有公办幼儿园，乡镇所在地都没有公办幼儿园。最后，幼儿园办学水平参差不齐。在以民办幼儿园为主的背景下，农村幼儿园收费标准、办学条件、师资力量参差不齐，大多数幼儿园老师是初中毕业未考上高中、中专的女孩。

二是师资力量难充实，教育均衡化发展面临困难。一方面是因为没有编制，另一方面是因为待遇低，引不来人，留不下人。没有编制在幼儿园即学前教育3年行动计划推进中最为典型。而引不来人，留不下人，在边远山区最为典型。红河县学前教育老师没有编制，也没有保障。对学前教育的扶持仅限于贫困户，不扶持教师。文山州教师紧缺现象更加突出。2018年，文山增加了27890名上学人口，其中学前教育7928人、小学9547人、初中4607人、普高5808人，中职少了2000多名学生。但因教师没编制，无法招录各类教师。2018年，迪庆州缺老师310人。香格里拉市每个村都有一个公办幼儿园，但是学前教育教师缺编制258人，均采取聘请临时工的办法。

三是"空心化"影响教育发展。在就业扶贫推动下，农村"空心化"加剧。一方面，留守儿童缺乏父母的监管与教育，学校之外的教育不足；另一方面，在外的父母对孩子容易产生亏欠感，往往在物质上过多地给予补偿。加之留守老人的隔代宠爱，留守儿童在青少年阶段容易形成一些不良的习惯。近年来，多次出现的留守儿童偷盗事件，充分说明了这一点。

同时，留守儿童还面临着一个现实的社会问题，即缺乏父母的监护，这使其缺乏安全感，受侵害事件频发，尤其是留守女童。

（三）寄宿教育导致家庭教育缺失

在集中办学模式下，多数孩子在小学三年级时就要到乡镇去上学，有的在一年级时就到乡镇去上学。寄宿学生的比例逐年增加。在寄宿制教育模式下，多数学生一个星期才回一次家，星期天又要赶着去学校。有的地方学生一个月才回一次家，在家一个星期就要回学校。在这样的寄宿模式下，孩子的家庭教育缺失，由此导致了两个方面的问题。

一方面，对地方性文化知识学习不足。云南是一个多民族聚居的地方，不同民族均有自己独特的文化，这些文化在育人育德方面，尤其是在人与自然和谐共处方面具有重要的作用。传统上，孩子以走读为主，家庭教育承担了地方性文化教育的功能，通过家庭教育，将这些文化传承给孩子。孩子通过家庭教育，习得了地方性文化知识，在接受学校正规教育的同时，也学习到了地方性知识。但在寄宿教育模式下，孩子在家的时间越来越少，家庭教育的功能逐渐淡化，导致孩子地方性知识学习不足，离开学校后无法快速融入当地社会，并由此形成了初高中毕业不愿意留在家乡的思想。

另一方面，地方性生产技术学习不足。在寄宿制教育模式下，孩子很少在家，无法像走读孩子一样帮助家里干一些力所能及的家务和劳动，原来随着孩子逐渐长大其所承担的家务和生产劳动逐渐增多的现象被彻底改变。一些学生初中毕业后甚至高中毕业后都不会干家务，不会干农活成为一种普遍现象。这一现象是年轻人不愿干农活，初高中毕业后就外出打工的主要原因。因为不会干农活，想干也干不了。

在年轻父母外出打工比例大的影响下，寄宿制教育带来的家庭教育缺失问题只会越来越严重，这可能是实现巩固拓展教育扶贫成果同乡村振兴有效衔接面临的最大挑战。因为家庭教育的缺失，直接导致了新型职业农民培育的前期教育或基础性教育缺失，加剧了后期培养的困难。

四、巩固拓展教育脱贫成果同就业帮扶有效衔接

在脱贫攻坚阶段，教育扶贫的目标是阻断贫困的代际传递，扶持重点在保证贫困家庭子女接受教育，推进贫困地区与其他地区的教育均衡化。扶持举措集中在缓解教育支出、解决因学致贫问题。巩固拓展教育脱贫成果，要从人才振兴的角度出发，完善扶持措施，进一步降低教育成本，促进教育均衡化发展；还要进一步加强就业扶持，通过就业彻底阻断贫困的代际传递。同时，还要从实现共同富裕的角度出发，为人的自由而全面的发展创造条件。因此，完善扶持机制，调整扶持重点，加强学前教育扶持，加大就业扶持力度，应当成为新阶段教育帮扶的重点方向。

（一）完善教育扶持机制

一是妥善解决扶持对象基数与实际扶持对象之差。根据学生入学需求及在校生发展变化情况，通过追加预算来解决学生资助及营养改善计划增量部分省级财政补助问题，缓解地方财政压力。

二是建立以教育成本缓解为基础的扶持机制。鉴于一部分家庭因为以交通为核心的因素而增加的教育成本，要逐步转变传统以减轻教育费用和补助生活费为出发点的扶持机制，建立以教育成本为出发点的教育扶持机制。省级制定统一的扶持标准，并允许县级根据当地不同区域的教育成本，利用乡村振兴涉农整合资金给予额外的扶持，切实减轻教育负担。

三是加强留守儿童教育干预。在以昭通市、曲靖市为代表的"空心化"严重地区探索留守儿童教育托管模式，即将留守儿童委托给村里的亲戚、学校老师共同管理，受委托人应在子女教育、精神文明等方面具有较好的社会评价。留守儿童父母、基层政府给予受委托者适当的经济补偿，对委托对象考取大中专的，给予适当的奖励。

四是完善人才管理和使用机制。全面推广教师"县管，乡、村用"人事制度，在县域范围内合理配置师资力量，将有限的师资力量充分调动起来。建立城乡学校"一对一"结对发展制度，通过城市学校师资力量的结对帮扶，提高农村学校教育水平。

（二）调整教育扶持着力点

一是调整扶持重点，重视教育软件建设。加强脱贫地区师资力量建

设。在教师编制调整及优化上给予倾斜，尤其是学前教育。争取国家支持，提高教师待遇，并将其逐步纳入省级财政预算，确保边远山区教师工资及绩效能够足额发放，避免更多老师流失。此外，应加强教师培训力度，尤其是"直过民族"地区、原深度贫困地区，应当确保每位老师每年有一定的时间参加教学方法及教学技能培训。

二是关注脱贫学生就业困难问题，加大就业帮扶。一方面，进一步完善就业服务平台，为脱贫学生提供更多的就业信息；另一方面，也可建立政府相关部门、国有企业、事业单位定向招录脱贫学生机制，目的是确保脱贫户大中专毕业生100%就业，真正发挥教育脱贫一批的作用。

三是加快学前教育扶持。巩固拓展教育扶贫成果，实现同乡村振兴的有效衔接，促进人的全面发展，需要加快学前教育发展步伐。实现同乡村振兴的有效衔接，首先要摒弃原来一村一幼的发展思路，把学前教育与分类推进乡村振兴有机结合起来。只有城郊融合型、集聚提升型、特色保护型三种类型的村庄需要按照一村一幼的思路加快学前教育发展。而对于搬迁拆并型村庄，要依托其他类型的村庄来解决学前教育问题。在这个基础上，需要将农村学前教育纳入地方教育发展规划，新建部分公办农村幼儿园。在集镇所在地、撤并后的原乡镇政府所在地兴办一批公办幼儿园，面向全乡学龄前儿童，适当收取费用。采取民办公助的形式，大力倡导有能力、有条件的办学者发展民办幼儿园，加快学前教育发展步伐。可将部分因撤并校点后闲置的校舍出租给办学者，发展学前教育。适当提高学前教育补助标准和覆盖面。从实现教育均衡化的目标出发，适当提高脱贫户学前教育补助标准，并进一步提高覆盖面，解决覆盖面小的问题，缓解农村低收入家庭学前教育负担重的现实问题。同时，加强农村学前教育办学资格审查、办学监督检查，从教师队伍、办学场地、办学环境等对民办公助幼儿园办学条件进行审查；加强对日常办学情况的监督检查，对未按照规定开展教学的学校进行惩罚，对按照规定开展教学的学校给予适当奖励。

（三）加强地方性知识教育

实现巩固拓展教育扶贫成果同乡村振兴有效衔接的关键是为培养新型职业农民奠定基础。针对因厌学而辍学、寄宿制教育下家庭教育缺失等问题，在教育扶持中，要加强地方性知识教育。

首先，重视课程设置。鼓励地方在义务教育教材之外，根据当地实际，创造性地开发一些与当地历史文化、生产生活息息相关的辅助教材，目的是帮助学生加深对义务教育教材的理解，同时，活跃学生的思维，提高课堂教育对学生的吸引力。

其次，重视实践操作。鼓励学校开展与当地生产活动相关的劳动实践，依托学校的闲置土地，种植一些蔬菜、水果、粮食，根据学生的年龄，安排不同年级的学生参与适当的劳动实践，通过劳动实践，使学生掌握一些必要的生产技术，为其学校毕业后参与农业生产活动成为新型职业农民奠定基础。

此外，实现巩固拓展教育扶贫成果，要强化教育扶贫的社会参与，建立城乡居民广泛参与机制，如通过"一对一"帮扶，建立社会家庭与脱贫户子女教育结对帮扶制度，缓解政府投入资金不足的问题。要推动教育扶贫与人才培养相结合，针对脱贫地区人才需求情况，以州（市）为基础，设立脱贫户子女专项人才计划，对符合帮扶条件的脱贫人口子女接受高等教育进行扶持，要与当地的人才需求结合起来，通过为其提前支付学费、生活费，开展定向培养。帮扶对象毕业后，回到当地工作，促进人才振兴。同时，要推进扶智与扶志的深度融合，以素质提升为基础，提高脱贫群众自我发展能力；通过社会主义核心价值观培养，让广大脱贫群众改变"等靠要"思想，树立积极向上的人生观、价值观，阻断思想的穷根。

经过脱贫攻坚阶段的教育扶贫，县域义务教育均衡化发展得到较大改善。但因人才制约，出现集中办学后教育成本增加等问题，巩固拓展教育脱贫成果阶段，还需要进一步完善教育扶持机制。重点是建立照顾到教育成本的扶持机制，强化素质教育和就业帮扶，只有解决了就业，才能真正发挥教育阻断贫困代际传递的作用。而从巩固拓展教育扶贫成果同乡村振兴有效衔接以及实现人的全面发展的角度出发，在义务教育阶段要加强地方性知识与技能技术的教育，一方面是弥补家庭教育不足导致的地方性知识缺乏问题，另一方面是为乡村振兴留住人。只有掌握了地方性知识和技术技能的人才，才能成为乡村振兴的主体。在此，需要转变脱贫攻坚和巩固拓展脱贫攻坚成果阶段教育扶持以非农就业为主的理念，兼顾非农就业和职业农民培养，既要通过教育实现部分农村人口向城镇、非农产业的有序转移，也要为新型职业农民的培养奠定基础。同时，要完善社会参与机制，引导更多城乡居民加入教育帮扶行列，缓解政府教育支出不足的问题；搭建教育帮扶与人才振兴有效衔接机制，通过专项人才计划，将教育帮扶对象转变为人才振兴的主力军。推进扶智与扶志的深度融合，彻底阻断贫困代际传递。

第七章　健康扶贫

基本医疗有保障是脱贫的基本目标之一，而因病致贫是重要的致贫原因之一，2013年云南识别出的196.2万户贫困户700.2万人贫困人口中，因病致贫的占30.5%，有近60万户贫困户因病致贫，在致贫原因中排第二，仅次于缺资金。患病导致家庭支出增加，劳动力减少，加剧了劳动力短缺问题。而有病看不起、无处看病成为因病致贫的一种现实表现。面对因病致贫、因医致贫问题，云南精准锁定健康扶贫对象，构建基本医保、大病保险、医疗救助、医疗费用兜底"四重"保障机制，开展大病救助、大病集中救治等措施，提高贫困人口健康水平，减轻其看病负担。但仅覆盖贫困人群、把贫困人群当作特殊群体对待的健康扶贫，本身也存在一些问题。同时，解决看不起病和无处看病的扶持理念与全面推进乡村振兴及实现共同富裕提高健康水平的要求存在一定的偏差。在巩固拓展脱贫攻坚成果同乡村振兴有效衔接阶段，要在基本健康保障基础上，突出农村群众整体健康水平的提高，推广健康扶贫的一些好的做法，取消不利于社会公平的举措。

一、主要措施及内容

在识别基础上，2017年，云南进一步核实建档立卡农村贫困人口因病致贫情况，开展贫困人口因病致贫筛查工作，核实核准患病家庭、人员和病种，并建立管理数据库，为实施健康扶贫提供基础数据和决策依据。筛查活动严格按照国家卫健委确定的45个重点病种和48个次要病种，以及单次就诊费用超过上年农村人均可支配收入的情况，采取入户排查、体检等方式，逐户填写"贫困人口情况登记表"，并借助新型农村合作医疗管理信息系统、国家卫生统计网络直报系统、居民电子健康档案，进一步核实完善贫困人口因病致贫人员、重点病种等信息，加强健康扶贫。

（一）完善医疗服务体系

一是加强基层医疗卫生基础设施建设。实施乡镇卫生院、村卫生室标准化建设项目，完善基层医疗服务机构基础设施。加强基层中医药服务能力建设，提高基层医疗卫生机构中医药服务能力。同时，加强基层卫生人才队伍建设，落实基层医疗服务人员各项补助制度，推动优秀人才向基层流动，加强医疗技术培训，提高基层医疗服务队伍综合素质，促进医疗服务标准化。

二是建立三甲医院对口帮扶贫困县县级医院、贫困县中医院制度。2016年，建立东部地区、省内三甲医院对口帮扶贫困县县级人民医院制度；2019年，建立三甲医院对口帮扶贫困县中医院制度。通过互派医护人员、开展远程诊疗等，提高贫困县县级医院医疗服务能力。

三是实施三甲医院州（市）全覆盖工程。通过扩建、改建原有州（市）医院、县（市、区）医院，推进怒江州、迪庆州、丽江市等无三甲医疗的州（市）三甲医院建设，努力实现每个州（市）至少拥有一家三甲医院的目标。

（二）健全医疗保障体系

以实现贫困户合作医疗100%参合率、大病保险100%参合率为目标，加强贫困人口医疗保障体系建设。

一是补助或为贫困人口购买新型农村合作医疗。2017年，政府筹资为贫困人口购买新型农村合作医疗；2018年开始，探索提高贫困户参与积极性的措施，政府出资比例控制在81.82%，即在220元/人的缴费标准下，政府出资180元，贫困群众每人自筹40元。脱贫后，政府逐步降低补助标准。宁洱县磨黑镇分类开展扶持。根据是否脱贫，把贫困户分为红卡、黄卡和蓝卡三种类型。2016年，新农合参保缴费标准是人均120元，红卡户民政部门人均补助70元、县级政府人均补助20元，蓝卡户县级政府人均补助50元。2017年，新农合缴费标准人均150元，黄卡户政府人均补助50元，红卡户民政人均补助70元、政府补助50元，蓝卡户政府人均补助80元。2018年，迪庆州五保供养人员，民政按照人均每年180元为其缴纳新农合参保资金，农村低保人员按照人均70元给予医保参保资金的补助。

二是补助或为贫困人口购买大病保险。整合资源，包括财政资源、挂包单位扶持资金，为贫困群众购买大病保险，一般为每人每年100元。

三是实施大病救助、医疗兜底保障。对因各种重大疾病产生高昂医疗费的贫困人口，通过民政给予大病救助。同时，政府从确保贫困家庭基本生活水平的角度出发，为贫困人口超出家庭人均纯收入之外的医疗费用买单，实施医疗兜底保障。迪庆州将建档立卡贫困人口全部纳入医疗救助范围，取消医疗救助起付线、10万元的年度累计救助封顶线。符合转诊转院规范住院发生的医疗费用，政策范围内经基本医保、大病保险报销后达不到90%的，通过医疗救助报销到90%。2018年1—10月，发放救助资金4354万元。

四是提高报销封顶线和报销比例。针对大病医疗费用高的现实，提高建档立卡贫困人口各类大病报销的最高封顶线；针对一般疾病群众自付比例高的现实，提高建档立卡贫困人口门诊和住院报销比例。如姚安县落实门诊待遇倾斜政策，一般诊疗费个人自付部分由基本医保全额报销，普通门诊基本医疗保险年度最高报销限额从400元提高至500元，对高血压Ⅱ—Ⅲ期、糖尿病、活动性结核病、癌症等28种疾病，门诊政策范围内医疗费用报销比例由70%提高至80%。其中，重度精神病和终末期肾病门诊政策范围医疗费用报销比例达到90%。同时，落实住院待遇倾斜政策。对符合分级诊疗、转诊转院规定的贫困人口，在州内医保协议定点医疗机构住院不设起付线，政策范围内费用报销比例比其他城乡居民提高5—20个百分点，其中：一级医疗机构报销比例从85%提高至90%，二级医疗机构报销比例从75%提高至85%，州内三级医疗机构报销比例从60%提高至70%，州外三级医疗机构报销比例从50%提高至70%。对符合转诊转院规范到县域外住院的，单人单次住院政策范围内报销比例达到70%。落实大病保险倾斜政策。大病保险医疗费用不设起付线，不分医院等级，政策范围内报销比例提高到80%以上，超过基本医疗保险支付限额的医疗费用，在2万元以内的报销80%，2万元以上5万元以内的报销85%，5万元以上的报销90%，基金支付不封顶。迪庆州免交基层门诊一般诊疗费个人自付部分和乡镇卫生院住院报销"门槛费"；普通门诊年度报销限额提高5个百分点，28种疾病门诊政策范围内报销比例提高到80%，县乡及州、州外医疗机构住院政策范围内费用报销比例分别提高5—20个百分点；县域内住院实际报销比例不低于70%，符合转诊转院规范到县域外住院的单人单次住院政策范围内报销比例不低于70%；36种国家谈判药品纳入医保报销范围，20项新增残疾人康复项目纳入医保报销范围。大病保险实行"一降二提一扩大"政策，即大病保险住院起付线降低50%，年度报销限额提高50%，政策范围内费用报销比例提高到70%，保障范围扩大到罹患25种特殊病的门诊医疗费用。

（三）完善医疗服务方式

一是实施家庭医生签约服务。推广家庭医生签约服务，重点关注大病患者、慢性病患者。由3名医务人员组成一个团队，其中有一名执业医师、一名助理医师、一名普通医务人员，签约服务贫困户。对患有大病和慢性病的贫困人口落实慢病签约服务管理一批政策，建立健康卡，实行签约服务，开展健康管理和免缴家庭医生签约费。优先为高血压、糖尿病、结核病、严重精神障碍等慢性病患者提供规范化管理与服务。通过定期、不定期走访或电话询问，提供医疗服务。迪庆州通过手机客户端、微信等，加强医患沟通，实现在线预约、在线咨询及健康教育等服务。

二是推行先诊疗后付费、分期付款制度。2017年开始，云南在定点医疗机构探索县域内先诊疗后付费，"一站式"即时结报便民服务。为了减轻就医负担，照顾到部分贫困群众无力一次性缴纳自筹经费部分，推广分期支付制度，贫困群众住院后自付经费可签订分期支付协议，进行分期支付。迪庆州整合医疗保障基金，实行定点医疗机构"一站式"即时结报和先诊疗后付费服务。

三是推进"互联网+医疗"服务方式。2019年，云南完成远程医疗服务体系建设任务，实施"互联网+医疗"健康行动计划，让贫困地区群众就近享受大城市专家的医疗服务。同时，开展县乡村医疗共同体建设，实施以县级医院为龙头、乡镇卫生院为枢纽、村卫生室为基础的县乡村一体化管理，构建三级联动的县域医疗服务体系，提高医疗服务能力。

四是实施大病、慢性病分类救治。按照"大病集中救治一批、慢性病签约服务管理一批、重病兜底保障一批"的要求，对患有大病和长期慢性病的贫困群众实行分类分批救治。2017年，对食管癌、胃癌、结肠癌、直肠癌、终末期肾病、重性精神病、儿童白血病（含急性淋巴细胞白血病、急性早幼粒细胞白血病）和儿童先天性心脏病（含房间隔缺损、室间隔缺损、动脉导管未闭、肺动脉瓣狭窄、法洛四联症以及合并两种或以上的复杂性先心病）、耐多药结核病等9类15个病种实施了首批救治。2018年，在2017年基础上，将肺癌、肝癌、乳腺癌、宫颈癌、急性心肌梗死、白内障、尘肺、神经母细胞瘤、儿童淋巴瘤、骨肉瘤、血友病、地中海贫血、唇腭裂、尿道下裂等作为专项救治病种。同时，严格控制医疗费用，贫困群众在基层医疗机构、二级医院、三级医院住院医保报销范围外的医疗费用，分别不得超出医疗总费用的1%、2%、3%，超出部分由定点医疗机构自行承担。2019年，将农村贫困人口大病专项救治病种数量增加到25种，新增耐多药结核病、脑卒中、慢性阻塞性肺气肿、艾滋病机会感染。并将地方病病人全部纳入大病集中救治范围。鼓励贫困地区肺结核主动筛查，并对结核病患者确诊检查提供适当补助。

五是加强地方病防治。做好包虫病防治工作，指导迪庆州开展包虫病人群筛查，对确诊患者进行免费治疗。地方病病区建立克山病、氟骨症、地方性砷中毒、克汀病、二度及以上甲状腺肿大、慢性和晚期血吸虫病确诊病人健康档案，实行个案管理。特别注意消除碘缺乏、燃煤污染型氟中毒、克山病、饮水型氟中毒、血吸虫病等危害，促进地方病防治目标与脱贫攻坚任务同步完成。各级医疗机构整合资源，加强白内障救治工作。自2017年开始，对经国家卫生计生委、国务院扶贫办核实核准的建档立卡贫困白内障患者进行免费救治。

此外，云南从构建健康云南出发，推动健康扶贫与体育强省的有机融合，完善贫困地区体育基础设施，组织开展各类体育赛事，引导广大农村群众参与，增强身体素质。加强健康教育，宣传良好的生活卫生习惯。通过家庭签约医生，实施心理健康辅导，推动健康事业全面发展。

在巩固拓展脱贫攻坚成果中，云南按照国家医保局、民政部、财政部、国家卫健委、国家税务总局、银保监会、国家乡村振兴局《关于巩固拓展医疗保障脱贫攻坚成果有效衔接乡村振兴战略的实施意见》要求，完善脱贫人口待遇保障政策，优化调整脱贫人口医疗救助资助参保政策，分类调整医疗保障扶贫倾斜政策，治理医保扶贫领域过度保障问题。从有效衔接实施乡村振兴战略出发，合理确定农村居民医疗保障待遇水平，确保农村低收入人口应保尽保，增强基本医疗保险保障功能，提高大病保险保障能力，夯实医疗救助托底保障，建立防范化解因病返贫致贫长效机制。

二、推进中的困难及问题

（一）政府财政压力大

一是补助贫困户购买合作医疗和大病保险增加了财政压力。2018年以前，全额补助建档立卡贫困户购买合作医疗和大病保险，县级政府筹资压力较大。2018年以来，县级补助标准逐步降低，购买合作医疗的筹资压力减小，地方政府财政压力逐步减小。

二是医疗救助扩面提标增加了财政压力。医疗救助资金中央、省医疗救助不足部分，需由县级政府筹资。2017年以来，医疗救助体现出扩面提标的趋势，县级筹资压力不断加大。在州（市）统筹的医疗救助体系下，州（市）政府筹资压力增大。2017年大病救治包括9类19种疾病，2018年增加到18类36种。救治范围扩大，筹资压力增大。

三是提高医保报销比例及封顶线后医保资金缺口增大。取消门诊报销起付线，提高医保报销比例及封顶线缓解了贫困人口医疗支出压力。但由此导致医院看病、住院人数剧增，医保资金缺口增大。在州（市）统筹的医保资金筹集机制下，州（市）筹资压力大。

（二）精准帮扶困难

一是健康扶贫与福利依赖难平衡。健康扶贫启动以来，尤其是2017年在财政为贫困人口购买新型农村合作医疗、整合资源为贫困人口购买大病保险背景下，贫困户医疗支出大幅下降，几乎不用承担医疗费用。这在深度贫困地区贫困界限模糊、边缘户较多的情况下，导致了新的不公平现象，即：两户收入水平差别不大的农村家庭，就因一户是贫困户，医疗保险、医疗费用支出较低；而另一户则因为不是贫困户，医疗保险、医疗费用支出相对较高。

二是过度医疗等导致地方兜底压力陡增。在医疗兜底扶贫政策影响下，贫困户自付比例低，报销比例达到90%以上，小病就住院的现象增加，出现了过度医疗现象。在大病救助、政府兜底政策下，地方政府因此承担的兜底压力较大。更严重的问题来自于先诊疗后付费、分期付款等政策。因为先诊疗后付费，有的贫困群众住院后签了分期付款协议就走了，后来也不付。先诊疗后付费、政府兜底保障等健康扶贫措施助长了群众的福利依赖。有的群众因为晚上在城里没有住宿的地方，或住宿要出钱，就去医院住院。因为贫困群众说自己有病，医生也不敢怠慢。

三是不同人群享受的扶持存在差异。同样是贫困群众，但因分类扶持确定的性质不同，享受的政策存在差异。兜底保障人群享受的政策比一般群众要优越。如普洱市低保户与建档立卡贫困户重合，在健康扶贫中相应的补助标准就高。但非建档立卡户困难人员（如特困救助人员、孤儿）有8万人左右，自付部分达到45%，这部分人患病致贫风险较大。

（三）服务方式仍然不完善

一是家庭医生签约服务不完善。乡镇卫生院、村卫生室人员不足，难以组建有效的家庭医生服务团队，在基层医务人员流失现象严重的背景下，难以组建稳定的、高效的医务服务团队。部分县（市）因为乡镇卫生院没有职业医师或职业医师不足，还必须由一名县级医院的职业医师带领乡镇卫生院、村卫生室的医务人员共同组建医疗服务团队。同时，服务对象众多，难以提供实质性服务。3人一个团队，少则服务1000人，多则服务1000户几千人。而更重要的问题在于，签约服务是责任、是义务，但没有明确签约服务收益是否可用来发放签约医生补助。基层医务人员还有自身工作，导致签约服务形式大于内容。普洱市每个团队3人签约1000多户，服务能力差距较大。宁洱县1个团队有3—5人，负责1500人。姚安县在签约服务中采取三师一专家的模式，健康管理师、全科医生、防疫人员共同组建了80个团队，要服务7万人，不均衡，有的地方服务人数多，有的少。

二是特殊疾病家庭签约服务与自我管理不匹配。站在专业化的角度，家庭签约服务医生对多数慢性病如高血压、糖尿病管理提出了严格的、中肯的管理建议，但贫困家庭及其成员大多不以为意，自我管理不按要求办。最极端的是精神病患者的管理。笔者调查发现一个案例，就因为家庭成员对精神病患者服药管理不严格，造成患者过量服用药物死亡，乡卫生院不得不赔偿35万元。这对签约服务的医生及卫生院积极性造成了极大的被医生打击。另外，个别家庭签约服务医生对保护患者隐私不够重视，比如笔者在调查中遇到一个案例，有一名患者因艾滋病隐私暴露要求政府易地购房安置来解决。

三是非医保定点机构无法推进健康扶贫。除正规的医疗机构外，还存在一些私人诊所，但这些私人诊所不是医保定点医疗机构。贫困户在这些私人诊所看病吃药，无法报销，由此产生了大量的医药费。问及原因，群众反映说在公立医院看不好，最后只能到私人诊所看，所以医药费增加。由于农村存在大量的祖传中医，且这些中医世家都各自掌握着一两种特殊的治病秘方，对一些特殊疾病的治疗效果较好，故这种现象较普遍。

三、遗留问题及未来挑战

（一）健康扶贫成果巩固面临挑战

一是脱贫户参加合作医疗及大病保险的可持续性不足。2018年以来，为提高贫困户自身的发展动力，合作医疗由政府全额补助向部分补助转变。贫困户脱贫后，政府补助将进一步降低。在这样的背景下，脱贫户参与合作医疗的可持续性受到影响。2018年，楚雄州农村合作医疗费用建档立卡贫困户要承担40元，贫困户有意见。红河州贫困户也要承担40元，贫困户意见大。而脱贫后的群众要自己交，压力更大。2021年收缴合作医疗费用时，多数地方要求脱贫户全部承担，压力更大。如果合作医疗由脱贫户全额购买，2021年人均缴费已达到280元，一个四口之家缴费达到1000元以上，对于刚脱贫的群众，压力仍然大。同时，大病保险也面临类似的问题。如果没有主体来为脱贫户筹资购买，大病保险的可持续性将受到影响。

二是政府兜底的医疗保障体系维持困难。脱贫攻坚阶段确立的政府兜底医疗费用的扶持措施，有效解决了部分群众重特大疾病医疗费用高的问题。但随着提标扩面的推进，政府兜底筹资压力较大。随着脱贫攻坚的结束，脱贫县获得的整合资金逐步减少，与脱贫攻坚阶段确立的高标准、脱贫人口全覆盖的兜底政策形成反差，政府兜底的医疗保障体系维持面临困难。随着医疗费用的逐年增加，政府兜底的医疗保障体系维持将更加困难。

三是以脱贫户为对象的优先看病机制受到质疑。在脱贫攻坚阶段，为确保建档立卡贫困户能够方便快捷地看病，多数医院均设立了建档立卡贫困户窗口，与军人优先的窗口并列。目前，在很多医院仍然设有建档立卡贫困人口窗口，脱贫人口凭证件就可优先看病。这种做法受到了质疑，质疑的声音不断，认为这种做法把"贫困人口特权化"，已经与军人这样的特殊职业群体并列，对正常的社会秩序造成了冲击，因此，取消建档立卡贫困人口特殊窗口之声不断。

（二）医疗服务体系仍然薄弱

一是卫生基础设施仍然薄弱。虽然健康扶贫促进了基层医疗卫生服务体系建设，但卫生基础设施仍然薄弱。怒江州、迪庆州尤为典型。2018年12月调研时，两州均无三甲医院，多数慢性病患者、大病患者都不在本地看病，而是到大理、丽江、保山等地看病就医，交通费用增加，其他无法报销的食宿费用也增加。截至2017年底，迪庆州共有各级各类医疗卫生机构283个，其中综合医院11个（州医院1个、县医院2个、民营医院8个）、藏医院1个、基层医疗机构259个（社区卫生服务中心3个、乡镇卫生院29个、村卫生室164个、诊所和医务室63个）、专业公共卫生机构13个（疾控中心4个、卫生监督所4个、妇幼保健计划生育服务中心4个、采供血机构1个）；有床位1516张，平均每千人拥有开放床位数3.68张；有卫生专业技术人员2307人，其中执业（助理）医师882人、注册护士804人；平均每千人拥有卫生专业技术人员5.6人，拥有执业（助理）医师2.14人，拥有注册护士1.95人。医疗卫生资源总量不足，卫生专业技术人才匮乏，州县乡三级医疗卫生机构服务能力仍然较弱，卫生信息化建设滞后，基层医疗卫生机构设施设备老化。2020年，楚雄州虽然实现了三甲医院州（市）全覆盖，但更多是硬件基础的改善，医疗服务水平尚不能满足群众看病就医需求。姚安县一些大病无法救治，只能推荐给昆明等地的医院。

二是村卫生室医务人员短缺，服务水平仍然低。医务人员短缺在地广人稀的香格里拉市较为典型。因为医务人员每月基本工资仅有600元，医务人员工资待遇与服务量联系更加紧密，但因地广人稀，服务人数有限，故工资待遇较低，医务人员辞职现象普遍，医务人员短缺现象严重。同时，受医疗服务规范化管理的限制，村卫生室药品短缺，村医"不敢打针"，服务水平低，群众就近就医难实现。澜沧县基层卫生室药品目录上的药品和采购平台上的药品不一致，有些目录里有但平台上没有的药品不能报销，增加了患者自付率。同时，现有村级计算机使用时间较长，有的已经接近10年，加上卫生室无打印机、读卡器等设备，影响持卡结算、"一站式"结报。宁洱县基本医疗保障没有问题，但基层服务功能不强，医疗技术人员通过引进、招考，人数没问题，但是骨干人员少。同时，乡村卫生机构设备陈旧、老化。此外，很多一般的检查和治疗乡镇医务人员做不了，只能到县级医院做，群众医疗负担增加。

文山州乡村医生待遇低，省级每月每人仅补助300元，月收入仅两三千元。西畴县乡村医生每人每月工资仅620元，有编制无人员或无编制无人员现象普遍。迪庆州州级、县级医院医疗卫生技术人员缺口达500多人；村级卫生室的医生中仅有30人有医师资格，还有21人没有资格证。镇雄县基层卫生部门编制紧缺，2018年每千人拥有医技人员仅为1.63人，医技力量满足不了群众看病就医和健康扶贫的需要。

（三）防贫机制建设滞后

一是健康扶贫对象仅针对贫困人口，尚未覆盖所有人群。健康扶贫通过医疗保险、医疗救助行动，切实减轻了贫困者的负担，但对一般人群的关注不足。一般农村群众主要通过合作医疗、大病保险来缓解看病就医负担。健康扶贫的优惠政策如提高报销封顶线、提高报销比例等，没有覆盖一般人群。2020年脱贫后，云南农村已不再有绝对贫困人口，只有脱贫人口和低收入人群之分。其中，易返贫人口、边缘人口极易陷入贫困，而健康扶贫尚未覆盖边缘人口。防贫机制建设滞后，对巩固拓展脱贫攻坚成果不利。今天没病，明天可能会得病，群众不知道明天会怎么样，应重视防贫问题，关注扶贫覆盖不了的人群。

二是医疗兜底尚未覆盖一般农村群众，因病致贫风险增加。虽然脱贫攻坚阶段云南建立了医疗兜底保障机制，但这种兜底保障针对的是建档立卡贫困人口，即当贫困人口医疗费用超出年人均纯收入后，由政府兜底解决群众的医疗费用，目前尚未覆盖一般群众。一般群众一旦医疗费用高，就可能陷入贫困，此时才能将其列为低收入人口（贫困人口）进行扶持，但为时已晚。

以上几个方面是巩固拓展健康扶贫成果面临的问题及挑战，与全面推进乡村振兴、促进农村共同富裕的目标相比，还有一些不匹配的地方。健康扶贫及巩固拓展健康扶贫成果的目的，是解决有病看不起、无处看病的问题。而向共同富裕更进一步的乡村振兴，与健康相关的目标是提高健康水平，包括人的预期寿命。当然，要实现这一目标，巩固拓展健康扶贫成果仍然是基础。为此，实现巩固拓展健康扶贫成果同乡村振兴有效衔接，既要解决健康扶贫存在的问题，应对巩固拓展健康扶贫成果面临的挑战，也要从全面推进乡村振兴角度实施一些新的举措。

四、巩固拓展健康扶贫成果同健康云南有效衔接

健康扶贫不仅能够降低群众就医成本，而且能够保证群众身体健康，而身体健康是提升人力资本的必要条件和基础性条件。实现巩固拓展脱贫攻坚成果同乡村振兴有效衔接，要把巩固拓展健康扶贫成果同云南大健康产业打造结合起来，以构筑健康云南为目标，在进一步加强医疗卫生服务体系建设的同时，逐步构筑起全民健康的防护体系。

（一）加强医疗服务体系建设

一是进一步加强基础设施建设。从巩固拓展脱贫攻坚成果同乡村振兴有效衔接出发，应进一步加强农村基层医疗卫生基础设施建设。按照统一标准、统一要求，加快不达标乡镇卫生院、村卫生室的建设，确保基层医疗卫生基础设施能够满足群众需求。同时，重视乡镇卫生院、村卫生室基本药品采购管理，确保所有乡镇卫生院、村卫生室基本药品供给充足。特别是山区、半山区乡镇卫生院、村卫生室。

二是重视基层医疗服务人才培养。坚持"两条腿"走路，把现有医疗

服务人才培养与新增人才培养作为巩固拓展脱贫攻坚成果同乡村振兴有效衔接的重要工作来抓。一方面，针对现有医疗服务人员技术缺乏、能力不足的问题，通过与医科大学、大专合作，开展能力素质提升培训，提高现有医疗服务人员的服务水平。另一方面，通过定向培养方式，招录更多的专业技术人才进入基层医疗服务体系，充实基层服务体系。

三是逐步提高基层服务人员待遇。从工作任务及付出的角度，适当提高基层医务人员的待遇，特别是村卫生室医务人员的待遇。

四是完善县域人才服务使用机制。借鉴教育方面改革经验，推广"县聘乡用""县聘村用"等医务人员管理制度，统一县域内医疗服务人员待遇水平。并根据发展需要，合理调配医疗服务人员。

五是规范民间医务人员健康服务。从工商、物价等部门的角度，规范民间医务人员的服务及收费行为。避免民间即私人开展健康服务时收费过高。同时，通过特聘方式，将民间医务人员纳入国家医疗服务系统，对纳入国家医疗服务系统的特聘人员，适当给予生活补助。并逐步将已纳入国家医疗服务系统的民间医务人员的医疗服务纳入医保报销范围，解决群众在非医疗定点机构就医无法报销的问题。

（二）完善医疗服务方式

一是做实家庭医生签约服务。鉴于基层医务人员短缺，全面铺开的签约服务形式大于内容的现实，缩小签约范围，仅对重大病症、慢性病家庭开展签约服务。同时，出台签约服务收益补偿机制，给予签约服务团队及医务人员适当报酬。真正将签约服务落到实处，做好服务。

二是建立健康扶贫诚信管理机制。对享受健康帮扶情况进行跟踪评估，对部分恶意夸大病情、过度消费医保资金的群众，应当给予批评教育；对情节严重的，应当以浪费国家资源罪提起公诉。只有建立惩罚机制，才能确保健康扶贫有序推进。

三是加强健康预防教育。要站在提高人力资本、构建全面健康体系的角度，加强健康预防教育。从生活习惯、环境卫生、看病就医、体育锻炼等方面着手，加强健康预防教育，引导广大群众通过预防性干预，提高健康水平。

（三）建立防贫式扶持机制

一是全面推广大病保险。通过个人缴费、集体补助、社会捐助等方式，全面推广大病保险，实现大病保险与基本医疗参与率两个100%目标，筑牢健康保险网。

二是建立面向全民的医疗救助制度。依托民政系统，全面建立医疗救助制度。结合医保执行信息、个人申报、村集体和基层政府核实，建立面向所有农村群众的医疗救助制度。对合作医疗、大病保险报销外个人负担费用较重的家庭实施医疗救助。从社会公平角度出发，对个人负担费用超过上一年云南省农村居民可支配收入部分给予救助，且救助标准要有封顶线，否则，过度医疗问题无法避免。

三是健全重特大疾病救助制度。针对极少数重病患者，除民政救助外，通过设立政府专项救助基金，进一步缓解民政救助后家庭医疗负担。

此外，要进一步推进健康帮扶与体育强省、健康帮扶与健康教育、健康帮扶与大健康产业等的融合，促进健康事业的全面发展。

总之，健康扶贫确保了贫困人口基本医疗有保障，缓解了贫困人口看病就医的负担。但脱贫攻坚阶段的健康扶贫也带来了悬崖效应，做好健康扶贫同乡村振兴人力资本提升有效结合，在基本的社会福利合作医疗、大病保险基础上，应以社会救助为主完善健康扶贫机制，即以民政大病救助、社会救助为主，确保群众自付医疗费用低于家庭年人均纯收入。同时，从巩固拓展健康扶贫成果及防贫角度出发，将原来贫困人口才能享有的特殊扶持政策逐步推向全民共享，加强健康预防教育，提高群众健康水平。推动健康事业与健康产业的深度融合，提高健康帮扶的可持续性。

第八章　社会保障兜底扶贫

社会保障兜底扶贫是帮助部分丧失劳动能力、无法通过产业就业实现脱贫的群众脱贫的基本手段。云南坚持开发式扶贫与保障性扶贫有机结合，实施社会保障兜底扶贫一批战略。通过精准锁定兜底保障对象、推进低保与扶贫有效衔接、加强临时性救助、实施残疾人护理补贴、医疗保障兜底等措施，建立保障基本生存与生活的社会保障兜底机制。在具体推进中，基层政府的资金配套压力逐年增加，民政力量薄弱制约社会保障兜底的顺利推进。同时，社会保障兜底标准逐年提高，可能导致"福利陷阱"。实现巩固拓展社会保障兜底扶贫成果同乡村振兴有效衔接，需要明确社会保障兜底的底线，不能无限扩大范围，也不能无限提高标准。站在共同富裕的角度，社会保障兜底要按照优化二次分配、促进社会公平的思路进行完善。

一、主要措施及内容

2007年以来，以最低生活保障、新农合、新型农村养老保险为代表的农村社会保障体系建设，对扶贫工作的促进作用巨大。在脱贫攻坚阶段，社会保障兜底一批成为实现部分群众脱贫的基本措施。云南精准锁定社会保障兜底对象，对兜底保障对象实施分类兜底保障。把完全丧失劳动能力或生活自理能力、家庭生活常年陷入困难的极困家庭，列为重点保障户（A类），实施最高标准的兜底保障；对低保家庭中的老年人、未成年人、重度残疾人等重点救助对象，提高救助水平，确保其基本生活所需得到满足。把因年老、残疾、患重特大疾病或长期慢性病等而部分丧失劳动能力或生活自理能力，家庭人均收入低于当地保障标准且家庭财产符合有关规定的比较困难家庭列为基本保障户（B类）。对这类贫困户，综合给予低保、医疗救助等方面的兜底保障。把其他原因造成家庭人均收入低于当地保障标准且家庭财产符合有关规定的一般困难家庭，列为一般保障户（C类），主要通过最低生活保障或临时性救助来兜底保障。加强最低生活保障与扶贫的衔接，实施临时性救助、医疗救助、残疾人护理补贴等兜底措施。社会保障兜底措施经历了从广覆盖、低水平到缩小覆盖面、精准保障、提高标准的演变过程，并以最低生活保障最为典型。

（一）加强低保与扶贫衔接

2007年，云南省开始建立向边疆、民族地区倾斜的最低生活保障制度。2010年9月，启动农村最低生活保障和扶贫开发两项制度有效衔接的试点工作。2015年，中央提出实施社会保障兜底扶贫一批战略后，最低生活保障制度在农村社会保障兜底扶贫中发挥了核心作用。通过加强低保规范管理、提高保障水平、加强低保清理整顿等举措，强化低保与扶贫的有效衔接。

1. 建立健全规范管理制度

一方面，优化服务管理机制。2014年，在1368个乡镇建立了社会救助"一门受理"窗口，方便群众救助和施保。2016年1月起，实行城乡低保资金按月社会化发放。2017年，建立社会救助资金整合使用管理制度，将低保、特困人员救助供养、临时救助、医疗救助等六类救助资金整合使用管理，按原渠道分配下达，由县级统一整合使用。

另一方面，加强低保规范管理。2013年，云南组织开展了低保规范管理专项行动，通过领导包干指导、干部蹲点、定期报告、民意调查等方式，及时发现整改低保工作中存在的问题，推进按标施保、应保尽保、应退尽退。同时，强化低保规范化管理，加大资金运行管理监督力度，建立跨部门居民家庭经济状况核对机制，建立动态管理下的按标施保、按户施保、分类管理机制。

2014年，继续开展低保"关系保""人情保"专项清理行动，清退不符合条件的保障人员，共清退低保对象97758人，其中因"关系保""人情保"等清理16791人。

2015年，在16个州（市）、129个县（市、区）成立居民家庭经济状况核对机构，建立居民家庭经济状况核对机制。当年，云南退出不符合条件的城乡低保对象65209人，其中因"关系保""人情保"等退出4633人。

2017年，实行"逢进必核"制度。同时，下发《云南省特困人员认定实施细则》，对特困人员的认定条件、办理程序、生活自理能力评估、终止救助供养等进行规范，并对特困人员进行新一轮的精准认定。并结合贫困人口动态管理工作，开展以"三查三改"为主要内容的农村低保精准施保排查整治专项行动①，统筹推进贫困人口动态管理与低保精准施保工作。

2018年，继续开展低保专项治理。建立问题线索移交机制、典型案例通报曝光制度，集中治理"人情保""关系保"及错保、漏保，查处利用职务便利贪污侵占、虚报冒领、截留私分、吃拿卡要、优亲厚友等违法违纪问题。经过整顿，停发不符合条件的25823人的低保金。纳入低保已脱贫的建档立卡户由2017年底的33.2万人提高到2018年底的86.28万人，户均保障人数由年初的1.68人提高到2人。如文山州2018年1—9月，共清理低保对象8752人。

2.逐步提高保障水平

从2013年1月起，农村低保对象月人均补助水平在2012年底94元的基础上提高了14元，达到108元；农村低保平均标准从1674元/年提高到了1945元/年。2015年，按15%的增幅提高低保补助水平。2016年，按照不低于每人每年2694元的农村低保标准落实最低生活保障制度，首批脱贫摘帽县的农村低保标准提高到每人每年3100元的扶贫标准线以上。2017年，农村低保平均保障标准提高到每人每年3305元，较2016年提高了18.67%。从2018年7月起，农村低保标准提高到每人每年3500元，同比增加195元，并且从2018年起，除昆明市辖区内农村低保标准可按主城区和其他市县实行两类标准外，其余州市辖区内实行统一的农村低保标准。城乡集中和分散供养的特困人员基本生活省级指导标准统一提高到每人每月665元。从2019年7月1日起，农村最低生活保障指导标准提高到每人每年4200元，较2018年增长16.3%；特困人员基本生活指导标准统一提高到每人每月732元，较2018年同期增长10%。2020年，农村最低生活保障指导标准由2019

① "三查三改"：一查是否严格坚持对象认定标准和条件，排查整改对象不精准、错保、漏保等问题；二查是否严格坚持个人申请、入户调查、财产核对、民主评议、乡镇审核、县级审批和村、乡、县三级张榜公示及定期动态管理等工作程序，排查整改责任主体和程序不合规、工作落实不到位问题；三查是否严格坚持专户管理、社会化发放，排查整改资金结余、挪用、冒领等问题。

年的每人每年4200元提高到每人每年4500元。2020年，特困人员基本生活标准达到每人每月832元，较2019年提高了13.6%；按照生活完全不能自理、部分不能自理、完全能自理3个档次，对集中供养特困人员分别给予每人每月835元、418元、251元的照料护理补贴。2012年以来云南省农村低保施保情况见表4。

表4　2012年以来云南农村低保施保情况

年度	人数（万人）	月均补助标准（元）	标准（元／人／年）
2012	437.6	94	1674
2013	466.5	108	1945
2014	458.9	124	2123
2015	455.26	142	2294
2016	422.4	160	2785
2017	330.7	168	3305
2018	254.96	204	3612
2019	247.7		4200
2020			4500
2021	227.8		4770

注：数据由云南省民政厅提供。低保人数以当年12月来计算。2016年，12个首批脱贫摘帽县的年保障标准已达到当年国家扶贫标准，达3100元以上。2017年，129个县（市、区）农村低保保障标准均高于2016年2952元的国家扶贫标准。自2019年7月起，农村低保标准统一提高到不低于每人每年4200元，最高的昆明市达每人每年4920元。

3. 做好"四个衔接"

2017年以来，不断加强政策、对象、标准和管理"四个衔接"，落实兜底保障任务。

一是加强政策衔接。把符合低保条件的建档立卡贫困户纳入低保范围，实行政策性兜底保障；把符合建档立卡条件的农村低保家庭纳入建档立卡范围，根据致贫原因实施精准帮扶，实现农村低保对象和建档立卡贫困对象双向衔接、动态调整双向畅通。对返贫的家庭，按规定程序纳入临时救助、医疗救助、农村低保等社会救助制度和建档立卡贫困户扶贫开发政策覆盖范围。对不在建档立卡范围内的农村低保家庭、特困人员，统筹使用相关扶贫开发政策。对符合低保条件的贫困家庭实行政策性兜底保障，按时足额发放低保金，确保其家庭人均收入不低于保障标准，实现"两不愁"。对于收入水平已超过扶贫标准但仍低于低保标准的，宣布脱贫后可继续享受低保政策，做到"脱贫不脱保"。对于通过发展产业就业等方式实现家庭收入超过农村低保标准的保障对象，可在3至6个月的过渡保障期内继续享受低保（回报周期较长的产业可以适当延长但最长不超过12个月），通过"救助渐退"，增强其就业和发展产业的稳定性。对于农村低保家庭中的老年人、未成年人、重度残疾人和重病患者，适当增发低保金；获得低保金后生活仍有困难的，加大临时救助和医疗救助力度，有效保障其基本生活。2019年，加强农村低保制度与扶贫开发政策的有效衔接，把符合低保条件的建档立卡贫困户按程序纳入低保范围，保障其基本生活，配合扶贫部门把符合扶贫政策的农村低保家庭按程序纳入建档立卡范围给予扶持。

二是加强对象衔接。完善农村低保家庭贫困状况评估指标体系，确立以家庭收入、财产作为主要指标的低保评估体系。完善农村低保和建档立卡贫困家庭经济状况核查机制，对参与扶贫开发项目实现就业的农村低保家庭，在核算其家庭收入时，扣减必要的就业成本。在进行农村低保对象认定时，农村居民基本养老保险基础养老金暂不计入家庭收入。经省级低保信息系统和扶贫系统比对，截至2017年12月底，云南共有农村低保对象330.5万人，其中建档立卡对象133.5万人（已脱贫33.1万人、未脱贫100.4万人）。截至2018年12月底，有150.31万名建档立卡贫困人口被纳入低保或特困供养范围，其中，146.53万人被纳入低保范围，已脱贫86.28万人、未脱贫60.25万人；3.77万名建档立卡贫困人口被纳入特困人员救助供养范围，其中已脱贫1.97万人、未脱贫1.8万人。截至2019年11月底，153.93万名建档立卡贫困人口被纳入低保、特困救助供养范围。如到2018年9月，怒江州农村低保对象共有13.16万人，占农业人口的27.83%，建档立卡对象中的低保人数共有11.23万人，占建档立卡人口的68.47%。2020年，红河州的22万低保人口中，有建档立卡贫困人口10万人，重合率40%。截至2020年12月，云南建档立卡低保对象有150.8万人，实现了应保尽保。

三是加强标准衔接。建立农村低保标准动态管理、"一年一调"机制。以国家扶贫标准为最低指导标准，并根据云南农村居民人均消费支出、物价水平合理确定农村低保指导标准。2016年，云南省农村最低生活保障标准提高到2694元，12个计划脱贫摘帽县提高到3100元。随后，根据脱贫要求，不断提高低保保障水平。2017年，全省低保平均保障标准提高到每人每年3305元，129个县（市、区）低保保障标准均高于2016年2952元的国家扶贫标准。从2018年7月起，农村低保标准统一提高到不低于每人每年3500元。如迪庆州2018年低保标准为3840元，高于全国扶贫标准3500元。自2019年7月起，云南的农村低保标准统一提高到不低于每人每年4200元，最高的昆明市达每人每年4920元，所有县（市、区）农村低保标准不低于国家扶贫标准。

四是加强管理衔接。民政、扶贫实现农村低保对象、特困人员名单、建档立卡贫困人口名册和信息共享，共同做好对象的核查和精准认定。2018年，协同做好脱贫攻坚考核评估、督查巡查等有关工作，配合住建部门锁定农村低保及分散供养特困人员C、D级危房户。2019年，民政、扶贫、住建等部门建立了定期不定期会商交流制度，协同做好考核评估、对象核查、动态管理、问题整改、农村低保对象及分散供养特困人员C、D级危房认定等相关工作。同时，加强对深度贫困地区尤其是属于国家"三区三州"的怒江州、迪庆州社会救助资金倾斜支持，27个深度贫困县城乡低保资金由中央和省级全额补助，州（市）和县级实行零配套，对特困人员救助供养、临时救助资金给予倾斜支持。

（二）实施临时性救助

在脱贫攻坚阶段，云南不断提高临时性救助标准，拓展救助范围，切实发挥临时性救助在缓解群众临时生活困难中的作用。

一是对困难群众实施临时补贴。2012年，累计支出农村临时救助资金20587.5万元，救助52.8万人次，人次均救助390元。同时，在春节期间为农村低保对象、五保对象发放一次性生活补贴。2013年，得到临时救助的农村困难家庭达24.47万户，获得救助资金20343.5万元，每人次获得救助金平均达到456元。2014年，累计支出临时救助资金22971万元，救助54.4万人次，人次均救助422元。2015年，累计支出临时救助资金33958.26万元，救助58.34万人次，人次均救助582元。2016年，累计支出临时救助资金45700万元，救助困难群众68.7万人次，人次均救助666元。2017年，共支出临时救助资金45100万元，累计救助57.55万人次，平均救助水平达783元/人次，比上年提高117元/人次。2018年，累计支出临时救助资金87800万元，累计临时救助98.96万人次，平均救助水平达887元/人次。2019年上半年，累计临时救助困难群众10.39万人次，全年共支出临时救助资金41700万元，救助困难群众43.98万人次，其中建档立卡贫困人口16.94万人次。

二是建立临时性救助与价格联动机制。如2012年，根据一季度物价上涨情况，启动社会救助和保障标准与物价上涨挂钩的联动机制，为农村低保对象、五保对象以及重点优抚对象发放价格临时补贴。2013年，继续实施社会救助和保障标准与物价上涨挂钩联动机制，根据物价上涨情况，7—8月，对农村低保对象、五保对象、重点优抚对象等困难群众发放临时价格补贴。2019年，及时启动物价上涨挂钩联动机制，发放城乡低保对象、特困供养人员价格临时补贴2.06亿元。2012年以来云南农村临时性救助实施情况详见表5。

表5　2012年以来云南农村临时性救助实施情况

年度	救助情况	人次均救助标准（元）	累计支出救助金（万元）
2012	52.5万人次	390	20587.5
2013	24.47万户	456	20343.5
2014	54.4万人次	422	22971
2015	58.34万人次	582	33958.26
2016	68.7万人次	666	45700
2017	57.55万人次	783	45100
2018	98.96万人次	887	88700
2019	43.98万人次	948	41700

注：自2019年起，云南统一了城乡临时性救助标准。

三是推进临时救助城乡统筹。2019年以来，推动临时救助标准从城乡差别走向城乡统筹；2020年，云南临时救助标准实现城乡统筹。

四是提高乡镇审批权限。2018年，进一步优化审核审批程序，精简证明材料，实施急难型临时救助和"先行救助"。健全资金监管机制，完善乡镇（街道）临时救助备用金管理制度。乡镇临时救助审批额由原来的1000元统一提高到当地城乡低保年标准。2020年，乡镇临时救助审批额由原来的1000元统一提高到当地城乡低保年标准的100%，即4500元。

（三）开展医疗救助行动

在脱贫攻坚阶段，云南持续开展医疗救助行动，救助内容从资助困难群众参与新型农村合作医疗，到给予医疗救助，再拓展到医疗费用兜底保障。

一是逐年提高医疗救助资金投入。2013年，云南共支出救助资金102864万元。中央、省级共投入资金87383万元，其中中央补助78903万元、省级安排8480万元。2014年，累计支出医疗救助资金108154万元。2015年，从城乡低保资金中切块安排8000万元专项用于建立省级及州（市）级统筹的重特大疾病医疗救助基金，其中600万元留作省本级使用，7400万元用于补助各地重特大疾病医疗救助基金，累计支出医疗救助资金116585.24万元。2016年，共筹集城乡医疗救助资金113089万元，其中中央下拨补助资金86121万元、省级财政安排预算8480万元、州（市）级财政安排6388万元、县（区）级财政安排6952万元。2017年，共支出医疗救助资金142137万元。

二是不断扩大救助规模。2013年，累计医疗救助650万人次。2014年，累计救助642.3万人次，其中资助参保参合560万人、直接救助82.2万人，重特大疾病住院救助107367人次。2015年，救助705.67万人次，其中资助参保参合620.03万人，直接救助85.64万人，重特大疾病住院救助8.91万人次，重特大疾病门诊救助1.75万人。2016年，共救助708.8万人次，其中直接救助73.5万人次，资助参保参合635万人。2017年，累计医疗救助598.61万人次，其中，资助参保478.33万人、门诊救助16.22万人次、住院救助91.9万人次、门诊大病救助2.12万人次、住院大病救助10.04万人次。2018年，累计医疗救助852.19万人次，其中住院救助156.4万人次、门诊救助29.2万人次、资助参保666.59万人次。

三是不断拓展救助范围。2015年，将重特大疾病医疗救助病种从8个增加到22个。2016年，实施包括儿童先心病、白血病，妇女两癌在内的22种重特大疾病医疗救助。2017年，进一步拓展范围，实施多重保障。全额资助特困人员参加城乡居民基本医保，定额资助城乡低保对象、边民等符合条件的对象参加城乡居民基本医保；对符合条件的困难对象因患病就医产生的门诊费用和在定点医疗机构发生的政策范围内住院费用，按规定给予门诊救助和住院救助；取消建档立卡贫困人口医疗救助起付线，年度累计救助封顶线不低于10万元；建档立卡贫困人口符合转诊转院规范住院发生的医疗费用，政策范围内经基本医保、大病保险报销后达不到90%的，通过医疗救助和兜底保障报销到90%，并将建档立卡贫困户全部纳入医疗救助范围。2012年以来云南农村医疗救助实施情况详见表6。

表6 2012年以来云南农村医疗救助实施情况

年度	人数（万人次）	支出资金				
		累计支出（万元）	资助参保参合（万元/万人次）	直接救助（万元/万人次）	重特大疾病住院（万元/万人次）	重特大疾病门诊（万元/万人次）
2013	650	102864				
2014	642.3	108154	37771/560	70383/82.2	17325/10.74	
2015	705.67	116585.24	45186.45/620.03	71398.79/85.64	19185.5/8.91	804.5/1.75
2016	708.8	115126	48000/635	67125/73.5		
2017			38445/478.33	82664/108.12	20115/10.04	913/2.12
2018		163700	64900/666.59	98800/852.19		

注：数据由云南省民政厅提供，其中2017年、2018年的部分数据根据民政厅提供的数据计算得出。

二、推进中的困难及问题

（一）资金配套压力较大

社会保障兜底需要地方政府给予一定的资金配套，这给地方政府增加了较大的压力。2016年以前，中央投入少，地方投入压力更大。尤其是2012年、2013年，社会救助任务艰巨，资金需求量大，社会救助资金配套压力大，省级和大多数州（市）、县（市、区）无预算安排的社会救助工作经费，临时筹措经费压力大。2015年，因资助参保参合的资金逐年增加、救助比例不断提高、救助范围持续扩大，而中央和省级预算安排的资金未相应增长，形成医疗救助资金缺口。"十二五"期间，云南省级财政投入的低保资金从2010年的92800万元增加到2015年的284873万元，年均增长25%，兜底脱贫刚性资金保障压力加剧。

2016—2018年，兜底脱贫的资金压力更大。因为农村低保标准逐步提高到贫困线以上，补助水平逐年提高。此外，给予建档立卡贫困人口参加新农合全额财政补贴，将建档立卡贫困人口全部纳入重特大疾病医疗救助范围，资助参保资金和重特大疾病医疗资金也存在较大缺口。云南贫困面大，贫困程度深，社会救助对象人数多，大部分地方政府财力不足，资金筹集压力大。2018年以后，补助脱贫户新农合资金比例逐步降低，配套压力逐步缓和，但低保资金配套压力随着保障水平的提高而加大。自2019年开始，怒江州、迪庆州及27个深度贫困县低保资金由中央和省级全额补助，州（市）和县级实行零配套后，省级配套压力增加。

（二）人员配备不足

首先，农村基层民政系统人员短缺，精准施保面临困难。其次，基层民政工作人员数量严重不足，年龄老化。在乡镇机构改革中，民政所撤销，整合到社会事务中心，仅有民政管理员，1个乡镇只有一两人，有的仅一个人。工作量大，难以完成社会保障兜底的相关工作。

2012—2014年，社会救助基层力量薄弱、工作条件和工作手段落后，与承担的社会救助职能任务不相适应。即使到了2015年，居民家庭经济状况核对工作在制度建设、平台搭建、系统研发、人员配备方面仍进展缓慢。有的地方虽然成立了机构，但人员及经费不到位，存在"只挂牌、不营业"的问题；有的地方工作人员的专业知识和业务素养无法满足工作需要。基层工作力量十分薄弱，人员配备、经费投入及工作设施等基础条件与承担的工作责任及工作负荷不匹配。2017年，云南平均每个乡镇的民政工作人员要服务数千名民政对象，仅低保和特困对象就达1500多人，既要负责对象的识别、政策的落实、信息的传达以及老年人、残疾人等其他民政工作，还要承担不同时期的乡镇中心工作，超负荷运转，影响了民政救助政策落实的精准度和效果。

如在文山州，即使到了2018年，仍然存在低保救助对象多、管理人员少、收入难核实的问题。104个乡镇（街道）共有309名民政员，其中111人是兼职的，每个乡镇配备最少1名、最多3名民政助理员，且人员调整频繁。救助队伍与救助工作不匹配，力量薄弱。A类要求一年复核一次，B类半年复核一次，C类一季度复核一次。309人要核实农村低保对象15.2万户33.83万人。由于民政力量薄弱，精准施保难落实，死人保、人情保、关系保、漏保（符合条件而未纳入）的情况仍然没有完全消除。部分贫困户无法被及时纳入低保。红河州基层民政工作人员不足，年龄老化，每个乡镇只有一两人，有的仅一个人，有的又被抽到脱贫攻坚中，难以承担兜底工作。迪庆州基层工作人员不足，29个乡镇的民政干事都是兼职人员，全州有低保对象58000多人，服务对象多，居住分散，难以做到入户调查100%。

（三）低保推进困难

一是对象确定面临困难。调查发现，民主评议容易将部分低保对象排除在外。部分贫困户因懒惰而陷入贫困，并非无劳动力，这部分人按低保程序通过民主评议难以被列入低保，但短期内又无法通过产业和就业实现脱贫。从扶贫的角度出发，低保对象要求户均不低于2人，且一定要通过群众评议才能通过。但整户施保在民主评议环节难通过，尤其是家里只有一个劳动力时。

二是以户为单位的扶贫要求与社会公平目标难平衡。从实现低保与扶贫有机衔接的角度出发，最低生活保障面对的是家庭，享受主体或受益主体以户为单位，群众反映一些家庭只有一个人年老、生病或残疾，为什么家中其他年轻的、好手好脚的也要吃最低生活保障，他们占用最低生活保障名额后，其他家庭中的老年人、病人、残疾人就无法享受最低生活保障，这样不公平。这反映了最低生活保障制度设计上是以家庭人均收入标准来衡量收入水平还是以个人收入来衡量收入水平的问题。为实现与扶贫的衔接，低保是以家庭平均收入来衡量收入水平的，所以，一个人的收入低，可能导致全家收入水平低，最低生活保障实施中一家人中的年轻人、好手好脚的人吃最低生活保障的原因也在于此。而群众反映的问题的实质是支持以个人收入水平来确定最低生活保障名额，这样可以让更多的老年人、病人、残疾人享受最低生活保障，对于社会来说，可能更能体现公平。

三是低保对象和扶贫对象重合困难。扶贫目标是"两不愁三保障"，低保目标仅是"两不愁"，两项政策的标准、对象、识别程序、功能等都不同，高度重合较困难。因此，导致存在符合扶贫条件的农村低保对象未被纳入建档立卡范围、符合低保条件的贫困人口未被纳入低保及未纳入建档立卡范围内的低保对象不同程度存在义务教育、基本医疗和安全住房困难等问题的现象。关键在于不同目标追求下，识别程序、内容及要求存在差异。

四是低保引发了福利依赖现象。在低保推进中，出现了福利依赖现象。一些村干部反映，村里有这样几个人，有劳动能力，吃着低保，不干活。当村里推进产业扶贫，发展一些被证明对当地农民增收有较大推动作用的种植养殖业时，他们能说会道，给村干部分析产业的风险及发展困难，自己也不参与。就这样闲着吃几年低保，村干部觉得不合理，将最低生活保障调给其他村民。这些人还会到乡镇、县民政部门上访，最后村干部不得不将其调回最低生活保障行列。这样的人的存在，使最低生活保障偏离了兜底的初衷，同时，还助养了一些懒汉。

更为重要的是，脱贫攻坚的短时性与目标要求的刚性放大了社会保障兜底作用，低保兜底成为脱贫攻坚的最后选择。针对一些脱贫困难户，包括因懒惰致贫的家庭，最后也只能通过低保来解决。而在低保与扶贫有效衔接机制建设中，低保线与扶贫线逐渐趋同，扶贫标准越高，即低保标准越高，懒汉的发展积极性就越低，福利依赖越严重。

三、巩固社会保障兜底成果同乡村振兴有效衔接

（一）建立省级资金筹措机制

站在巩固拓展脱贫攻坚成果的角度，社会保障兜底能发挥两个功能：一是解决部分丧失劳动力的脱贫人口、低收入人口的基本生活问题，实现

稳定脱贫；二是发挥好传统的社会救助功能，对暂时陷入生活困境的群众进行救助，与临时性救助配合推进，防止群众陷入贫困或脱贫群众返贫。站在乡村振兴的角度，只有群众基本生存和生活得到有效保障，才能调动主体的积极性，使其投身乡村振兴中。站在共同富裕的角度，社会保障兜底是二次分配的重要内容，是促进社会公平的基本手段。鉴于社会保障兜底在巩固拓展脱贫攻坚成果同乡村振兴有效衔接中的重要地位，应当建立省级资金筹措机制，缓解地方筹资压力，切实发挥社会保障保生存、促发展的基本功能，促进社会公平。

一是建立财政预算投入保障机制。每年从省级财政预算中划出一部分资金，用于社会保障兜底。并根据社会保障水平的提高幅度，确定年度增长幅度。

二是从涉农整合资金中切块投入。借助涉农资金源头整合制度，从省级涉农整合资金中预留一部分用于社会保障兜底。

三是争取中央提高兜底保障资金。依托乡村振兴过渡期内保持脱贫县政策稳定的优势以及社会保障水平逐年提高的机会，争取中央逐年提高云南用于社会保障兜底的资金。

（二）加强基层民政力量建设

一是适当增加基层民政编制和人员。鉴于民政工作在未来乡村振兴战略中的重要性，适当增加基层民政人员编制，以提高基层民政管理服务能力。

二是理顺基层民政工作体系。加强对基层民政系统工作人员的规范管理，保持基层民政工作人员的稳定性，避免人员变动过快带来的业务不熟悉问题。

三是配齐村社民政员。以兼职的方式，由村委委员兼任民政员，配齐村社民政员，协助相关人员完成情况核实、人员走访等工作。

（三）完善最低生活保障机制

一是完善制度设计。坚持从社会公平的角度出发，完善最低生活保障制度设计。最低生活保障主要涉及五保户、残疾人、低收入三个群体，在制度完善上，应建立户与人结合的对象确定机制。对于五保户，建立以户为单位的最低生活保障对象确定机制；而对于残疾人，不能一味推行以户为单位的对象确定机制，应视情况而定，除少数个人与家庭同时贫困的外，应以人为对象确定贫困对象；对于低收入群体，应建立以户为单位的对象确定机制。这样，建立起针对不同群体的对象确定机制，使最低生活保障从制度设计上体现公平性。

二是完善低保对象确定机制。首先，完善现有的申报制，推行低保对象评估制。加强申报人资格审查，尤其是收入能力评估，即不再单纯依靠申报制，应配合大学生村官、乡村振兴驻村工作制度的实行，由基层政府和驻村工作干部对当地群众的收入能力进行评估，对评估符合低保要求的给予低保补助，避免低保在村级实施中受社会资本的影响而不公平。其次，完善低保退出进入机制。逐步建立不符合低保条件对象的退出机制，将那些脱离贫困、有劳动能力的低保人群清理出去。必须进一步完善低保进入机制，将那些丧失劳动能力或暂时性贫困的人群调进低保。低保对象退出进入机制建设，一般应以年度为基础进行调整。

三是推动低保与扶贫的双向衔接、自然衔接。坚持低保与扶贫两条线认定，各自坚持标准。通过两条线的认定后，推动二者自然衔接。一方面，可充分发挥最低生活保障的兜底作用，将生活困难的低收入人口全部纳入最低生活保障；另一方面，可为暂时性贫困的人群预留足够的最低生活保障名额，发挥最低生活保障的兜底作用，让那些生活出现困难的群众能够享受到最低生活保障。

四是建立最低生活保障奖勤罚懒制度。加强最低生活保障对象日常管理，对最低生活保障对象日常生产活动进行监测评估，对那些领取最低生活保障而有劳动能力不劳动的人，应当采取停发最低生活保障的惩罚，以防止最低生活保障成为培养懒汉的工具。同时，对享受最低生活保障但通过自己的努力使生活好转的群众，应给予适当的产业扶持奖励，鼓励他们获得更大的发展。通过两方面的工作，在农村宣传一种正确的最低生活保障观，杜绝低保养懒汉现象的出现。

总之，对于因病、因残等无劳动能力的贫困人口，因病、因医致贫的人群，通过社会保障兜底扶贫使他们达到脱贫标准，与其他人群同步进入小康社会是社会主义优越性的体现。在脱贫攻坚阶段，云南不断完善社会保障与扶贫有机衔接制度，在低保中，将低保线提高到扶贫线，逐年提高特殊对象救助水平，确保无劳动力的贫困群体顺利脱贫。不断提高临时救助面和救助标准，建立临时救助与价格联动机制，实施医疗救助行动，有效地保障了一些特殊人群的基本生存和生活问题。但社会保障兜底扶贫尤其是低保的实施也带来了福利依赖、社会不公平等社会问题。实现巩固拓展脱贫攻坚成果同乡村振兴有效衔接，需要进一步完善社会保障兜底机制，兜住群众基本的生存和生活水平，建立有利于激发脱贫主体热情、精准保障弱者的体制机制。

第九章 生态扶贫

云南是西南生态安全屏障，早在20世纪90年代后期，就提出了绿色工程的山区扶贫战略，造林绿化、推广节柴灶、以电代煤代柴、推广沼气、搞好水土保持工作成为主要扶持内容。在脱贫攻坚阶段，在继承生态扶贫经验基础上，促进经济与生态协调发展。2017年以来，细化生态脱贫一批扶持举措，实施重大生态工程、拓展生态服务工资收入渠道、发展生态产业、创新生态扶贫方式，打好生态扶贫攻坚战。2018年以来，生态扶贫向深度贫困地区倾斜。在巩固拓展脱贫攻坚成果阶段，生态扶贫可持续扶持依然面临一些挑战，生态扶持组织化程度低，生态就业扶持效果受到质疑，要实现巩固拓展生态扶贫成果同生态宜居有效衔接，原生态扶贫对象和范围需要拓展，内容需要扩充。

一、主要措施及内容

按照改善生态环境、发挥生态经济效应、广泛动员贫困群众参与生态建设的思路，云南始终把实施重大生态工程放到生态扶贫的重要位置，引导贫困群众参与生态项目，发展生态产业，实现就业与生态改善、经济与生态改善协同发展。

（一）实施重大生态工程

一是持续推进退耕还林还草项目。加大退耕还林还草力度，将贫困地区25度以上坡耕地全部纳入退耕还林还草范围；同时，实施一批25度以上陡坡耕地梯田、重要水源地15—25度非基本农田坡耕地、严重石漠化耕地、易地扶贫搬迁腾退耕地和严重污染耕地退耕还林还草项目。2018年10月以来，新增退耕还林还草任务80%以上向88个贫困县倾斜安排，优先安排支持深度贫困地区。落实有退耕意愿的建档立卡贫困户"应纳尽纳、应退尽退"的要求，增加贫困群众的转移性收入。严格落实补助政策，按照每亩1200元的生态补偿、400元的种苗补助标准给农户补助，补偿款分4年补偿给贫困户。2018年以来，退耕还林指标向深度贫困地区倾斜。截至2019年，重点安排建档立卡贫困户退耕还林155.6万亩，涉及24.8万户99.3万人，补助期内贫困户可获得现金补助18.7亿元，户均7540元，人均1883元。到2019年底，在实施退耕还林的建档立卡贫困户中，已有17.5万户脱贫出列。通过生态工程的实施，88个贫困县森林覆盖率达到63.19%，比全省森林覆盖率62.4%高出0.79个百分点，与2016年森林覆盖率相比提升了3.17个百分点；27个深度贫困县森林覆盖率达到61.72%，与2016年森林覆盖率相比提升了4.13个百分点。

二是实施天然林、防护林建设工程。优先安排金沙江、珠江防护林体系建设工程范围内贫困县的建设任务，推进退化林修复，发展国家储备林。

三是实施水土保持重点工程。加大金沙江和珠江上游、岩溶石漠化等重点区域水土流失治理力度，重点推进坡耕地、侵蚀沟治理和小流域综合治理。加快实施贫困县坡耕地水土流失综合治理工程和国家水土保持重点工程，国家水土保持重点工程新增资金50%以上用于深度贫困县。

四是实施石漠化综合治理工程。坚持治石与治贫相结合，重点实施会泽县等深度贫困县的石漠化治理工程，按照治理岩溶面积25万元/平方公里的标准进行补助，县均安排1000万元，采取林草植被保护与建设等多种措施，进行岩溶地区石漠化综合治理，加快生态修复。每年还推进20万亩陡坡治理，每亩补助1500元，向贫困地区、贫困户倾斜。

（二）开展生态劳务扶贫

一是实施生态项目劳务服务增收。自2017年开始，在造林绿化、退化林修复中成立造林合作社，吸纳贫困户参与造林活动，使其获得劳务收入及合作社分红。红河县按照每个乡镇一个造林合作社的目标推进合作社建设，造林合作社70%是建档立卡贫困户，他们参与面山绿化、退耕还林等，可以获得劳务收入和分红。2018—2019年两年中，他们扶持发展了100个造林专业合作社，组织建档立卡贫困户参与工程建设，在生态治理的同时，带动5.7万户群众人均增收3000元以上，其中建档立卡贫困户3.4万户10.5万人。2018年，推广专业合作社模式，鼓励和引导了一批有经验、有能力、有实力的法人或自然人领办、创办贫困人口参与度高的生态扶贫专业合作社（专业队），动员贫困人口积极参与重大生态工程建设。在生态工程实施过程中，采取议标方式将退耕还林还草、石漠化综合治理、天保工程营造林任务、陡坡地生态治理、森林抚育、低效林改造、林下经济开发等项目交由生态扶贫专业合作社（专业队）来实施。在政府投资实施的重大生态工程中，按照贫困人口占总用工量50%以上的目标吸纳贫困劳动力参与建设，给予贫困人口同工同酬的劳务报酬。 2017—2019年，云南通过加强对4379个林农专业合作社（其中省级示范社533个国家级示范社46个）的引导和培育，吸纳建档立卡户4.55万户，带动13.64万贫困人口增收；88个贫困县有建档立卡贫困户3.8万户参与林农专业合作社经营，带动11.41万贫困人口；27个深度贫困县有建档立卡贫困户2.62万户参与林农专业合作社经营，带动7.87万贫困人口。

二是实施生态公益岗位增收。在2017年以前，加大在贫困户中招聘护林员的力度，将部分贫困劳动力招聘为护林员。开远市碑格乡3个建档立卡贫困户每户都有一人成为护林员，每人每月500元。小龙潭镇有2名贫困劳动力被招聘为护林员，大庄乡有2名贫困劳动力被招为护林员。从2017年开始，实施面向贫困劳动力的生态护林员制度。2017年，每名生态护林员可获得8000元的补贴。2018年，生态护林员向深度贫困地区倾斜，尤其是怒江州和迪庆州。对怒江州难以通过其他方式增收脱贫的贡山、福贡两个县，生态护林员政策覆盖所有具备劳动能力的贫困户，对有一定条件实施转移就业的泸水、兰坪两个县，覆盖70%的贫困户。生态护林员政策覆盖迪庆州3个县（市）所有贫困户。2018年，迪庆州有16274人被聘为生态护林员，香格里拉市生态护林员实现11个乡镇53个村415个小组3720户全覆盖。迪庆州、怒江州的生态护林员补贴提高到10000元/年。截至2019年，怒江州、迪庆州实际聘用生态护林员4.67万名，其中有8246名女性生态护林员。2017年，文山州有6826人被聘为生态护林员，2018年新增1970名生态护林员。

此外，在国际重要湿地、国家级湿地自然保护区和国家湿地公园范围及其周边，紧紧依托湿地保护与恢复、湿地生态效益补偿等项目的实施，吸纳了一批贫困劳动力参与湿地管护、湿地生态环境管理、外来物种清除控制等项目建设。在增加生态管护岗位的同时，加强生态管护员上岗培训，提升其业务水平和安全意识；规范生态管护员的选聘程序、管护范围、工作职责、权利义务等，建立能进能出的管理机制，提升生态资源管护能力。

（三）增加政策转移收入

一是对贫困地区实施转移支付倾斜政策。省级对生态功能区的转移支付向贫困县倾斜，对生态环境明确好转的贫困县，通过适当增加生态价值补助资金作为奖励。生态功能区的转移支付增量资金优先安排深度贫困县。对以滇西北三江并流生态屏障、哀牢山-无量山生态屏障、南部边境生态屏障、滇东滇东南喀斯特地带、干热河谷地带、高原湖泊区和其他点块状分布的重要生态区域为核心的生态安全屏障地区，加大政策性补助力度，提高省级支持的重点生态功能区建设项目财政补助标准。

二是逐步提高森林生态效益补偿标准。云南有1.78亿亩国家级和省级公益林，自2009年开始探索实施生态公益林补偿政策。在脱贫攻坚阶段，逐步提高补偿标准。2013年，国家将权属为集体和个人的国家级公益林补偿标准由每亩每年10元提高到15元；2015年将权属为国有国家级公益林补偿标准由每亩每年5元提高到6元。同时，逐步提高省级公益林补偿标准。2014年，云南省将权属为集体和个人的省级公益林补偿标准由每亩每年10元提高到15元。2016年，将权属为国有省级公益林补偿标准由每亩每年5元提高到15元，达到国家标准。省级以上公益林实现了同等补偿标准和管护补助的全覆盖。

三是开展生态综合补偿试点。以国家重点生态功能区中的贫困县为主体，建立跨省横向生态保护补偿机制，与长江、珠江水系中下游省（区、市）建立横向生态保护补偿机制。同时，探索实施省内横向生态保护补偿机制，在省内具有重要生态功能、重要水源地及水资源供需矛盾突出、受各种污染危害或威胁严重的典型流域开展横向生态保护补偿试点。分配到各州、市、县、区的生态保护补偿资金，由政府统筹安排，用于当地生态环境改善。

（四）发展特色生态产业

按照生态发展产业化、产业发展生态化的理念，发展特色生态产业，推广和发展林下经济，推广林果、林菌、林药、林菜、林禽、林畜等复合经营模式，提高贫困家庭的生态产业收入水平。

一是发展生态旅游业。鼓励和支持贫困地区依法依托自然保护区、国家公园、森林公园和湿地公园等自然保护地，吸纳建档立卡贫困人口，参与生态保护和生态旅游服务工作。支持贫困人口以林地、湿地上的景观资源入股，发展特色乡村森林旅游、森林休闲和森林康养等旅游业。鼓励建档立卡贫困户通过发展森林人家、从事手工业、提供生态产品等方式，提高科学利用资源的能力。

二是发展特色林产业。大力发展核桃、花椒、澳洲坚果、油橄榄、油茶、板栗等特色林产业。到2019年底，云南木本油料种植面积已达5150万亩。其中，核桃4300万亩，产量119万吨，产值281亿元；澳洲坚果350万亩，产量3.8万吨，产值10.5亿元。核桃种植面积已占全球的34.5%、全国的40%，产量已占全球的27.2%、全国的56.7%；澳洲坚果种植面积已占全球的56%、全国的91.7%，产量已占全球的23%、全国的91%。核桃、澳洲坚果种植面积、产量、产值均居全国之首。

三是发展特色林下种养业。利用林下自然条件，选择适合林下生长的动植物和微生物，引导贫困户因地制宜开展林下牧草种植，发展林药、林菌、林菜等种植业和林禽、林畜、林蜂等养殖业。鼓励贫困户以林地、草地出租、入股等形式参与林下经济开发，获得资产收益。鼓励通过生态扶贫合作社的形式，建设一批带动贫困户脱贫能力强的特色种养基地，促进贫困户增收。

二、推进中的问题及挑战

（一）生态扶贫覆盖面窄

一是生态扶贫有特殊的条件要求，覆盖面总体较窄。生态公益林分布不均，生态公益林补偿的重点主要是几大江河流域的上游，集中在滇西北一带，滇东北、滇东南一带涉及较少。退耕还林要求高。既要求耕地坡度在25度以上，还要求土地是承包土地。造林合作社的建立，受制于森林经营面积、退化林修复面积、面山绿化面积等的规模，所以，生态扶贫不可能覆盖所有的建档立卡贫困户，总体覆盖面较窄。

二是受生态扶贫指标限制，生态扶贫覆盖面小。退耕还林受指标限制，能够覆盖的贫困户总体较少。虽然生态护林员可以让三口之家收入达到脱贫目标，但生态护林员名额限制严重。

三是生态扶贫覆盖区域不均。从区域看，地处滇西北的怒江州、迪庆州生态扶贫力度大，对脱贫目标的贡献大。而其他区域，生态扶贫的覆盖较少，生态扶贫对脱贫的贡献较小。

（二）扶持可持续面临挑战

一是生态补偿标准仍然偏低。生态公益林补偿仍然偏低，每亩仅15元，扣除森林火险等费用后，农户拿到手中每亩仅有9元左右，对稳定脱贫的贡献不足，且标准长期没有提高。同时，部分群众承包的林地也被划入公益林，不能砍树，发展受到限制。

二是退耕还林项目后续推进面临困难。退耕还林受到面积和坡度的限制，随着大规模的退耕还林项目的实施，后续可用于退耕还林的土地面积减少，同时分布较零散，项目实施难度增大。此外，退耕还林补助标准低，每亩仅1600元，5年分3次发放，对稳定脱贫的贡献也不足。

三是生态林产业效益发挥需要时间。生态扶持项目经济效益见效时间长。林产业如核桃、花椒发展周期长，短期难见效。经济林果3—5年才挂果，群众的管护积极性不足，挂果前对扶贫基本没有贡献。挂果后受市场等因素影响，对稳定脱贫的贡献不稳定。同时，生态林产业一般以分散的脱贫户为对象其组织化程度低，后续发展的动力不足。

四是生态就业后续扶持衔接困难。在脱贫攻坚阶段，云南实施了一大批生态就业扶持项目，将重大生态工程交由以贫困户为主的合作社如造林合作社来实施，促进了合作社及成员的增收。在巩固拓展脱贫攻坚成果阶段，区域性生态项目开发空间越来越小，如迪庆州、怒江州，在大规模的退耕还林还草后，目前生态项目实施的空间已非常小，无法提供脱贫攻坚阶段那样数量多、类型丰富的生态项目，原有以生态项目为实施对象的合作社无法获得可持续的项目，但合作社短期内难以顺利转型为其他类型的就业合作社，导致生态就业后续扶持衔接困难。另外，单独面向建档立卡贫困户的生态护林员制度后续衔接困难。在巩固拓展脱贫攻坚成果阶段，将逐步减少生态护林员，引导就业人员向其他行业转移，以实现其稳定增收。但从调查来看，生态护林员中有一部分是半劳动力，这部分群众转移从事其他行业较困难，与之相应的后续扶持面临困难。

（三）生态扶贫绩效受质疑

一是生态护林员制度受到质疑。生态护林员是单独面向贫困劳动力的特殊扶持制度，2018年以来，作为公益岗位开发的主要内容，更多向半劳动力倾斜。在这样的背景下，生态护林员制度的生态扶贫绩效受到质疑。外界一直担心贫困劳动力是否掌握足够的生态保护知识和技术，是否能够承担起生态护林员岗位的职责要求。同时，外界也一直担心生态护林员中半劳动力是否能够有效管护自身管护的区域。因为有的地方每个贫困家庭有一个生态护林员指标，有的家庭因为户籍、劳动力数量限制，不得不把50多岁的老人、妇女聘为护林员。笔者调查的一户人家，丈夫因为水库占地被转为城镇户口，最后只能将女主人聘为生态护林员。另一户人家，因子女外出打工，只能将50多岁的男主人聘为生态护林员，但该男子患有慢性病，体力弱。类似的情况还有很多，这使外界的质疑声更大。

二是退耕还林项目效果受到质疑。退耕还林项目往往与生态产业联系在一起，退耕后种上花椒、油茶、核桃等经济林。除少数整体流转给公司的土地外，多数由农户自己管理，由于管护技术参差不齐，加之前几年无效益，管护积极性低，一些退耕后种上的树苗成活率低，退耕还林项目的生态效果受到质疑。虽然设计了3年内苗成活才给予全额补助的政策，但效果并不理想。这在退耕还林与易地扶贫搬迁有机结合中更加明显，因为群众搬迁后离退耕还林地较远。

三是生态产业效益受到质疑。随着核桃、花椒、石榴等价格的下降，无论是退耕还林种上的核桃、花椒、石榴，还是产业扶贫种下的，效益并没有预期的高。主要原因是各类产业规模上来后，市场需求量并未增长，产品供大于求导致价格下降。在这样的背景下，在脱贫攻坚阶段扶持种下的一些经济林，还未产生效益，就有群众开始砍伐，生态产业扶贫效益受到质疑。

三、巩固拓展生态扶贫成果同生态宜居有效衔接

（一）持续推进重大生态工程

一是调整和优化退耕还林树种。以脱贫攻坚阶段重大生态工程实施为基础，持续推进脱贫地区重大生态工程建设。继续实施符合条件的山坡地退耕还林项目，并根据前一阶段退耕还林后林产业发展情况、市场发育情况，优化调整退耕还林树种，促进林产业健康发展。

二是继续实施水土保持项目。继续实施天然林、防护林建设工程，防止重大江河流域发生水土流失及水旱灾害。在石山区、石漠化地区，进一步推进水土保持工程，防止水土流失。继续实施石漠化综合治理工程。

三是实施生态产业提质增效项目。普及生态产品初级加工技术，推广提质增效技术。实施品种改良，逐步将品质差、卖相差的品种替换成优质品种。发展立体农业，推广林下套种模式。根据气候、地势高低、林下生长条件，推广魔芋、中药材套种，对种植户给予适当补助。推广林下养殖模式，在地势相对平坦、降雨量适中的地区，鼓励开展林禽、林畜套养，重点发展云南特有品种养殖。

（二）确立生态扶持产业化导向

鉴于退耕还林、生态护林员受指标限制，公益林补贴面积基本确定，增量较小，传统生态扶贫对巩固拓展脱贫攻坚成果的贡献将逐渐弱化，巩固生态扶贫成果，重点是推进生态产业发展。

一是大力发展生态林产业。从实现林产业与生态互促共进的角度出发，重点发展立体林业及生态林产品、林下产品。在实施大量退耕还林、生态建设与修复的背景下，立体农业发展前景可观，林下资源开发前景可观，非木材林产品将成为"云品"的重要组成部分和一张亮丽的名片，将是云南建成中药材大省的关键，同时也是生态扶贫成果巩固与拓展最具潜力的地方。因此，要加大支持和引导中药材种植与加工业协同发展，促进

生态林产业可持续发展。

二是加快生态旅游开发步伐。依托交通基础设施跨越发展、通达性提高的大好机遇，加快森林公园建设步伐，努力打造国家森林公园、省级森林公园等不同层次的森林公园。借助易地扶贫搬迁、退耕还林等项目，在森林公园景区打造及开发中将当地群众纳入进来，通过资金、土地、劳动力等入股，让当地群众共享旅游开发收益，实现生态与旅游协同发展。

（三）分类推进生态劳务后续扶持

一是将部分扶持对象转变为低保对象。逐步清理不能胜任生态服务的扶持对象，把服务技术、能力不足的对象清理出生态劳务扶持项目。鉴于这部分群众的生态服务收入骤降可能带来的返贫问题，将这部分群众纳入低保扶持对象，防止其返贫。

二是通过转移就业转移部分生态劳务扶持对象。对生态劳务扶持对象中劳动能力强、年龄偏低如35岁以下的劳动力，加强对其其他技能技术的培训，根据技能技术掌握情况，适时推动其转移就业、创业，符合一个转移一个，让他们获得收入更高的就业机会。

三是推进劳务服务内容和重点转型。在前期以植树造林为主的生态劳务扶持基础上，推动一些符合条件的生态劳务合作社转型为生态工程实施企业，使其可以从事更广泛的生态劳务项目。同时，根据生态旅游发展情况，适时引导部分生态劳务企业从事旅游开发，使其获得旅游开发收益，从而巩固脱贫成果。

此外，要进一步健全生态补偿机制，通过争取国家投入的增加，提高对生态公益林的补贴标准；争取国家建立云南生态建设受益区域以支持云南生态建设的机制，建立长江、珠江等流经省（区、市）补偿云南生态建设的机制，进一步加大生态建设的力度。统筹推进农业产业体系建设与生态建设，通过农业发展生态化，为生态建设提供源源不断的动力。

总之，生态扶贫是脱贫攻坚阶段"五个一批"工程的重要组成部分，其中，生态公益岗位扶贫是实现贫困户迅速脱贫的重要措施，在迪庆州、怒江州等特殊区域，生态公益岗位扶贫基本实现了贫困户全覆盖。退耕还林项目、生态林业、生态旅游等也促进了贫困地区发展，加快了贫困户脱贫。但偏重政府转移支付、以政府投入为基础的生态扶贫后续增收乏力，完全取决于政府的投入水平。以超常规手段推进的生态劳务扶持后续衔接困难，生态扶持效果受到外界质疑。实现巩固拓展生态扶贫成果同乡村振兴有效衔接，需要持续推进重大生态工程，压缩指标，提高标准，推动劳务型生态合作社转型，为部分扶持对象找到新的产业或就业发展机会，实现稳定脱贫。同时，要进一步完善生态补偿机制，适当提高生态公益林补贴标准，建立生态效益服务地区支持云南生态建设制度，推进农业生产体系建设与生态建设协同，为生态建设提供不竭动力。

第十章 资产收益扶贫

资产收益扶贫是脱贫攻坚阶段采用的一种新的扶贫方式，主要是把贫困户、贫困村所拥有的沉睡资源唤醒，使其真正成为一种资产，为贫困户、贫困村带来收益。这些沉睡资产包括住房所有权、土地的经营权、林地使用权以及基础设施如水库、厂房等。资产收益扶贫对脱贫攻坚具有重要的推动作用，在实现乡村振兴、促进共同富裕中也发挥着重要的作用，是实现农民增收的重要措施之一。但资产收益扶贫也存在一些影响脱贫成果巩固的潜在问题，如收入稳定性差、缺少风险防范机制、造成了一定程度的福利依赖等。实现巩固拓展资产收益扶贫成果同乡村振兴有效衔接，需要稳慎推进资产收益扶持，优化资产收益扶持着力点，将资产收益扶持与集体公益事业、激发群众内生动力等相联系。

一、主要类型及内容

（一）农地经营权

引导和促进农地经营权流转，使贫困户获得农地经营权流转带来的收益，成为农村资产收益扶贫的主要方式之一。项目推进的初衷是：让有劳动力的贫困户获得土地租金和打工的双重收益，使其在打工过程中逐渐掌握新的生产技术，最后自己发展新的产业；让无劳动力的贫困户获得稳定的租金。以农地经营权流转为主的资产收益扶贫与贫困家庭农地承包经营权的占有联系在一起。承包地多，享受到的资产收益扶贫力度就大；而承包地少的家庭享受到的资产收益扶贫力度就小。

部分贫困县把贫困户的农地经营权作为资产，结合金融扶贫来推进资产收益扶贫。这种模式下，县（市、区）政府或乡镇政府协调金融机构，贫困户利用承包地的经营权抵押贷款，贷款交给有实力的企业、合作社经营，当地政府为贷款提供贴息。贷款到期后由企业、合作社偿还，贫困户无须承担任何还款负担，但可享受贷款经营获得的分红，分红比例大多数为投入总额的8%—12%。这种拓展后的以农地经营权为主的资产收益扶贫，还是与贫困户的承包地面积联系在一起，土地越多，获得的扶持力度越大，反之则小。

（二）基础设施、活体牲畜

把贫困户在政府补助下投资建成的基础设施、政府补助购买的活体牲畜作为资产，开展资产收益扶贫。典型如规划建设养殖小区，当养殖小区建设完成后，把政府补助和贫困户投入建成的圈舍、购买的牲畜当作资产，折价入股后交给当地的养殖企业或合作社经营，贫困村和贫困户根据圈舍、牲畜折价入股的比例分红，如一头能繁母猪年保底分红为2000元。在这种扶贫方式中，起核心作用的是活体牲畜的饲养，圈舍是为了饲养活体牲畜而建的必要设施。曲靖市马龙县与温氏集团合作，整合扶贫资金，在贫困村建立生猪养殖场，由温氏集团垫资开展生猪养殖，获利后温氏集团、村集体、村民按照"433"的比例分红。集体收入用于支付贫困劳动力参与公共服务的报酬。

这种资产收益扶贫与产业扶贫措施本身的改革分不开。在脱贫攻坚的前期，产业扶贫直接到户，政府通过补贴籽种、幼畜，或进行激励性引导，促进贫困户、贫困地区产业发展。但在这样的帮扶措施下，项目的参与有一定的条件限制，无条件的贫困户无法享受到产业扶贫带来的好处。同时，部分贫困户因为自身技术储备不足，产业扶贫资金的使用效率低。因此，从照顾无条件参与产业发展项目的贫困户出发，在产业扶贫措施的完善中，通过将政府产业扶持项目资金投向使用效益更高的地方或主体，并将政府扶持转变成一种资产，让贫困户分享产业发展红利。这一举措消除了贫困户自身因素的限制，实现了不同贫困户发展机会的均等。

（三）项目投资形成的资产

以项目投资形成的资产为主的资产收益扶贫的基本做法是把政府对农村的投资当作一种资本，折价入股后交由企业、合作社、种植养殖大户经营，政府把投资折价后的股份转交给所在村庄，由村庄贫困户共享，或转化为集体收入、基层党组织经费等。从2017年开始，推广资产收益扶贫。充分利用中央财政专项扶贫资金和其他涉农资金，以及省级、州（市）、县财政专项扶贫资金和其他涉农资金投入相关项目所形成的资产开展资产收益扶贫，把设施农业、光伏扶贫、乡村旅游扶贫等项目形成的资产用来开展资产收益扶贫，促进贫困村集体经济发展和贫困户脱贫致富。区别于原来集体所有的资产和资源，项目投资形成的资产收益扶贫的资产是与扶贫项目相关的，是由政府无偿投入形成的新的资产或资源，用于资产收益扶贫。具体收益分配有两种方式：一是贫困户按户或人口平均分配；二是贫困人口通过参与社区公益事业、社区劳动获得相应报酬。

此外，在推进易地扶贫搬迁中，形成了资产收益扶贫与易地扶贫搬迁相结合的扶贫方式。在易地扶贫搬迁配套扶持中，整合资源，在安置户建设中建设一批商铺、农贸市场，并将商铺和农贸市场等资产交给搬迁集体，收益归集体及集体成员，主要用于巩固脱贫成果。

（四）产业扶贫资金

2016年9月，云南提出探索建立资产收益与贫困户利益联结机制，拓宽贫困户增收渠道。将部分扶贫资金投向效益高的新型经营主体，按照"资产变股权、农户有股份、农民得权益"的思路，以资产股权为纽带，盘活农村农民资源资产，调动农民专业合作组织、村集体经济组织、扶贫龙头企业等新型经营主体带动支持农户增收致富积极性，建立经营主体生产经营收益与农户增收致富利益联结机制，拓宽缺劳动力、缺技术和丧失劳动能力等自主创收能力受限制的农村贫困人口持续稳定的增收渠道，促进贫困户就业，提高资产收益。

2018年以来，调整和优化产业扶贫资金的投向，多数县（市、区）将按户补助的产业扶持资金投向当地的企业、合作社、种植养殖大户，贫困户按股分红。部分县（市、区）将按户补助资金全部投向新型经营主体；部分县（市、区）将按户补助资金的大部分投向新型经营主体，少部分直接补助到户。投向新型经营主体的产业扶贫资金成为贫困户的资产，贫困户可从中获得资产性收益。这种资产收益扶贫与项目投资形成的资产收益扶贫类似，即将国家对农村的扶持或投资转变成一种资产，由贫困户分享。同时，也是产业扶贫措施本身完善的结果，即将产业扶持资金投向效益高的地方和主体，提高产业扶贫资金使用效率。这一类型的资产收益扶贫与按照家庭贫困人口给予的产业扶持结合在一起。家庭人口越多，可享受到的资产收益扶持力度越大；反之，家庭人口越少，可享受到的资产收益扶持力度就越小。

除以上类型外，2018年以来，一些地方还尝试了以金融扶持资金为主的资产收益扶贫。对所有贫困户实施统一政策，从金融扶贫出发，向每户贫困户发放3万—5万元的贷款，贷款交由当地有发展潜力、实力雄厚的企业经营，企业按照贷款额度给予贫困户10%的资产收益返还。在此，根据企业需求，对贫困户实行统一的政策，实现了贫困家庭基础上的机会公平，但家庭人口基础上的公平难以实现。

二、推进中的困难及问题

（一）收益稳定性不足

一是农地租金不稳定，影响收益。农地经营权流转价格受到产业兴衰的影响，价格不一，一旦农地经营权流转价格下降，经营主体如果还按照事先约定的租金支付给贫困户，其经营成本就会增加，甚至导致经营困难，影响贫困户的收益。而要降低租金，又会引发纠纷，因为事先约定的合同明确了贫困户的收益。但无论何种情况，只要农地承包经营权价格下降，就会影响贫困户的收益。

二是以活体牲畜为主的资产收益扶贫受市场价格的影响较大。市场大起大落的现象较普遍，生猪价格从2016年的20元每公斤下降到2017年的16元每公斤，部分高价引入仔猪的企业、合作社利益大幅下降，以生猪为基础的资产收益扶贫目标难以实现。2019年下半年以来，生猪价格持续上涨，但饲料价格、仔猪价格也随之上涨，效益难保证。2020年到2021年初，生猪价格高位运行，但2021年4月以来，生猪价格持续下降，已低于饲养成本价，效益稳定性不足。

三是项目投资形成的以资产为主的资产收益扶贫受经营主体经营能力、市场风险的影响，收益不稳定。以小型水利设施及水资源为载体的资产收益扶贫受气候及水资源的影响，干旱年份收益难保证。

（二）风险防范机制缺乏

在资产收益扶贫设计中，贫困户或贫困村往往以首次核定的资产投入，按年获得稳定的、不承担任何风险的固定收益，甚至是一路看涨的收益。这样的设计不符合市场规律。在以农地经营权流转为主的资产收益扶贫、农地经营权与金融扶贫相结合的扶贫模式中，没有设定贫困户与经营主体之间的风险共担机制，所有风险由经营主体来承担。经营主体的经营一旦出现风险，资产收益扶贫即宣告失败。在以圈舍和活体大牲畜为主的资产收益扶贫中，风险主要通过社会保险来分担，但保险补偿仅化解了少部分的风险。在以基础设施为主的资产收益扶贫中，既没有照顾到风险共担机制的建设，也没有看到基础设施的折旧与维护成本。

资产收益扶贫与产业扶贫相结合是重要经验之一，一些地方还把金融扶持也带入进来，形成了贫困户利用农地经营权抵押贷款，贷款交由当地发展较好的企业来经营，政府补贴部分利息，企业承担还款任务可赚取部分利益，贫困户可获得贷款折股后的分红收益，一般不低于本金的10%。这在实现脱贫目标中是一种经验，但也存在影响脱贫成果巩固的隐患。

一旦企业经营不善，分红无法实现，贷款无力承担，隐患就会显现。虽然在推广应用时都选择比较有前途、收益相对稳定的企业来参与，但因大多数企业是农业龙头企业，面临较大的农业经营风险。当这种现象出现时，贫困户作为抵押物的农地承包经营权该如何处置？对大多数贫困户来说，农地经营权对其特别重要。贫困户之所以贫困，是因为其以农地经营为主，收入来源单一。如果剥夺贫困户的农地经营权，那么，脱贫户返贫将无法避免。而如果不剥夺其农地经营权，那么谁来为贷款买单。目前，全省农地经营权抵押贷款风险补偿机制还不健全，如果没有任何主体来为贷款买单，那么承担这一重任的农村信用社该如何正常运转？

这一潜在问题并非没有根据。2016年部分县（市、区）开展农地经营权抵押贷款入股养猪企业或合作社，政府负责贴息，企业或合作社负责还款，并按年给予贫困户10%以上的分红。当2016年生猪价格较高时，这一目标基本能够实现。但2017年以来，尤其是下半年生猪价格大幅下跌，养猪企业、合作社盈利大幅下降，难以兑现事前约定的10%的分红。

（三）造成福利依赖

产业扶持与资产收益扶贫结合，变成变相的输血式扶贫，无法实现"造血"目标。如果企业运作得好，每年都能够按时分红，贫困户的农地经营权抵押贷款也确实起到了作用。那么，这种产业扶持与资产收益扶贫的结合，实际上就是在推进一种变相的输血式扶贫。在这其中，开展输血功能的主体及活动包括政府贴息、银行低息放贷、企业以超过一般利息的标准承担还款任务和分红。而贫困户实际上仅通过农地经营权抵押贷款的形式，在不承担任何风险的情况下，根据当地资产收益扶贫设定的年限来获得稳定的"输血"。

简单分析就可以发现，产业扶持与资产收益扶贫相结合，造的"血"是企业的"血"，而没有实现对贫困户"造血功能"的增强。相反，却变成了向贫困户"输血"的任务。这种扶贫模式，仅在完成脱贫任务和目标上起作用，对实现可持续的扶贫目标、提高贫困人群自我发展能力毫无作用，所以，在推广应用中要慎重。

可以说，除了农地经营权及家庭拥有的圈舍、活体牲畜外的资产，包括项目投资形成的资产，以及项目投资形成的基础设施和新的资源，都是国有资产或集体资产，其收益用来开展扶贫，贫困户不用承担任何风险。这实际上就是一种变相的输血式扶贫，国家投资越大，贫困户获利越多，相对于一般农户，越不公平。同时，由于制度不完善，在以家庭资产，包括农地经营权、圈舍、活体牲畜等的资产收益扶贫中，贫困户不承担任何风险，每年享有固定的收益，风险由经营主体承担，风险部分也是一种变相的输血式扶贫，容易造成福利依赖。

此外，资产收益扶贫还影响到了社会公平建设。在以项目投资、新增基础设施和资源为基础的资产收益扶贫中，都强调新增基础设施、新增投资用于资产收益扶贫，但无论如何，国家投资专用于贫困人群，在村内总会引起其他村民的不满，尤其是在贫困人群每年固定获得收入分配的情况下。

三、巩固拓展资产收益扶持成果同农民增收有效衔接

提高农村居民资产性收入是实现农民富裕的重要措施。实现巩固拓展资产收益扶持成果同乡村振兴农民增收的有效衔接，要稳慎推进资产收益扶持，进一步消除福利依赖，构筑资产收益扶持风险防护墙。

（一）稳慎推进资产收益扶持

消除脱贫攻坚阶段资产收益扶持存在的问题，切实提高脱贫群众、农村群众资产收益，要慎重选择资产收益扶持项目以及扶持对象。

一方面，选择风险小的资产收益性扶持类型。资产收益扶持应选择风险较小的项目。从目前来看，光伏扶持与农地经营权流转相结合的资产收益扶持风险小，可以在条件适合的地方推广；同时，单独的农地经营权流转因为只涉及农户和经营主体，利益牵涉面小，即使出现问题，影响也较小，可以在完善农地经营权流转程序的背景下稳步推进。对于涉及的利益主体在三个及以上的，如经营主体、脱贫户、政府、银行等，需要慎重，因牵涉的利益面广，一旦出现问题，对所在村庄、乡镇脱贫成果巩固的影响较大。所以，应停止资产收益扶持与金融扶持相结合的扶持方式。

另一方面，选择无劳动能力的人口作为资产收益扶持对象。针对资产收益扶持容易变成变相输血式扶贫的问题，资产收益扶持对象应当选择那些无劳动能力的人口，主要是社会保障兜底的群众。尽量避免将有劳动能力的群众当作资产收益扶持的对象，造成福利依赖和社会不公平问题。

基于两方面的考虑，除政府投资形成的资产收益扶持外，要鼓励无劳动能力的人口、无力经营农地经营权的农户、脱贫户将农地经营权流转给新型经营主体，获得资产性收益；鼓励农户、脱贫户在乡村旅游发展中以自己的闲置住房、场地等入股参与乡村振兴开发，以获得资产性收益。

（二）优化资产收益扶持着力点

一方面，优化政府投资形成的资产收益扶持着力点。鉴于资产收益扶持带来的福利依赖及社会不公平问题，要优化政府投资形成的资产收益扶持着力点，将着力点从个人转向集体，从毫无条件的享有转向有条件的享有。

一是将资产收益扶持着力点调整为增强村庄发展基础。调整政府无偿投资型资产收益扶持着力点，改变原来以脱贫户为着力点的扶持机制，建

立以村庄基础设施建设、产业体系建设、基层组织建设为着力点的扶持机制，以避免国家资源被少数人（脱贫户）占有带来的农村不公平问题。二是将资产收益扶持着力点调整为激发群众内生动力的劳务奖励。全面建立群众参与村庄公益事业获得资产收益扶持奖励机制，将项目投资、基础设施和以资源为主的资产收益扶持用于村庄公益事业的劳务奖励，对参与村庄公益事业的半劳动力、弱劳动力、老年人给予劳务奖励。

另一方面，优化以农户、脱贫户个体为对象的资产收益扶持着力点。在脱贫攻坚阶段，针对个体的资产收益扶持重点在"牵线搭桥"，如在农地经营权流转中引入主体；创造条件，如提供小额信贷，开展金融资产收益扶持。实现巩固拓展资产收益扶持同乡村振兴、农民增收的有效衔接，资产收益扶持的着力点应转向对各类经营主体的扶持上，因为如果租地的经营主体、使用金融资产的主体经营不下去了，脱贫户的收益就保证不了，资产收益扶持成果就难以巩固，更别说拓展了。

（三）建立资产收益风险防范机制

伴随资产收益扶持着力点的调整，实现巩固拓展资产收益扶持同乡村振兴、农民增收的有效衔接，需要建立资产收益风险防范机制，以避免资产收益扶持将经营主体压垮，或导致脱贫户、农户资产收益无保障。

一是建立各类主体共担的风险分担机制。按照资产价值变动规律，在资产收益扶持中，建立风险共担机制，改变目前将风险全部转移到经营主体和政府的局面。在农地经营权为主的资产收益扶持中，采取"基础租金+股份"的方式，降低经营主体的经营成本，基础租金不宜过高，而土地经营权折价入股可适当提高。在以基础设施和活体牲畜为主的资产收益扶持中，主要采取折价入股的方式，脱贫户或集体按股分红。以项目投资形成的资产为主的资产收益扶持、以基础设施和资源为主的资产收益扶持也采取折价入股的方式，使经营主体与资产所有者之间风险共担、效益共享。

二是建立社会保障分担的风险分担机制。按照资产收益扶持项目社会保障全覆盖的目标，在资产收益扶持启动之时，引导和建立社会风险分担机制。通过发展资产险、灾害险、成本险、价格险等各类保险业务，将资产收益扶持项目纳入社会保障体系，形成风险分担机制，提高资产收益扶持抵御各类风险的能力。

总之，资产收益扶持是脱贫攻坚阶段普遍实施的帮扶举措，也确实起到了促进贫困群众脱贫的作用。习近平总书记要求，在促进农民农村共同富裕中，要全面推进乡村振兴，盘活农村资产，增加农民财产性收入。[①]可见资产收益扶持在乡村振兴和实现农村共同富裕中具有重要的作用。但以农地经营权、活体牲畜甚至是物业为主的资产收益扶持的收益稳定性不足。同时，资产性收益扶持容易造成福利依赖，产生新的不公平。此外，金融扶贫与资产收益扶持相结合的风险较大。实现巩固拓展资产收益扶持成果同乡村振兴、农民增收有效衔接，要调整政府投资形成的资产收益扶持着力点，重点投向集体公益事业、与发展相关的基础设施等。在针对脱贫户和农户个体的资产收益扶持中，要将扶持重点转向经营主体。同时，加快建立资产收益扶持的风险防范机制，确保经营主体正常运营，使脱贫户、农户获得稳定且逐步增加的资产收益。

---

① 习近平：《扎实推动共同富裕》，载《求是》2021年第20期。

第十一章　激发群众内生动力

在脱贫攻坚阶段，云南坚持把激发群众内生动力作为重要工作来抓，积累了一些经验。但由于社会环境、个体因素制约，治贫模式影响等，群众内生动力仍然有较大的提高空间。实现巩固拓展脱贫攻坚成果同乡村振兴有效衔接，继续激发群众内生动力，发挥农民主体作用是基本要求。实现巩固拓展群众内生动力激发成果同乡村振兴中农民主体的有效衔接，需要从个体人力资本提升、治贫模式及农村发展模式出发，优化乡村治理机制，逐步形成"你追我赶"的争先发展局面。这也是坚持群众主体、鼓励勤劳致富、做强一次分配、促进共同富裕的基本举措。

一、主要措施及实践

云南在素质提升、教育扶贫的基础上，重点从宣传教育、典型引路、帮扶方式改进三个方面激发和提高贫困群众内生动力。2017年8月，中共云南省委、省人民政府部署开展"自强、诚信、感恩"主题实践活动，推广"六小创新"做法，即曲靖市罗平县"爱心超市"、文山壮族苗族自治州西畴县"五分钱"工程、昆明市"三讲三评"、临沧市"村史室"、德宏傣族景颇族自治州"小喇叭"工程、普洱市镇沅彝族哈尼族拉祜族自治县深度贫困人口培训中心等做法，将激发群众内生动力做实做细。

（一）义务教育和素质教育并重

在脱贫攻坚阶段，云南特别强调扶贫扶志扶智并重的扶贫理念，结合打好教育扶贫攻坚战，推进"控辍保学"行动。结合素质提升攻坚战的推进，加大对职业教育的扶持力度，加强贫困劳动力职业技能培训。重视精神文明建设，培养积极向上、健康文明的价值观、人生观。坚持义务教育和素质教育并重的发展思路，提升群众人力资本，为其自我发展奠定基础。

一是抓实义务教育。结合教育扶贫攻坚战的推进，建立从学前教育到高等教育、研究生教育，从义务教育到职业教育等全方位的扶持机制，加快贫困地区教育基础设施建设，促进教育均衡化发展。深入推进"控辍保学"行动，在常规的"控辍保学"行动基础上，对身带残疾而无法进入特殊学校学习的适龄儿童实施送教上门服务，确保他们的基本教育权利。

二是加大职业教育扶持。建立职业教育对口支援及兜底招生制度，完善贫困家庭初高中毕业生职业教育扶持机制，确保有意愿的贫困家庭应往届初高中毕业生都能接受到良好的职业教育。整合各种职业技能培训资源，大力开展职业技能培训；加大创业培训力度，优化创业服务，改善创业环境，激活创业动力。建立正向激励机制，对表现突出的个人给予激励，引导更多的人向他们学习。

三是加强综合素质培训。推广深度贫困人口培训中心的做法。深度贫困人口培训中心采取"技能培训+半军事化管理+信心提振"培训模式，对深度贫困人口进行封闭式集中培训，对转变贫困群众思想观念、提升就业技能、养成健康文明生活方式具有重大推动作用。在培训对象上，瞄准因懒致贫、身体健康、无业可扶、无技脱贫的年龄在20—55岁之间的贫困男劳动力，同步组织年龄在18—55岁、小学以上学历、渴望致富的贫困家庭妇女，进行集中培训。重点培养他们养成理发、洗澡、刷牙等卫生习惯，养成整理内务、规律作息等生活习惯，改变酗酒、赌博等不良习气；重点对他们进行烤烟、蔬菜、生猪等种植养殖技术和建筑、钢筋、电焊、家政服务等专业技能的培训。在培训管理上，采用半军事化管理方式。同时，采取现场小示范、课堂小练习、技能小竞赛等互动式教学，组织学员看励志影片、听先进典型和脱贫户讲脱贫致富故事、实地观摩脱贫案例，用身边人讲好身边事，用身边事带动身边人。

（二）开展宣传教育

在素质提升基础上，云南通过加大宣传教育，培养广大群众积极向上的观念。

一是加大宣传力度。通过创作群众喜闻乐见的电视节目、微电影、微视频、民族歌舞、小品等，开展送戏下乡、送电影下乡等活动，组织广大党员、干部和驻村扶贫工作队员进村入户宣传积极向上、奋力拼搏、通过辛勤劳动脱贫致富的观念，把"小康是干出来的，不是等靠要来的"意识传递给贫困地区的干部和群众。注重培养贫困群众自力更生实现脱贫致富的意识，注重提高贫困地区和贫困人口自我发展能力。在贫困群众中形成力争上游、积极发展的良好氛围。2017年，到1368个乡（镇）开展送戏下乡惠民演出9019场，观众累计达1000余万人次。组织广大党员干部和3.85万名驻村扶贫工作队员进村入户宣传40余万场次。

而"小喇叭"的做法是加强宣传教育的重要实践。"小喇叭"把群众身边的干部，以村党支部书记为主，包括大学生村官、村"两委"干部、驻村扶贫工作队员、乡土专家等培养成主播队伍。以村为单位自行确定具体播放时段和内容，开展有针对性的宣传教育。

二是推广竞相发展理念。通过道德讲堂和晒家风、亮家训、比家教等导向鲜明、接地气的活动，树立诚实守信光荣、说假作假可耻的正确导向，引导广大群众诚实守信，摒弃"争穷""守穷"等不良倾向。同时，引导自然村修改和完善村规民约，将诚实守信融入村民日常生产生活中，设立光荣榜，发布好人好事、脱贫致富先进事迹，设立曝光台公开好吃懒做、争当贫困户、攀比跟风、恶意分户、优亲厚友、脏乱差等行为和陋习。对诚实守信、心怀感恩之心、常为他人办实事办好事的党员和群众，在各类慰问及优惠政策扶持上给予适当倾斜。

三是持续推进"三讲三评"活动。2019年以来，推行以驻村工作队员"讲帮扶措施、评帮扶成效"，村组干部"讲履职情况、评工作成效"，建档立卡贫困户"讲脱贫情况、评内生动力"为主题的"三讲三评"活动，强化驻村干部、村组干部、贫困群众之间的互动，实现思想教育与工作部署双融合，不断激发内生动力。在具体实施中，以贫困村为单位召开"三讲三评"会议，每个季度开展一轮，每一轮讲评都要覆盖全体驻村扶贫工作队员、村组干部、建档立卡贫困户。在会上，驻村扶贫工作队员主要讲帮扶措施和成效、工作队管理、发展村级集体经济、协助抓贫困村党建等情况，由村组干部、贫困户对其帮扶成效进行评议；村组干部主要讲战斗堡垒作用发挥、扶贫政策落实、脱贫巩固措施、问题解决打算等情况，由驻村扶贫工作队员、贫困户对其履职情况进行评议；贫困户主要讲家庭基本情况、享受到的政策扶持、脱贫思路打算和存在困难，并就能否脱贫进行自评、表态，由驻村扶贫工作队员、村组干部对其内生动力进行评议。讲评结束后，对驻村扶贫工作队员、村组干部和贫困户分别量化打分。对驻村扶贫工作队员测评不合格的及时召回处理，对村组干部综合评价为"差"的进行组织调整，对贫困户评议结果较差的采取"多帮一"的方式对症帮扶。

（三）实施典型带动

自2017年开始，云南就培育和发掘自强自立典型，带动更多的贫困户比学赶超。

一是选树先进典型，用身边的人和事感动群众。以县为单位，在脱贫户中，通过评选，对积极向上、通过自身努力实现脱贫的贫困户进行表彰，为其颁发光荣脱贫户牌证。在后续扶持中，对光荣脱贫户给予倾斜，鼓励他们进一步发展，带动其他群众脱贫致富。同时，以村为单位，发布脱贫光荣榜，对通过自身努力实现脱贫的群众给予精神鼓励。通过召开群众大会、民情恳谈会等形式，用身边事带动身边人，用身边人教育身边人，为贫困群众树立"看得见、摸得着"的模范典型，让贫困户学有方向、赶有目标。通过典型引路，激活群众内生动力。办村史室是一个选树先进典型和加强宣传教育的好做法。

二是建立先进展示平台，向群众传递正确的人生观。在贫困村、脱贫村建立村史室，展示乡贤名人、致富带头人、光荣脱贫户、见义勇为人士、公益爱心人士、尊老爱幼模范、优秀大学生等的照片、事迹，传承乡贤优秀文化基因，构建新乡贤文化。同时，展示村庄发展变化，突出新旧对比，组织动员村民把老农具、老物件、老照片、老书籍、老证件等摆放到村史室，以图文并茂、视频演示的形式展示村子的发展历程，展示昔日刀耕火种、赶牛小路、茅草房到现代农业、柏油路、小洋房的强烈对比。突出乡情记忆，展示特色风韵，一个村选取一个特色主题，易地扶贫搬迁新村主要展示村庄变化、发展变化、生活变化，古村古寨主要展示农耕文明、民族特色，传统村落主要展示乡愁记忆、文化传承，红色村庄主要展示革命文化、红色基因。并把村庄规划放进村史室，展示各村的地域特色、资源优势、民俗风情、文化底蕴、发展方向、未来前景等。让群众在村史室看变化、做对比、算收入、话幸福、谈感受，较好地发挥了存史、资政、为民、育人的作用。通过村史室展示村庄产业发展变迁、传统生产技艺和现代生产技术，传承物质和非物质文化遗产。

（四）改进帮扶方式

在提升群众人力资本，加强积极向上的价值观培养的基础上，云南改进帮扶方式，强调群众的参与，使广大群众在参与中增强获得感、幸福感。

一是推广参与式扶贫。2017年以来，云南转变直接给钱给物的扶贫方式，大力实施参与式扶贫，让贫困群众在脱贫过程中接受市场理念、转变发展观念。西畴县"五分钱"工程是参与式扶贫的典型代表。"五分钱"工程通过合理的利益组合，既不过多增加群众负担，又让群众树立了"自己的事情自己干"的观念。引导农户每人每天交5分钱，累计每年交18元，同时县级采取以奖代补的办法分三个档次对村小组进行奖励（30户以下的村小组县级财政每月奖励200元，30—50户的村小组每月奖励300元，50户以上的村小组每月奖励400元）。村庄可将这些奖励的经费用于村集体卫生保洁费用。把"就业一人、脱贫一户"作为实施"五分钱"工程的重要内容，按照"30户以下村小组聘请1名保洁员，30户以上50户以下聘请2名，50户以上聘请3名"的标准，对有建档立卡贫困户的村小组，按照部分丧失劳动能力、建档立卡贫困户、非建档立卡贫困户的顺序选聘保洁人员；对没有建档立卡贫困户的村小组，优先考虑聘请发展能力相对较弱的农户担任保洁人员。

二是推广参与公益事业换积分和报酬方式。2019年，全面推广"以表现换积分、以积分换物品"的"爱心驿站""爱心公益超市"等自助式帮扶做法。对有劳动能力的贫困家庭实行"按劳取酬、优先优酬"，把帮扶资金转化为产业投入、劳动报酬、公益岗位补贴，向广大群众传递积极向上的正确观念，提高贫困群众的内生动力。曲靖市的"爱心超市"模式就是贫困群众通过参与村庄公益活动换取积分和报酬的一种方式。

"爱心超市"变简单给予为"积分兑换"，利用物质激励的方式，让贫困群众在实干中得到实惠，促进他们从不愿干、不会干转变为学着干、争着干。首先，灵活利用村（社区）闲置房间和村组活动阵地，按照有牌子、有房子、有货架、有物品、有制度、有台账、有积分标识、有专人管理标准统一"爱心超市"建设。其次，按照"乡镇主体、部门统筹、承包单位具体负责、社会捐赠支撑"的方式筹集物品，尽可能保障货源充足、种类齐全。最后，从人居环境、政策知晓、配合工作、家庭美德、学生学习、脱贫能手、移风易俗等七个方面，设置积分评定标准，定期对群众进行评分、记分，适当倾斜照顾贫困群众，群众可用积分兑换"爱心超市"中的物品，兑换完成后扣减积分。

在巩固拓展脱贫攻坚成果同乡村振兴有效衔接阶段，2021年10月，云南从扶志扶智相结合的角度，把激发脱贫人口和低收入人口内生动力当作巩固拓展脱贫攻坚成果同乡村振兴有效衔接、实现共同富裕、促进人的全面发展的内在要求，从深化扶志教育、改进帮扶方式、开展移风易俗、积极推行"积分奖励"、惩戒不良行为等五个方面出台了详细的措施，鼓励勤劳致富，杜绝政策养懒汉问题，惩戒失信失范行为。[①]

二、面临的困难和问题

贫困人口内生动力的形成与提高受多方面因素的影响，可以概括为三个层面：第一个层面是外部环境和个体能力；第二个层面是主动作为的思想意识；第三个层面是贫困治理范式及治贫机制。在三个层面的影响因素中，外部环境和个体的能力是基础，具有积极主动的思想意识是关键。但治贫模式及治贫机制是否鼓励积极主动、是否对等靠要的惰性思想进行惩戒，也是内生动力形成的重要影响因素。目前来看，即使经过脱贫攻坚，三个层面的问题仍然没有被完全破解。

（一）社会环境和个体因素制约

一是社会转型滞后制约内生动力生成。云南部分民族地区社会转型与发展滞后于经济发展。分布在13个州（市）、58个县（市、区）271个乡镇1179个村委会的"直过民族"聚居区有232.7万人，到2018年，仍然还

[①] 李雯、王淑娟：《建立健全扶志扶智长效机制实现培训就业全覆盖》，云南网，https://yn.yunnan.cn/system/2021/10/25/031731359.shtml。

有约15万人基本不懂普通话，近50万人不能熟练使用普通话。虽然脱贫攻坚在短期内实现了"直过民族"聚居区物质文明的跨越发展，但社会建设与发展难以在短期内实现跨越发展。社会事业可通过加大投入，实现基础设施的极大改善，但社会结构和社会建设难以在短期内实现。社会转型滞后于经济发展，具体表现在生产经营方式传统，农产品商品化率与一般地区相比要低得多，自给自足现象严重，区域性经济社会发展同质化严重，差异性较小。在经济和社会相对封闭的基础上，对外文化交流少，总体上呈现出一种半封闭的生产生活文化。

相对于一般地区，"直过民族"地区尚未建立起与市场经济相适应的社会结构，社会结构与市场经济不匹配。市场经济不发达，群众生产技术掌握不足，经营方式粗放，生产率低下。更重要的是，经济结构相对单一，主要是以小农户为基础的简单生产，缺乏与市场经济匹配的组织化、规模化生产组织。户与户之间经济发展同质化现象严重，发展水平总体不高，经济状况差异性小。文化上自我封闭，对外交流少，文化变迁缓慢，群众安于现状，对生产生活没有太多期待，多固守于传统农业生产生活方式，内生动力总体不足。

二是劳动者综合素质制约内生动力生成。劳动者综合素质低是致贫的重要原因，也是制约群众内生动力形成的重要原因。在脱贫攻坚阶段，云南贫困人口综合素质得到了较大的提高，但群众受教育年限难以在短期内得到大幅提高，中老年群众尤其是少数民族群众难以在短期内提高对外交流的技能，即使经过推广普通话活动，但对于40岁以上的群众来说，对外交流仍较困难。同时，由于农村产业升级、产业结构调整频繁，技术更新换代较快。脱贫群众本身缺乏技术，难以掌握快速发展的各类技术。农村实用技术掌握不足、缺乏市场经营意识等，成为影响其内生动力生成的重要原因。到2020年初，11个"直过民族"和人口较少民族素质型贫困问题突出，很多贫困群众听不懂更不会讲普通话，自我发展意愿不强、能力不足，有293个行政村没有学前班，397个行政村没有完小。

（二）主动作为的思想意识不坚定

虽然经过脱贫攻坚的洗礼，但仍然有一部分群众没有形成主动作为的思想意识，或主动作为的思想意识不坚定，主要体现在以下四种人群身上。

一是沉迷于赌博的人群。这些人长期做着不劳而获的美梦，总希望通过赌博轻松把钱赚，害人害己。虽然一些地方加大了对赌博行为的惩治，如发现赌博就不能享受扶贫的优惠政策，但始终还是有一些人偷着、躲着赌博，干活不积极，发展产业没动力。

二是吸毒人群。有极少数人群原来家庭幸福富足，但因为吸毒而陷入贫困，陷入贫困后，有的还走上了犯罪道路。对于这一特殊人群，一般的扶贫措施根本不管用，无论如何动员，其发展的积极性都难以形成。

三是沉迷于买彩票和做梦的人。有少数群众沉迷于购买彩票和做一日变富的梦。越偏远的地方，彩票销售门店里的人越多。有的最低生活保障户，领取最低生活保障金后，买几张彩票，喝顿酒，钱就没了。对于这种类型的人，即使最低生活保障兜底扶贫也解决不了贫困问题，关键在于如何转变他们整天做白日梦的致富观，让他们形成勤劳致富的正确观念。但要想让这些人形成发展动力，主动作为，难度较大。

四是对未来生活失去信心的人。这类人年龄偏大，如果40岁以上还没有娶媳妇，对未来生活的信心就难以形成，主动发展的思想意识难以培养。在帮扶项目面前，他们总认为"40岁以上打工难，老板不要；自己笨""学技术较困难"等，不愿意接触新的事物。通过公益岗位来扶持他们，效果不佳，还会引起其他群众的质疑。

总体上看，在巩固拓展脱贫攻坚成果同乡村振兴有效衔接阶段，仍然有一部分群众内生动力不强，等靠要思想严重，需要持续加强内生动力培养，激发他们的发展积极性。

（三）治贫模式限制内生动力生成

一是政府底线责任的实践与贫困人口内生动力形成存在矛盾。在脱贫攻坚阶段，云南根据中央要求，确立了政府底线责任的扶贫机制，在政府底线责任思维下，制度设计造成了贫困人群的福利依赖，压制了贫困人口内生动力的形成。政府推进社会保障兜底扶贫、公益岗位兜底式就业扶贫、资产收益扶贫托底等扶持措施，对贫困人口内生动力的形成不利。在具体扶持中，缺乏对主动脱贫主体的奖励制度及对等靠要个体的惩罚制度。两种制度的缺失，使社会上缺乏鼓励积极主动的氛围，缺乏对等靠要思想的舆论指责，不利于贫困人口内生动力的提高。

二是政府主导的贫困治理范式与贫困人口内生动力提高存在矛盾。贫困治理范式建构了扶贫主体与扶贫对象之间的结构关系，同时，也为扶贫制度与措施的建立奠定了基础及框架。1986年国务院发起扶贫开发以来，中国扶贫经历了从区域扶贫开发到精准扶贫、精准脱贫的演进轨迹，"政府主导"贯穿扶贫的各个阶段。[①]这一治贫范式在脱贫攻坚中发展到了极致，并与绝对贫困的消除结合在一起。"中央统筹、省负总责、市县抓落实"的工作机制逐步完善，党政"一把手"为组长的双组长负责制全面建立，各级党政"一把手"负起脱贫攻坚的首要责任。云南全面落实"党政主责、部门同责、干部主帮、基层主扶"的责任体系，省、州（市）、县（市、区）、乡（镇）、村层层签订脱贫攻坚责任书，层层传导的责任和压力。行业部门全面实行一把手是行业扶贫"第一责任人"的责任制。政府主导成为脱贫攻坚阶段的典型特征。"省、州（市）、县、乡、村"五级书记抓扶贫，党政主要领导负责，并以"不获全胜，决不收兵"的政治立场推进扶贫工作。普查式寻找贫困死角，在社会保障兜底基础上多元扶持措施成为必然。政府兜底实际上就是更大力度的资源倾斜，对贫困地区、贫困人群的资源倾斜越大，对贫困地区、贫困人群积极性及内生动力的形成越不利。

三是政府主导的扶贫措施与贫困人口内生动力提高存在矛盾。政府主导的扶贫措施更多的是自上而下确定和展开的，从三个方面抑制了贫困人口内生动力的形成。首先，扶贫措施及内容与贫困发展需求契合度低，抑制了贫困人群内生动力的形成。最典型的是就业扶贫、易地扶贫搬迁、农村危房改造难以满足不同地区贫困人群的发展需求。部分贫困群众不愿意离开土地，故土难离，即使种田只能获得微薄的收入，甚至亏损，还是不愿意外出打工。这与劳动力转移就业存在矛盾，但在政府主导的扶贫措施中，既然产业无法脱贫，劳动力转移就业将成为主要的扶贫措施，这与贫困人群就地发展的需求难以契合，贫困人群内生动力难以形成。而在易地

---

① 邓金钱、李雪娇：《改革开放四十年中国扶贫开发实践与理论创新研究》，载《经济学家》2019年第2期。

扶贫搬迁、农村危房改造中，住房形式、面积等，与贫困群众世代居住的住房形式、需求的面积难以匹配，这也是贫困群众积极性难调动、内生动力不足的重要原因。

其次，扶贫措施的推进方式抑制了贫困人群内生动力的形成。政府主导的扶贫措施对推进时间有严格要求，获得扶持的手续复杂。因此，无论是产业扶贫、就业扶贫、易地扶贫搬迁、危房改造等，都必须在有限的时间内完成；同时，要获得相应的扶持，必须按照严格的程序及要求来操作，这对本身综合能力不足的贫困人群来说，要求相对较高，由此导致贫困人群积极性不足、内生动力难以形成。

最后，扶贫措施效益的不稳定抑制了贫困人群内生动力的形成。贫困人群因为自身发展能力不足，抵御市场、自然灾害等风险的能力不足，害怕失败，这成为产业、就业扶持的绊脚石。同时，能力和资源不足将个体排除在脱贫攻坚项目之外。贫困群众个体因能力不足，包括农业生产技术、外出打工技能，语言沟通、与人交往等方面能力，以及土地、资金、劳动力等方面的限制，被排除在脱贫攻坚实践之外。因为没有参与到脱贫攻坚实践中来，也就无法在实践中提高个人的技术技能及动力。

三、巩固拓展内生动力激发成果同农民主体有效衔接

（一）持续推进社会事业建设

一是持续推进社会事业建设。持续加强脱贫地区社会事业建设，进一步改善教育、科技、文化、卫生、体育等软件基础，尤其要持续加强教育扶持，通过教育发展，提高群众自我发展能力，增强其自立自强的信心和能力。

二是改善社会结构与环境。持续加强利益联结机制和社会共同体建设，改善脱贫地区的社会结构。通过建立脱贫群众与各类新型经营主体之间的利益联结机制，形成与市场经济相适应的社会结构，增强脱贫群众抵御风险的能力。同时，加强村社共同体建设，形成你中有我、我中有你、互帮互助的村社共同体，形成共同体内联结带动机制，提高发展动力。

三是持续加强精神文明建设。以社会主义核心价值观为内核，持续加强脱贫地区精神文明建设，培养广大群众自强自立的文明新风尚。

（二）精准培养内生动力

一是实施半封闭式劳动力培训。推广劳动力就业培训中心的做法。借助党校、农民讲习所等载体，对内生动力不足的劳动力进行技术培训，主要包括汽修、挖掘机驾驶、建筑技术，以及美容美发等非农技术，鼓励劳动力在掌握适当技术后外出打工。通过军事化的封闭式管理，让内生动力不足的男青年，在一个新的环境中共同学习、参观，提高技术技能，提高综合素质，转变传统观念，形成新的人生观、价值观，实现转移就业。

二是加强对不良问题的整治。加强对农村赌博、吸毒问题的整治，建立村级线索提供、乡镇派出所打击、群众举报有奖的不良问题整治机制，消除影响群众内生动力的不良现象、问题，让广大群众拥有一个健康、充满活力的社会氛围。

三是加强宣传引导。进一步推广"小喇叭"的做法。一方面，加强致富信心的培养。广泛宣传通过辛勤劳动实现致富的典型案例，尤其是身边的案例，增强群众的致富信心，激发自我发展动力。另一方面，培养正确的价值观。加强勤劳致富、艰苦奋斗等方面的文化宣传，消除群众一夜暴富的观念，引导他们通过长期的努力实现致富目标。

（三）完善贫困治理机制

要彻底解决群众内生动力培养问题，要从理论、机制、实践三个层面出发，建立全面、系统的内生动力提高支撑体系。其中，进一步完善多元主体协作的发展机制，是提高群众内生动力的关键措施。

一要畅通理论渠道，构筑国家、集体、个人深度参与乡村振兴的理论。从理论上讲，要压缩政府作用空间，为集体和个人参与乡村振兴留下空间。要强调国家与集体、个人的合作，重视集体作用的发挥。以集体作用的发挥拓展个人参与，以群体性观念变迁带动个人观念的转变。从制度创新看，要大力推广参与式发展（扶贫），强化集体和个人在农村发展项目中的参与。在项目规划、设计、实施、评估、验收等环节中，为集体和个人的参与留下制度空间。通过构建国家、集体、个人深度参与的发展空间，培养广大群众积极向上的观念。

二要完善协作机制，健全国家、集体、个人协同推进机制。要通过实践创新，健全国家、集体、个人协同推进的内生动力培养机制。首先，充分发挥国家制度建设的强制性与刚性作用，推动大范围的观念文化变迁，如县级政府建立相应的奖励制度，对发展积极性高的群众给予适当奖励，引导广大群众提高内生动力。其次，充分发挥集体承接国家与个人的关联性作用，以村规民约及其执行的刚性作用为基础，发挥好社区精英的引导作用，更多借助柔性措施，推动群众观念变迁，形成积极向上的社会氛围。最后，创新扶贫机制，扩大以工代赈项目实施范围，推广参与式发展，让广大低收入群众广泛参与到乡村振兴实践中来，通过参与培养其积极向上的观念和文化。

三要理顺实践通道，建立国家、集体、个人深度参与的内生动力培养机制。首先要加强自强自立观念的宣传与推广，通过电影、电视、手机、报纸等多种形式，加大勤劳致富观念宣传。加大对优秀个人的宣传培养力度，尤其要加强对勤劳致富典型个人的形塑，通过个人影响，带动群众内生动力的形成。其次要培养自我发展能力，鼓励和引导个人参与发展项目。重点加强少数民族个人语言、农业生产技术、劳动力转移就业技术技能培训，通过订单农业、订单培训等方式，提高少数民族群众在发展项目中的参与能力，通过对项目的参与来推动个体观念的变迁。最后要加强基层治理与内生动力培养的有效衔接机制建设。发挥好县乡政府的作用，通过制定奖励性措施及强制性规范措施，引导当地群众转变传统观念。

幸福生活都是奋斗出来的，共同富裕要靠勤劳智慧来创造。鼓励勤劳创新致富是实现共同富裕要把握的首要原则。[①]在脱贫攻坚阶段，云南坚持群众主体，激发内生动力，有效地促进了脱贫攻坚的进程。但受到个体因素和环境因素的影响，在巩固拓展脱贫攻坚成果同乡村振兴有效衔接阶段，始终存在一些内生动力不足的人口，实现巩固拓展内生动力激发成果同乡村振兴农民主体有效衔接，需要在完善治贫体系的基础上，以个体能力素质提升为基础，加强宣传教育，进一步推广参与式扶贫，激发广大群众的内生发展动力。同时，要完善治贫机制及农业农村支持机制，转变资源直接到户、直接给钱给物的做法，将外部资源与激发集体内部慈善有机结合起来，做大集体内部第三次分配，促进共同富裕。

---

① 习近平：《扎实推动共同富裕》，载《求是》2021年第20期。

第十二章　有效衔接乡村振兴面临的现实问题及挑战

　　乡村振兴，摆脱贫困是前提。云南脱贫攻坚取得决定性胜利为顺利推进乡村振兴奠定了坚实的基础。新阶段，乡村振兴的前提是巩固脱贫攻坚成果。[①]但在实现巩固拓展脱贫攻坚成果同乡村振兴有效衔接过程中，脱贫攻坚阶段制约农村发展的一些因素即致贫原因尚未被彻底破解，成为巩固拓展脱贫攻坚成果同乡村振兴有效衔接的障碍。同时，无论是在政治、经济、文化、社会还是在生态等方面，脱贫攻坚与乡村振兴要达到的目标是不一致的，工作机制和治理对象是不一致的，具体衔接中空间拓展、对象拓展及工作机制衔接困难。脱贫攻坚阶段的就业扶贫加快了农村人口流动，导致治理有效困难，扶持到户的产业帮扶机制与产业兴旺衔接难度大，人口流动下社会分层复杂化导致社会整合困难，家庭教育退却下文化传承困难等，导致巩固拓展脱贫攻坚成果同乡村振兴有效衔接困难。此外，云南的农业、农村和农民问题具有一定的特殊性，在实现乡村振兴的道路上，城乡融合发展制度建设滞后、农业生产要素配置不合理、集体经济不发达等，制约着乡村振兴的进程。

一、致贫原因尚未彻底破解

　　2013年，云南首轮精准识别共识别出贫困户196.2万户、贫困人口700.2万人。缺资金致贫的户数占比最大，占42.5%；第二为因病致贫，占30.5%；第三为缺技术致贫，占29.3%；第四为缺劳力致贫，占18.2%；第五为交通条件落后致贫，占12.6%；第六为缺土地致贫，占10%；第七为自身发展能力不足致贫，占9.9%；第八为因学致贫，占9.5%；第九为因灾致贫，占9.5%；第十为缺水致贫，占5.7%；第十一为因残致贫，占比相对

---

　　① 新华社：《中央农村工作会议在京召开　习近平对做好"三农"工作作出重要指示　李克强提出要求》，载《人民日报》2021年12月27日第1版。

小，占4.2%。在脱贫攻坚阶段，云南从主导性致贫因素的角度，把贫困户分为因病致贫、因学致贫、因灾致贫、因残致贫、缺劳动力致贫、缺土地致贫、缺技术致贫、缺资金致贫、交通条件制约致贫、缺水致贫、其他等11种类型。11种致贫原因中有的是家庭个体原因如生病、孩子上学、缺劳动力、缺土地、缺技术、缺资金等，有的是村庄或区域性公共原因，如交通条件制约、缺水等，而有的既是个体原因，也是公共原因，如缺土地。这其中，气候、降雨等方面的一些自然原因没有列入其中。这些原因可分为经济、政治、文化、社会、生态，客观、主观，政策、环境、个人等不同的类型，虽然脱贫攻坚使这些制约农业农村发展的因素得到了改善，但并未彻底改变。笔者结合2015年以来对云南10个州（市）、15个脱贫县及20多个脱贫村的调查发现，七个方面的致贫原因直到目前也没有彻底破解。

（一）土地资源限制无法破解

一方面，土地资源占有限制。一是缺土地，即土地少，这个制约发展的客观原因难以破解。元阳县上新城乡兴隆街村委会上火地自然村没有水田，50户人家只有60亩自开地，种出来的粮食不够吃，口粮要靠打工购买是致贫的主要原因。年轻人还能靠打工买，老年人打工困难，只好到邻村去种"分边田"，即到附近土地多的村庄，种不想种地村民的土地，收成两家分。早些年，去邻村有水田的农户家种田，出种子、农资、劳力，收成五五分；目前，只出劳力，土地所有者出种子、农资。而年龄太大的村民也种不了，所以贫困。相邻的下火地自然村田地少也是致贫的主要原因。全村64户，共有水田25亩，一家人0.5亩都不到；有山地65亩，户均1亩，且不均衡。土地少在一些土地资源匮乏的山区最典型，坝区群众打工容易，所以土地少对其影响较小。但山区群众外出打工的少，多数就地打工，工资收入水平低，在田地少的背景下，粮食只能购买，生活成本增加，所以贫困。进一步分析可以发现，对种植业依赖程度高的地区，土地资源缺乏成为致贫原因之一。即使经过脱贫攻坚，缺土地的状况也无法改变，能够改变的只是土地的质量，如经过高标准农田建设，提高了土地的产出率，而无法改变土地的数量。

　　二是缓坡、平坝耕地数量有限。从全省看，第二次土地调查显示，云南总耕地面积为9365.83万亩。其中，坡度2度以下的面积1388.71万亩，占14.83%；坡度2—6度的面积1049.26万亩，占11.20%；坡度6—15度的面积2720.97万亩，占29.05%；坡度15—25度的面积2845.52万亩，占30.38%；坡度25度以上的面积1361.37万亩，占14.54%。其中，比例最大的是坡度15—25度的坡耕地，坡度在6度以下的优质耕地面积只有2437.97万亩，仅占26.03%；而坡度在15度以上的坡耕地达到了4206.87万亩，占耕地面积的44.92%。怒江州山区比例较大，导致可开发用地少，土地垦殖系数低或不足5%，且多数是坡地。坡度在25度以上耕地占总耕地面积51.3%。其中，泸水市山区面积占99.96%，坡度在25度以上的耕地占总耕地面积的51.3%，可耕地面积少，森林覆盖率达74.06%；福贡县全县17.165万亩耕地中坡度在25度以上的占85%，森林覆盖率达79.47%。高质量的土地资源少，人地矛盾严重是致贫的重要原因。即使经过脱贫攻坚，土地资源的质量也不可能有极大改观，且在脱贫攻坚中，山坡地主要实施的是退耕还林还草项目，而不是高标准农田建设项目。在这样的背景下，缺乏高质量土地的制约因素仍然没有彻底破解。

　　三是生产条件恶劣。由于土地资源有限、土地贫瘠，部分耕地分布在海拔1500米以上，有的甚至高达2500米，气候条件较差，适宜种植的作物种类少、产量低，种田没有收益。镇雄县中屯镇及齐心村因为气候冷凉，当地主要种植的是小麦、玉米、洋芋。原来，冬季漫山遍野种麦子，现在不种了。因为收麦子难收，成本高。一到收获时又刚好赶上梅雨季节。更重要的是，由于气温低，小麦生长期长，从10月开始种，要到次年4月底至5月才能收获，且与玉米有近两个月的共生期，种植小麦就影响玉米种植。此外，洋芋2月至3月开始种，种小麦和洋芋的时间有冲突，种小麦就无法种洋芋，要种洋芋就无法小麦。所以，在每亩仅有200斤的产量、烘干费高达每亩160元、烘干时间长达20天的背景下，小麦基本没人再种了。目前，当地主要种植玉米和洋芋，而且玉米和洋芋套种在一起，两沟玉米一沟洋芋。玉米产量也低，每亩产量只有400—600斤，洋芋产量最高仅每亩1500斤。即使这样，如果算上牛犁地每亩300元，以及种子、化肥等的成本，玉米和洋芋也没有什么收益。更严峻的问题是，齐心村人均占有的土地面积不到1亩。因为种田没有收益，这几年免费给别人种田的现象逐渐增多。澜沧县木戛乡人均有水田1亩、旱地3亩，但多数水田分布在海拔1500米以上的山区，最高达到1800米左右，高海拔冷凉气候导致农作物生长缓慢、产量低，水稻要到11月才收割，产量仅有100多公斤。

脱贫地区在土地资源占有上的一个典型特点是：数量小，坡度大，海拔高，土地产出率低；或是有数量，没有质量；要么既没有数量，也没有质量。即使经过脱贫攻坚，这些客观制约因素仍然无法彻底改变。

另一方面，土地资源开发受限。从地区来看，土地资源开发受限，限制了地区发展。石漠化片区、滇西边境山区、怒江州、迪庆州多数靠近或直接分布在自然保护区内，或是地处大江大河的生态控制线内。土地开发受限，林业资源开发受限，甚至砂土、石料采挖也受限，资源开发限制严重。如金平县地处分水岭国家级自然保护区，绿春县地处黄连山国家级自然保护区，怒江州两县一市涉及高黎贡山国家级自然保护区等。在各种自然保护区内禁止采伐树木，道路修建受到限制。怒江州境内沟壑纵横，60.86%的面积被纳入天然林、公益林、自然保护区、世界自然遗产保护地等，有限的生存空间严重制约了怒江的发展。2018年以来，怒江州怒江沿线50米范围内严禁采挖砂石，各种大型建设项目不得不从保山、大理运输砂石、水泥，运输成本增加使整个项目建设成本增加，发展受到限制。

从中可以看出，缺土地、土地贫瘠这样的问题，即使经过脱贫攻坚也无法彻底破解，因为脱贫攻坚对这类问题的解决办法主要有三：一是搬迁，让当地群众到生存环境更好的地方谋发展，但最后均以无土安置为主，没有解决缺土地问题。二是退耕还林还草，以后都不再种植。这不仅没有解决土地数量问题，还加剧了土地数量短缺的问题。三是实施农田水利项目、中低产田改造项目，以改善土地质量。土地质量稍有改善，但数量问题仍然没有解决。由此可以说，土地资源限制是实现巩固拓展脱贫攻坚成果同乡村振兴有效衔接最大的障碍之一。

（二）气候条件限制无法改变

气候限制最重要的方面是高寒冷凉。一山分四季，即使在地处热带、亚热带的滇南地区，低热河谷地带产业发展较容易，而高海拔地区气候冷凉，适宜发展的作物有限，产业难上规模，成为致贫的重要原因。因此，怒江州、迪庆州、丽江市，包括昭通、曲靖的部分地区，气候冷凉成为致贫的重要原因。气候冷凉导致作物生产缓慢、生产期长，畜禽生长期长。剑川县玉龙村地处低纬度、高海拔地区，海拔达到2580米，日照时间长，昼夜温差大，霜期较长，每年长达200天以上，重霜期达90多天。其他适宜发展的产业少之又少，粮食产量仅有一般地区的一半。气候条件恶劣，是导致农业产业发展困难的主要原因，进而导致贫困的发生。

另一个气候因素是降雨量大。江城县、澜沧县、绿春县、马关县、福贡县和贡山县的年均降雨量分别达到2260毫米、1790.6毫米、2256.8毫米、2076.9毫米、1636.4毫米、1926.1毫米。最高的金平县达到2358.6毫米。常年降雨量大，导致基础设施项目建设工期长、维护难、适宜的产业较少、农民生产生活极为不便。降雨量大还导致以交通为代表的基础设施破坏严重，维护成本较高。怒江州"边三县"[①]、普洱市道路水毁严重；红河州南部的绿春县，每年4月下旬开始到10月雨季结束，道路滑坡严重，通达性极低。

气候冷凉和降雨量大还导致各种项目推进困难。在降雨量大的怒江州"边三县"，以道路为代表的基础设施建设项目最佳施工期为11月至次年的4月，5月至10月因降雨量大而推进困难。同时，降雨量大还导致基础设施建后容易被毁，维护成本高。而邻近的迪庆州则进入11月中旬后基础设施建设就因地面结冰而无法施工，昭通市镇雄县也有类似情况。

高寒冷凉、降雨量大是导致一些脱贫地区产业发展困难、相关项目推进困难的重要原因。这些客观的环境因素无法通过工程建设来改善，在脱贫攻坚中，主要的解决办法：一是搬迁，到条件好的地方去；二是发展设施农业，改善产业发展的环境；三是依托气候特征发展特色产业。从实践看，这些措施并没有改变当地的外部环境，气候冷凉、降雨量大等客观环境因素仍然摆在那儿。且在后续发展中，设施农业发展举止维艰，因为其他条件好的地方早已开展过多方面的探索。依托气候特征开展的探索，具有一定的优势。但从总体来看，高寒冷凉、降雨量大仍然是大部分脱贫地区面对的外部环境，成为其实现巩固拓展脱贫攻坚成果同乡村振兴有效衔

---

① 泸水市、福贡县、贡山县。

接的障碍。

（三）基础设施相对落后难以改变

影响群众致富并导致其贫困的基础设施因素主要表现在两个方面：一是农田水利基础设施；二是交通基础设施。除此之外，与产业发展相关的网络基础设施、仓储物流基础设施等，也在一定程度上影响了群众致富。

首先，农田水利基础设施落后，旱涝保收的农田面积小。第二次土地调查显示，云南全省仅有水田2257.27万亩，只占全省耕地面积的24.10%。在农田水利基础设施总体薄弱的背景下，区域发展不平衡，贫困地区多数分布在山区，地方政府投资能力不足，农田水利基础设施建设成本高，农田水利基础设施更加薄弱。在2016年初调查时，宁蒗县拉伯乡的水利设施年久失修，破损严重，32个村民小组人畜饮水问题仍然没有解决。到2018年，澜沧县木戛乡拉巴村全村只有1个小一型水库、4个小二型水库、5个小坝塘，但雷响田多，70%是雷响田。粮食产量低，最高海拔种到1700—1800米，水田仅有2680亩，人均有粮仅338公斤。经过脱贫攻坚，农田水利基础设施得到了一定程度的改善，但因云南全省94%的土地属于山区、半山区，农田水利工程建设难度大，改善幅度并不大。

其次，交通基础设施钳制。贫困地区交通基础设施落后影响产业发展，主要体现在三个方面：一是没有高等级的公路，不通路。截至2019年底，怒江州内无高速路、无机场、无铁路、无航运、无管道运输，交通钳制严重。截至2018年11月，昭通市高速公路通车里程仅272公里，高速公路主骨架网络尚未形成，高等级公路仅占其公路总里程的6.4%，只有全国平均水平12.8%的一半，普通国省干线公路二级以上占比仅为33.6%。同时，县际、乡镇间断头路较多。镇村间断头路较多，有527个行政村之间存在3894公里断头路。另外，昭通市仍有三分之一以上的自然村尚未实现通达，且自然村公路硬化率低，还有未通公路的不搬迁自然村1.9万个，待建公路里程26391公里。农村等外公路占比高达18%以上，且以前建设的等级公路还有一部分路基路面较窄，安防条件差，存在通车隐患。昭通地形复杂、山高坡陡，特别是农村公路临水临崖路段多，自然损毁严重，安全隐患突出。还有安全隐患路段11860个点段9097.64公里亟须处置。截至

2017年底，文山州马关县还有2516公里农村公路未硬化。在2016年调查时，宁蒗县拉伯乡交通基础设施落后，除了乡政府所在的个别村以外，其他村到村委会都要一个小时以上，有些甚至一天都到不了。开远市唯一的贫困乡碑格乡脱贫最大的难题也是基础设施制约。到乡政府是水泥路，而进村的道路主要是弹石路。市、乡两级千方百计把企业引进来，企业看到道路条件差，担心农产品运不出去，又走了。

二是有公路，但运力差。贫困地区交通基础设施钳制还体现在有公路但运力差的问题。2017年7月到2018年1月13日期间，金平县蛮金二级路因降雨导致滑坡而封闭。金水河镇蕉农的香蕉价格因此从2元/公斤下降至0.5元/公斤。澜沧县这样的情况也较严重。而怒江州这一问题更加突出，每年二级路的水毁现象较突出。从中可以看出，交能钳制在降雨量较大的滇西南山区，更多体现为公路运力较差。此外，滇西北的迪庆州、滇东北的昭通市冬季道路结冰现象严重，道路运力也较差。

三是有运力，但地处交通末梢，运输时间长，运输成本高。贫困地区仅有少数地处云南交通枢纽昆明的辐射范围内，多数虽然已与昆明等区域性交通枢纽连通，但运距较远，运输时间较长，运输成本较高，由此降低了产品的竞争力，因此陷入贫困。同时，运距远，运输条件差，还导致各种发展项目的实施成本较高，群众生活物资成本高。红河州、怒江州、迪庆州山高坡陡，二次搬运、三次搬运严重，住房建设成本较高。一般地区农村住房建设成本为1200元/平方米，而这些地区高达1500元/平方米。简单的1包水泥，出厂价仅18元，但运到群众建房地，价格高达七八十元，最高达118元。由运输产生的成本远远高于建筑物资本身。一般地区自然村道路硬化45万元/公里可以完成，但怒江等部分地区自然村道路硬化最高每公里投入达100多万元。

在三种原因交织下，贫困地区有产品运不出去，或是运输成本高，耗时长。多数农产品不易保存，基本无法远距离运输，农业产业发展受到限制。传统上，贫困地区农产品缺市场，无法打开销路。新时期，电子商务的发展及电商扶贫为这些地区农产品销售打开了宽敞的大门，但运距远、运输成本高制约了发展。同时，农产品的一个共同特点是不易保存这使多数农产品网上销售的空间较小。此外，由于运输成本高，各种当地不能生产的生产生活用品价格远高于其他地区，群众的生产生活支出较高。更为重要的是，由于交通基础设施落后，与建筑相关的项目建设成本高，交通基础设施建设成本高，进一步加剧了交通基础设施滞后的问题。

经过脱贫攻坚，脱贫地区基础设施得到了较大改善，但因区位因素影响，基础设施落后的问题只是从绝对落后向相对落后转变，并非彻底破解。即使道路得到了极大改善，但因为多数地处山区、半山区，甚至高寒山区，各种农产品要运到以昆明为代表的城市消费者手中仍然较困难，更别说运到东部沿海城市。从这个角度出发，脱贫地区基础设施薄弱、落后的问题仍然没有彻底改变，成为阻碍巩固拓展脱贫攻坚成果同乡村振兴有效衔接的重要因素。

（四）产业发展基础薄弱仍未改变

在脱贫攻坚阶段，产业发展基础薄弱是贫困地区致贫的主要原因。因为产业发展基础薄弱，贫困户经营性收入低，导致其家庭贫困。对于贫困村来说，没有支柱产业，没有特色鲜明、收益高的特色农业。剑川县优势产业不明显，发展种植或养殖业风险大，群众抗风险能力弱。西盟县产业发展资金后劲不足，产业发展缺技术、品种单一、规模小，难以形成市场；产业支撑，培养难度较大，巩固困难。施甸县木老元乡农民受教育程度低，接受新思想、新技术、新品种较慢，农业生产技能低。在产业发展上，市场的风险波动大、群众顾虑大等，导致产业发展受到制约，发展困难。产业发展基础薄弱，主要是指贫困村、贫困户产业结构相对单一，以粮食为主，或以效益低的农作物为主，而不是以高效益的特色产业为主，主要体现在三个方面。

一是产业弱小，不成规模。贫困地区受土地占有量、土地质量等限制，在相同条件下土地资源零散、规模小；更重要的是，立体气候、海拔高差不一，"十里不同天"的气候特征致使贫困地区产业难成规模。虽然有特色农产品，但适宜种植的土地面积散、小，难以形成规模。被认为已经实现规模化的怒江州草果产业，2018年5月种植规模达到105万亩，还计划种植15万亩，届时总面积将达到120万亩。但如果按照福贡县挂果10万亩，产量1.25万吨，以产量125公斤/亩计算，全部挂果，年产量也才将达到13.13万吨。2017年，贡山县草果种植面积为21.59万亩，仅有3.54万亩挂果。近两年来，一些村庄的草果因气候原因，挂果率低，有的甚至没有收成。加之近几年来，草果鲜果价格一直下跌。在气候、土质以及市场的影响下，草果种植要真正成为规模化产业还有很长的路要走。

二是新型经营主体少、小。贫困地区在产业发展中龙头企业、合作社、种植养殖大户较少，且能力弱。贫困人口多位于山区、半山区，土地分散、贫瘠，规模化经营困难。文山州什么都可以种，就是不成规模，经营主体培养困难。截至2018年底，7225户新型经营主体，多数经营不善，有实质作用的不到20%。而怒江州即使草果、核桃等已初具规模，但因交通导致的运输成本高，生产设施建设成本高，多数企业不愿意来投资建厂。两方面的原因，使贫困地区新型经营主体培育面临着少、小的局面，且这一局面改变较困难。

三是产业发展前景不容乐观。贫困地区在产业规模散、小、弱的背景下，还要经受市场的冲击、自然灾害的影响等，发展前景不容乐观。普洱市从20世纪80年代中期开始先后发展了茶叶、咖啡、核桃、橡胶等四大产业，但没有一个是效益好的。目前，茶叶市场价格相对稳定，咖啡市场价格不好，核桃干果市场价格从每公斤20多元下降到每公斤七八元，有的鲜果带皮的仅卖到每公斤1元。江城县、澜沧县两个深度贫困县都有核桃种植，影响较大。怒江州草果鲜果价格从7元/公斤下降到3元/公斤，甚至2元/公斤，未来的前景不容乐观。昭通市镇雄县深度贫困村大多数集交通不便、产业发展滞后于一身，产业培育主要依靠扶贫专项资金投入，缺乏强有力的龙头企业和能人带动，脱贫产业还处于小、散、弱状态，抗风险能力弱，市场竞争力差。

而从贫困户家庭来看，不会计划和经营也制约了其产业发展。贫困户不会计划和经营，别人种什么就跟着种什么，又没有别人的技术好，种什么亏什么。

产业发展困难的原因可归结为五个方面：一是支撑产业发展的基础设施薄弱。二是支撑产业发展的技术薄弱，包括种植技术、畜种改良技术等。三是支撑产业发展的市场没打开，产品没有销路。四是农户缺乏扩大再生产的垫本，这也说明金融服务之不足。五是没有好的产业发展思路，不会计划和经营实际上是缺少市场意识，难以掌控市场的变化。几个方面的原因交织，导致产业发展困难、收入低。即使经过脱贫攻坚，这些方面的问题仍无法彻底破解。正如上文提到的，基础设施的相对落后问题会导致脱贫地区产业发展困难。加之市场的变化莫测、个体市场意识培养的长期性等影响，产业基础薄弱的现实尚未能彻底改变。

（五）人力资本制约仍未改变

在脱贫攻坚阶段，贫困地区人力资本制约的主要表现是缺人才，各行各业都缺人才。从贫困户来说，人力资本制约主要体现在四个方面：一是缺劳动力。因为有劳动力，没有产业可以外出打工，基础设施落后可以到基础设施完善的地方打工和生活，公共服务更不用说，住房问题也容易解决。开远市碑格乡小寨村的贫困与土地多少关系不大，主要原因是没有劳动力。全村450户农户、167户贫困户中有20多户是一个劳动力带两个孩子的家庭。剑川县玉龙村先生邑自然村缺劳动力是致贫的主要原因。加之没有机耕路，田地离路较远，年轻人外出打工，老人无力耕种，导致贫困。村内一户贫困户拥有全村最多的土地，达14亩之多，但只有父子二人，父亲75岁，儿子30岁，土地耕种不过来，导致贫困。同样，玉龙村委会下辖的北寨自然村因村民生病的较多导致缺劳动力是其贫困的重要原因。村里慢性病多，如风湿病严重导致患者无力从事劳动。在贫困地区，尤其是对农业或土地依赖程度低的贫困地区，劳动力的多少决定了家庭收入的多寡，劳动力与家庭收入成正比例关系。在这样的地区，劳动力缺乏成为致贫的重要原因。

二是受教育年限短，对外交流困难。贫困地区尤其是深度贫困地区的教育事业发展滞后，受到保守落后的家庭观念等方面的影响，总体受教育年限较短。典型如"直过民族"聚居区，人均受教育年限远低于云南省平均水平，由于受教育水平低，232.7万名"直过民族"到2018年还有约15万人基本不懂普通话，近50万人不能熟练使用普通话。怒江州平均受教育水平为7.65年，有近40%的少数民族群众不能熟练掌握普通话。由于受教育年限短，不懂普通话，劳动力转移就业扶持效果不佳。怒江州、迪庆州劳动力转移就业意愿总体较低，主要原因就是当地贫困群众对外交流困难，独自在外地生活不适应。

三是技术技能掌握不足。受教育水平低导致贫困人口对农村实用技术掌握不足、缺乏市场经营意识等，成为贫困地区致贫的重要原因。镇雄县贫困户种植洋芋，最高亩产为2吨左右，而一些在流转土地上开展洋芋种植的经营主体，亩产可达4吨。贫困户农业适用技术掌握不足的问题可见一斑。这一问题在"直过民族"地区体现得更加典型。这些地区的多数群众农业种植尚处于粗放种植、粗放管理状态，"种一坡，收一箩"是典型写照。在农业生产技术掌握不足的背景下，市场知识掌握也不足，种什么，亏什么。

四是思想观念落后，内生动力不足。在自我发展能力弱的基础上，一部分群众还存在等靠要的思想，内生动力不足。少数群众因长期贫困，上几代人都是经济条件不好的，周围也是经济条件不好的，导致自己对什么是贫困没有足够认知。一部分贫困群众把"有吃就吃、有喝就喝"看作是幸福，对自身经济状况没有太多的评价。没有评价就不会依据评价结果向着更好的结果而努力，就不会根据评价结果构筑自己的中国梦，也不会想着为致富而奋斗。思想上惰性严重，缺少想要富的想法。怒江州、迪庆州以及澜沧县都把群众致贫的主要原因归结为素质型贫困，其中一个重要的原因就是当地群众在文化知识、农业生产技术、思想观念等方面与经济社会发展需求不适应。社会发育滞后的"直过民族"聚居区，在外部环境影响下人的综合素质对脱贫的制约体现得最为明显。

思想观念是看不见、摸不着的东西，但成为脱贫攻坚最大的难点。除了等靠要之外，还有四个方面的问题：一是固守传统产业，不愿意外出打工，这在山区靠天吃饭的生产环境中，贫困成为必然现象。二是生育观念落后，超生导致家庭负担加重。三是婚育观念落后，早婚早育普遍，导致青少年辍学，新增劳动力受教育水平低，各种帮扶措施无处着力。四是消费观念落后，大操大办红白喜事，节日铺张浪费严重。进一步分析可以发现，观念上的问题包括三个层面：一是产业发展与探索方面的观念。难在一部分贫困户不求变、怕变，故步自封。二是对待劳动和工作的态度。一部分群众不想通过勤劳致富，再好的措施其也无动于衷，没有主动性。三是对贫困的冷漠态度，对贫困持无所谓的态度。三个层面的态度和观念构成了一种贫困文化，文化的变迁与调适是一个缓慢的过程，不是一朝一夕的事。

人的观念的转变是人力资本培育的一个重要组成部分。结合人力资本培育的特点，人的观念的转变由当代人的观念转变与下一代人的观念转变两个部分构成，下一代人观念的转变要从小抓起，需要较长的时间。而当代人的观念转变则较困难。在这样的背景下，即使经过脱贫攻坚，思想观念方面的问题仍然无法彻底破解，还需要较长时间的探索和努力。

在云南，致贫的根本原因或阻碍乡村振兴的根本因素不在自然条件与外部环境，而在于人的综合素质与能力。也正因为如此，云南在脱贫攻坚阶段和巩固拓展脱贫攻坚成果中把对人力资本的建设放在重要的位置。但一个现实问题是，人力资本培育是一个长期性的过程。当代人的培养，受教育水平、思想观念的影响，不是一件简单的事，也不是一朝一夕就能实现的；而下一代人的培养，受家庭条件、教育制度、教育扶持等方面以及人的生命周期的影响，更是一个长达20年左右的过程。在这样的背景下，人力资本制约的问题仍然没有彻底解决，成为阻碍巩固拓展脱贫攻坚成果同乡村振兴有效衔接的重要因素之一。

（六）资金制约没有彻底改变

缺资金是致贫因素中占比最大的因素。调查发现，基层政府投资能力不足、各种扶持项目资金配套压力大也是限制地区发展的重要原因。所以，资金制约体现在两个方面。

一是地方政府缺资金。贫困地区政府财政收入低，缺少投资改善基础设施、支持产业发展等方面的资金。怒江州在易地扶贫搬迁项目推进中，面临的最大问题在于前期投入经费较高，包括土地征用、拆迁补偿、地勘、规划、设计等，目前，在易地扶贫搬迁中，政策允许提取国家专项扶持资金的2.5%作为前期工作经费，但这只是杯水车薪，远远满足不了易地搬迁前期工作经费需要。同时，地方政府投资能力不足，难以根据产业发展需要开展激励性扶持，农业产业结构调整缓慢。

二是贫困户缺资金，发展困难。贫困户缺资金，导致产业发展困难。金平县金水河镇的一部分贫困户缺乏生产垫本，该种香蕉时无钱买苗，该施肥时无钱买肥，扩大再生产无法实现。同时，贫困户缺资金，需要贫困户参与的扶贫项目推进困难。2017年以前，易地扶贫搬迁实行政府补助、银行贷款、群众自筹的投资方式，在建设成本高、贫困户自筹能力不足的背景下，项目推进困难。而在随后的危房改造中，尤其是拆除重建中，贫困户自筹能力不足，项目推进受阻。因此，不断想办法提高补助标准，目的就是破解贫困户筹资能力不足的问题，加快项目推进进度。

目前来看，即使经过脱贫攻坚，尤其是金融扶贫的推进，地方政府缺资金、脱贫户缺资金的状况也难以彻底改变。这在各种扶贫措施如教育扶贫、健康扶贫、社会保障兜底扶贫、易地扶贫搬迁等项目推进面临的问题中已经体现出来。在全面推进乡村振兴的过程中，政府投资重点从集中在贫困县、贫困村、贫困人口转向全部县（市、区）、村庄、农村人口，需求扩大，政府缺资金的问题会进一步凸显。而对于农户来说，无论是脱贫户还是一般农户，要实现产业兴旺，就要根据当地产业发展实际及市场需求，扩大再生产，也要投资家庭人力资本建设，为健康、教育等买单。在这样的背景下，缺资金问题的解决只是相对的，在纵向对比中得到了解决，但无法彻底解决。

（七）支出压力大无法彻底改变

在脱贫攻坚阶段，教育成本、医疗成本、生产生活成本高成为致贫的重要原因；在后脱贫攻坚阶段，这些问题仍然没有彻底解决。

一是教育成本高。教育是导致贫困的一个主要原因。因学致贫最大的问题在高等教育上，读大学的孩子单学费就能拖垮一个家庭。虽然国家在基础教育方面投入力度加大，但是贫困大学生的支持力度仍然不足。由于大学学费昂贵、生活成本高，存在贫困户本来已经脱贫，却因孩子上大学而返贫的现象。另外，撤并校点后加剧了贫困家庭的教育成本。一些地区的学生每周上学都需要走十多公里的山路，家长为了子女上学不得不往返于学校与家之间。甚至有些家庭不得不到镇上照顾子女上学，分散了农村从事产业的劳动力。

作者2015年调研时发现，剑川县甸南镇发达村委会薹坪村小学三年级的学生就得到镇上去上学，道路艰险，必须要家长用摩托车或汽车送，但是也比较危险，还要家里的老人下去照顾。小学到初中共有100多人，高中有11人。如果包车下去，一次需要150元。剑川县玉龙村先生邑自然村有部分家庭因供孩子上学陷入贫困。全村118户有7名在校大学生，有5户人家高中、大学同时有学生在校，压力更大。2016年调研时，宁蒗县阿伯乡甸村的孩子上学需要走几公里，甚至十多公里的路，需要劳动力接送小孩，甚至需要陪读。村里有一户贫困户所在的自然村离村委会有十多公里，夫妻二人轮流到位于村委会的小学附近租房照顾孩子。另一户农户有两个孩子在翠玉乡上学，大女儿上初中，小女儿上幼儿园，外公外婆在那儿租房子照顾，每月租金280元，两间房，一间做饭，一间住人。本来就贫困，还得有人管小孩，发展出现倒退，生产生活相当不便。

通过分析可以看出，教育支出压力大主要是由于集中办学带来的交通成本增加，集中办学导致的陪读现象，使教育负担增加；同时，集中办学后家长为照顾孩子导致劳动力减少，贫困加剧。学校分布不合理，离家远，因此产生了不必要的成本，包括交通、陪读导致的劳动力减少等成本。同时，大学、高中生活费用高，致使一些学生家庭陷入贫困。归纳起来，教育公共产品或服务的获得成本高，包括交通成本、家庭劳动力付出等。这一状况在教育扶贫下得到了一定的缓解，主要得益于生态补贴，但在教育扶贫按照统一标准推进的背景下，教育成本高的地区脱贫家庭支出压力仍然大，教育支出压力仍然没有彻底改变。

二是医疗成本高。生病以及医疗成本高也是致贫的主要原因之一。在开远市碑格乡小寨村，生病后家庭劳动力减少是致贫的重要原因。剑川县甸南镇发达村委会薲坪村没有医疗点，没有医生，看病必须要到甸南镇上。尽管合作医疗已经全覆盖，但是可及性差，村子到甸南交通不便，看病的交通成本高。2015年，独龙江乡还有两个村没有村医而无法提供基本的医疗服务，群众只能到乡上看病，无形中加重了因交通、食宿而产生的负担。同时，乡卫生院医疗条件总体上仍然落后，孕产妇产检无法照B超，导致大部分群众不得不到贡山县城、州政府所在地（泸水）、保山等地看病，因病产生的交通、食宿等费用增加；并使新农合报销比例降低，群众自付比例提高，家庭因病支出增加。

通过分析可以发现，生病导致劳动力减少，不仅包括生病的劳动力，如果是住院治疗，还包括照顾病人的劳动力。同时，家庭支出增加，家庭支出包括医疗费和交通费。虽然在健康扶贫下医疗基础设施、服务水平得到了极大提高，但从云南全省来看，医疗卫生资源区域分配不均的问题没有彻底改变，由此导致群众为享受优质医疗资源而不得不到外地看病，交通成本增加，家庭陪护成本增加，支出压力大。另外，正如健康扶贫部分提到的，土医生没有被纳入医保报销范围，也使群众医疗支出高的问题没有彻底解决。

三是生产生活成本高。生产生活成本高是重要的致贫原因。开远市碑格乡一些村子在建房时，运材料的车进不去，只能自己背材料，导致建筑成本增加。一般地区建房成本为1100—1200元/平方米，但到金平县老刘村，建设成本高达1500—1600元/平方米。文山州交通条件差主要表现在运力差，成本高。文山市区40元/立米方的砂石，运到广南（广南无法采砂石）就要100多元。马关县修了一条路，每年为蕉农省下800万元的运输成本。红河州全州通自然村道路涉及项目680个1300公里，省级补助35万元/公里。但州内多数县（市）的山区建设成本每公里高达七八十万元。楚雄州行政村公路每公里的成本达到60万元左右，而一般地区仅45万元左右。

施甸县木老元乡木老元村道路交通基础设施薄弱，农业生产道路不便，雨季道路不畅通，部分农户家门口没有通车路，建房材料及一些农产品没有办法用车运到家，必须靠人力搬运，搬运成本高。元阳县上新城乡兴隆街村委会下火地自然村进村路差，几乎没有路，板蓝根、杉木无法用车运，只能用马驮，15元/驮，如果路通，才几十元一车。剑川县甸南镇发达村委会薆坪村没有超市，也没有小卖部，生产生活用品需要到17公里外的甸南去购买，成本高，有时候只能委托个人去买点生活用品。2014年11月笔者在独龙江乡调研时也发现，独龙江乡蔬菜价格比一般地区高得多，除洋芋外，大白菜、白豆腐每公斤零售价高达10元，是一般农村地区的两倍以上，当地群众的生活成本较高。

分析发现，生产生活成本高的主要原因为基础设施落后，导致大型运输机械无法使用，以传统的人力搞生产，效率低与高劳动力投入，导致生产成本高。同时，生活用品购买不便，距离远，导致生活成本高。这两方面的原因对脱贫户的影响无疑更严重。进一步讲，脱贫地区交通条件虽然得到了一定程度的改善，但多数地处边远，各种生产生活资料因运输困难而致使价格比其他地区高，由此造成生产生活成本高的现实问题。即使交通基础设施得到较大改善，但因很多脱贫人口分布在远离建筑材料、工业产品以及主要农产品生产区，远距离的运输导致高物流成本，并转化为高生产生活成本。这一问题不仅是致贫的重要原因，也是巩固拓展脱贫攻坚成果同乡村振兴有效衔接必须直面的现实困难。

总之，导致贫困、阻碍乡村振兴的因素较多，且并非单一因素，往往是多种因素共同作用的结果。基础设施落后，可能导致生产成本高；农产品运输困难，外地客商也不愿意来收购农产品；新型经营主体不愿意进来开展租地经营，新的产业发展困难；交通不便导致生活用品购买成本高、建筑材料运输成本高等问题。这些因素可以归纳为两个层面：如基础设施落后是共性问题，影响的是全村性的、区域性的；但缺劳动力可能是个体性的，即影响的是家庭。同时，这些因素可归纳为外部环境、自然资源、自身条件、制度排斥等几个方面。自然资源状况无法改变，而外部环境主要是生产生活环境，它和制度排斥是可以改变的。家庭的自身条件主要是劳动力的数量与能力，短期无法改变。从是否能够改变的角度讲，一类是可以改变的，另一类是无法改变的。基础设施落后、产业基础薄弱、缺技术、公共服务供给不足、观念等是可以改变的，但家庭劳动力缺乏除因孩子小外，在很大程度上无法改变。同时，以土地资源气候为代表的自然因素也是无法改变的。这也说明巩固拓展脱贫攻坚成果的难度，因为一些无法改变的因素的存在导致稳定脱贫困难。从是否能够在短期解决的角度看，观念的转变可能是长期的，其他方面的问题可以在短期内解决。但从各方面的反映来看，观念落后都是致贫和巩固拓展脱贫攻坚成果的绊脚石。

在无法改变的因素中，最典型的是缺土地问题。在我国农村集体产权架构、农地确权的背景下，短期内农村土地不可能再重新发包，所以，现有的集体经济组织状况决定了脱贫户缺土地的问题无法解决。土地问题无法解决，导致部分家庭人口年龄结构"两头大、中间小"的脱贫户稳定脱贫困难；一部分家庭年龄结构偏大、劳动力少的脱贫户稳定脱贫困难。因为劳动力少，无法通过劳动力转移就业实现稳定脱贫，无论是就地解决稳定脱贫问题，还是通过易地搬迁来实现稳定脱贫都很困难。同时，气候等自然条件无法解决，典型表现是高海拔、冷凉气候，除了种植中药材、养殖高海拔牲畜外，还没有什么办法可以实现就地稳定脱贫。所以，脱贫攻坚仍然没有彻底解决阻碍脱贫地区、脱贫人口发展的因素。基于这些因素的客观性，无论帮扶措施如何完善，也无法完全解决。除非进一步增加易地搬迁指标，通过搬迁来解决外部环境限制的客观因素。通过土地资源的重新整合，解决缺土地问题。

二、巩固拓展脱贫攻坚成果同乡村振兴有效衔接面临的问题

巩固拓展脱贫攻坚成果同乡村振兴有效衔接涉及空间、对象两方面的拓展：空间从脱贫县、脱贫村向一般农村地区拓展；对象从脱贫人口向农村群众拓展，在易地搬迁和人口流动下，还向城市人口拓展。工作内容从侧重促进发展、推动发展向更高质量的发展转变。工作机制从基于底线责任的推动发展和政府主导转向基于基础工作的引导发展和政府服务。分配格局从一次分配为基础、二次分配为主向一次分配为主、二次分配为辅转变。在目标、对象、工作机制等方面不一致的背景下，实现巩固拓展脱贫攻坚成果同乡村振兴有效衔接面临着人口流动下治理有效困难、家庭承包分散经营下产业兴旺困难、社会快速转型下整合困难、家庭教育退却下乡风文明建设困难、生态扶贫与生态宜居衔接困难等政治、经济、社会、文化、生态五个方面的问题。

（一）人口流动下治理有效面临困难

政治方面，在脱贫攻坚阶段，党建与扶贫"双推进"对实现有效治理具有重要的推动作用，发挥了三个方面的作用：一是增强了基层党组织带领群众致富的本领；二是改善了党群关系，促进了社会和谐；三是以党员帮带、网格化治理为代表的机制创新对有效治理具有推动作用。但在脱贫攻坚和巩固拓展脱贫攻坚成果中劳动力转移就业导致的人口向外流动，致使治理主体虚化，影响了治理的有效性。大多数青壮年劳动力外出打工，外出打工的劳动力占全村劳动力的比例最高达到60%以上，一般贫困村达到40%。劳动力向外流动，使民主选举变得困难，以村庄为基础的自我服

务能力下降，尤其是集体应对干旱等自然灾害的能力下降，维护村庄公共环境卫生的行动能力下降等。

同时，伴随着农地经营权的流转，新农人进入村庄。新农人不是集体成员，但他们希望进入村庄治理体系，以期通过参与村庄治理，维护自身的利益。但村民自治是建立在集体之上的，集体以户籍制度为主要识别依据，在一个村民委员会范围内，被认定为同一个集体的社会成员以及由这些社会成员形成的组织，才有资格成为多元主体之一。其他生活在集体范围内但没有成为集体成员的个人及其组织，不属于治理主体范畴。在乡村治理中，党员的组织关系容易接转，也可以通过成立非公经济组织党支部、临时党支部等来解决。但非集体经济组织成员无法进入治理体系，更重要的原因在于迁入群众的户口、土地等产权不在迁入地，同时，新农合、新农保、低保等公共服务也在原集体，因此，很难真正进入生产生活所在地的治理体系。虽然部分村庄在吸收外来主体参与方面进行了尝试，但就目前来看，外来主体参与村庄治理的障碍较大，难以满足新农人的需求。

在这样的背景下，一方面，巩固拓展脱贫攻坚成果要促进劳动力转移就业，加快农村人口流动，使更多的集体经济组织成员向外迁移，打破集体的边界；另一方面，随着农村承包地"三权分置"制度的落实，大量新农人流入农村，使多数集体范围内从事生产生活的群众已不再属于同一集体经济组织。但村民自治的制度限制将外来者排除在治理主体之外。治理主体面临着年轻人外出打工，以集体经济组织成员为基础、年富力强、有能力的自我管理人才难寻；而具有较强治理能力的外来者难以进入以集体经济组织成员为基础的村庄治理。这两方面的问题，导致实现有效治理困难。

同时，在巩固拓展易地扶贫搬迁成果中，150万搬迁人口户籍逐步迁出，但承包地、林地等资源尚留在迁出村，形成了大量有公共服务需求的非集体经济组织成员，如何满足这部分人口的治理需求也面临困难。

（二）产业扶贫与产业兴旺衔接困难

产业扶贫与产业兴旺的目标指向、实现路径和机制存在差异，有效衔接面临困难。

一是目标存在差异，衔接困难。在脱贫攻坚阶段，云南产业扶贫的核心是通过建立激励机制，引导贫困群众发展更高收益的产业。上文也提到，推动粮经转换，发展特色农业、立体农业、生态农业等，重点是调结构。而产业兴旺更多指向延伸产业链，促进产业融合发展。产业扶贫主要针对产业发展的困难户即贫困户，而产业兴旺则重点依靠新型经营主体和职业农民。要从侧重调结构向延伸产业链、促进产业融合发展转变是历史延续性的问题，如果经过调整的产业结构较合理，从调结构到延伸产业链、促进产业融合发展是顺理成章的事。但从巩固产业扶贫成果角度出发，如果不继续给予脱贫户扶持，产业可持续性就会受到影响。如农户对特色产业花椒后期管护的积极性会受到影响，进而影响到扶持的效果。同时，重点扶持产业对象要从困难户即脱贫户转移到新型经营主体，产业扶贫的后续扶持就会受到影响，因为产业扶持资源总量有限。

二是工作机制存在差异，衔接困难。从工作方式或机制上讲，产业扶贫是一种引导性、前置性工作，更多是通过激励引导和入户动员，让贫困群众普遍参与高效益的产业。通过制度和政策引导，让企业、新型经营主体参与到产业中来，并与贫困群众建立紧密的利益联结机制。在这个过程中，政府发挥着重要的作用，是引导者，甚至是主导者，尤其是在激励性引导机制的带动下。而产业兴旺则要发挥市场的决定性作用，政府工作从引导者向服务者转变。

三是对象存在差异，衔接困难。从对象讲，产业扶贫以贫困户及带动贫困户发展的新型经营主体为对象，而产业兴旺则需要始终以新型经营主体、职业农民为对象。产业扶贫要求覆盖所有具备条件的贫困户，而产业兴旺则突出条件的相对优越性，即要鼓励条件好的经营户进一步发展，淘汰那些条件相对弱的经营户。从这个角度来讲，产业扶贫对象与产业兴旺的对象衔接有困难。

此外，产业扶贫强调精准到户，侧重扶持到户，服务于增收脱贫；而产业兴旺服务于共同富裕，侧重点将从户转变到集体，产业扶持资金将更多向集体转移，而不是脱贫户。

（三）社会快速转型背景下整合困难

从社会方面讲，在城镇化、工业化、劳动力转移就业等推动下，云南农村社会转型加快，但不同地区社会发展基础不均，不仅体现在社会事业发展不均，还体现在与市场相适应的社会结构建设滞后上。"直过民族"大部分生活在怒江、临沧、普洱等边境沿线或偏远山区，社会发育程度低，社会发展滞后，社会成员关系简单化、传统化，社会成员关系以地缘、血缘为主，而以契约、利益联结为基础的现代社会关系发展滞后。在脱贫攻坚劳动力转移战略推动下，人口流动撕裂了传统社会结构，社会分层和利益需求多元化，社会整合困难。

一方面，人口流动撕裂了传统社会结构。农村人口流动导致农村人口发生了结构性变化，"空心化"特征开始出现，农村剩下的多数是老年人、妇女、儿童，"三留守"问题开始凸显。在农村人口外流的同时，在农村土地经营权流转推动下，一批新农人开始进入农村。一方面，大量的农民转移进城；另一方面，非集体经济组织成员进入集体开展生产和生活。农村集体经济组织管辖范围内的成员异质性增强。人口流动导致农村社会结构发生变化，原来低流动性、相对稳定的社会结构受到冲击，社会结构不稳定性更高。同时，区域之间、村庄与村庄之间差异性较大，既有人口外流严重的，也有人口流入较多的，或者人口流动性低等不同类型的村庄。村庄内部社会结构因人口的流转而异质化，部分村庄青壮年流失严重，"三留守"问题制约村庄发展。

另一方面，社会分层和利益诉求多元化，社会整合困难。社会分层从改革初期的社会成员同质化向多元化方向发展，基于阶层分化基础之上的利益需求也变得多元化。从不同的角度，可将云南农村居民划分为不同的阶层。从职业角度出发，农村居民可划分为以农业生产为主的农民、兼业的农民、农村非农就业者、农村企业老板、村干部等不同的群体。社会分层的背后，是收入来源和收入多少的比较。不同的群体收入来源不同，收入也不同。在一般情况下，以农业为主的农民收入相对低一点，兼业的农民收入要高一点，从事非农产业的农民收入更高，而农村企业老板收入是最高的，村干部是一个特殊群体，收入相对稳定。在社会分层基础上，不同群体的利益诉求不同。以农业为主的农民希望农村改革能够促进农业现代化，增加其收入；兼业的农民希望实现自己土地、劳动力的优化配置，获得农业和务工双重收入；专门从事非农产业的农村商贩、工人，希望农村长期繁荣，自己能够获得长期而稳定的就业、经商机会；企业老板是从事非农产业的特殊群体，希望农业产业化进一步发展；村干部作为一个特殊群体，不仅希望待遇能够提高，还希望成为农村经济社会发展的重要受益人。

从工作地和户籍属性可将农村居民分为进城农民、职业农民、新农人、留守人群等不同的群体。进城农民包括转移就业的农民，也包括易地扶贫搬迁中城镇安置但户口没有迁移的人群；职业农民是农村中专门从事农业的农民；新农人可以说是外地来的职业农民；留守人群包括留守老年人、留守妇女、留守儿童三类人群。不同群体的改革诉求不同。进城农民对农村资产的处置及利益维护方面提出了改革需求，职业农民对低价获取生产资料、独占农村发展资源提出了改革需求，而新农人对低成本进入农村生产领域及政治待遇提出了改革需求，留守人群对农村社会方面的改革提出了特殊需求。留守儿童的最大需求是教育服务。留守老人面临着如何慰藉心灵、生活如何自理的难题。留守妇女不仅要承担农业生产劳动，肩负起照料老人和孩子的重任，还要担心在外劳动的丈夫会否变心等。

现实中，不同群体利益诉求存在冲突，过度强调一方的利益，如进城农民的利益，扩大进城农民各种财产权，必然导致农村各种要素市场价格的提高，增加农村留守农民的生产生活成本。如农地经营权流转价格、农村宅基地流转市场价格提高，必然增加留守农民生产生活成本。过度强调农村"三留守"人群的利益，还会造成国家利益的损失。如在"空心化"严重的村庄加强农业生产基础设施、养老服务、基础教育等建设，当"空心村"人口进一步减少后，必然造成资源的浪费。

（四）家庭教育退却下乡风文明建设困难

目前来看，实现乡风文明，需要构建政府、集体、个人协同推进的建设格局。既要发挥政府的宣传引导作用，也要发挥村集体的规范引导、个人的参与作用。个人参与实际上是通过社会化的过程习得社会行为文明标准和知识的过程。在这个过程中，通过学校和书本，增长知识是基础；而在日常生活中通过耳濡目染逐步社会化，习得相关知识是重要的环节。20世纪80年代以来，在广布校点推动基础教育发展的背景下，孩子从小在村子里长大和学习，较小就开始了社会化的过程，与学校教育协同，同步就形成了文明的生活习惯。甚至有的地方还通过"小手拉大手行动"、学校生活卫生习惯教育带动了家长生活卫生习惯的转变。但随着集中办学的推进，部分村庄已没有了学校，山区、半山区的孩子在较小的年龄就到中心村、乡镇等地上学，在家的时间较少。加之部分孩子的父母外出打工，家中只有老人，家庭教育正在退却，家庭教育与学校教育协同不够，影响到乡风文明的建设。

家庭教育是文化传承的重要途径，家庭教育的退却，无疑会导致文化传承困难。文化传承困难的关键是正在成长的孩子无法通过家长的言传身教习得当地长期积累下来的优秀传统文化，包括社会主义核心价值观在内的各种知识只能通过学校和书本来传授。书本教育缺少生动的实践与内容，影响了乡风文明建设进程。尤其是在年轻父母、初高中毕业生大量进城打工的背景下，家庭教育的退却成为未来乡风文明建设面临的一大挑战。

（五）生态扶贫与生态宜居衔接困难

从生态方面讲，脱贫攻坚生态扶贫的主要目标：一方面是通过生态建设或生存空间转移，改善群众的生活环境；另一方面是通过实施生态项目实现增收，或通过产业发展生态化促进高质量发展和增收。而乡村振兴强调的生态宜居的主要目标是改善群众的生活环境。二者的目标和要求存在较大的差异，衔接起来较困难。

从具体工作讲，巩固拓展生态扶贫成果需要继续实施重大生态工程、提高生态补偿标准、实现生态公益岗位就业的有序转移，而实现生态宜居的重点是基础设施建设和生活环境维护。二者衔接之处在于实施重大生态工程、提高生态补偿标准，对改善整个农村生态环境均有作用，能够改善群众生活的外部环境。但生态公益岗位的有序转移，对改善农村生活环境的贡献不大。从这个角度讲，巩固拓展生态扶贫成果同生态宜居衔接困难。

　　此外，脱贫攻坚阶段帮扶到户的资源投入方式与乡村振兴高质量发展之间也存在一定的矛盾。脱贫攻坚阶段，在精准帮扶到户背景下，各种资源以贫困户为配置对象，且各类资源投入的方向集中在引导其从事更高收入的产业、行业，改善贫困户的生活条件，通过社会保障如低保提高贫困户的生活水平。这种资源投入机制与高质量发展存在一定的矛盾，高质量发展要求资源更多投入到生产环节以及改善生产条件。

三、乡村振兴面临的挑战

　　脱贫攻坚并未彻底解决阻碍乡村振兴的短板弱项问题，农业农村发展的外部环境如城乡融合发展制度建设滞后、城镇化率低成为乡村振兴全面推进的绊脚石。在产业兴旺方面，在农产品价格、农业生产成本两个"天花板"限制下，农地经营权流转价格攀升，劳动力成本增加，社会化服务滞后等问题开始出现，制约了产业发展。

（一）城乡融合制度建设滞后

1. 城乡融合制度建设面临困难

　　党的十九大以来，云南农村改革进入城乡融合的目标导向阶段，但在长期的城乡二元结构下，农村相对于城市的弱势地位没有改变。从改革实践看，自2011年以来的农民市民化及城镇化改革，城镇向农村开放的倾向明显，而农村向城镇开放的倾向不明显，仅有的探索是农地"三权分置"基础之上的城镇资本、技术下乡。这样的改革有一个抹不去的背景，即农村相对于城市的弱势及农民利益保护。在农村的弱势与农民利益保护基础上，探索建立城乡融合发展制度面临两难。

　　一方面，要建立城乡融合发展制度，既要打开城镇的经济社会系统，让农村的生产要素进入城镇；同时，也要打开农村的经济社会系统，让城镇要素进入农村。但城镇相对于农村的优势，包括资本、技术、劳动力素质的优势，必然压缩农村处于弱势的资本、技术、劳动力的生存空间，甚至将农村的多数生产要素挤出农村。而农村的各种生产要素，本身在城乡对比中处于弱势，挤出农村后更难以生存。在这样的背景下，农村各种要素只能依附城镇下乡的各种要素而生存，自我发展受到挤压。另一方面，城镇相对于农村的优势，导致农村进入城镇的各种要素，要么是处于互补地位的要素进城，要么就是农村中相对优势的要素进城，这在劳动力上体现得最明显。这样的结果，将进一步加剧农村资源及要素的劣势，导致农村本身发展困难。

此外，城镇向农村开放也面临着市民化成本及进城农民生活压力制约。一方面，政府受到农民市民化成本压力制约。农民市民化必然增加城镇基础设施建设、城镇公共服务投入的财政负担，据测算，城镇每新增1万人口，需要10亿元以上的城镇基础设施建设和公共服务投资。云南省每实现一个农民工转移为城镇居民，公共成本的当期支出为56172.5元。高昂的市民化成本必然制约城镇向农村的开放。另一方面，即使城镇向农村开放，但进城农民生活成本压力较大，阻碍了城镇向农村的开放。开远市云龙社区的居民认为，在农村，有院子，有树，自己还可以栽点果树、葱等。招待亲戚来玩，吃一顿什么的很方便。而搬到城里，做什么都要钱，压力很大，招待亲戚要到外面吃一顿，很贵。小孩上幼儿园也很贵，每月要400—500元。另外原来村里闲人很少，包括老人都有事情做，现在闲人很多，老人就在社区聊天，不做事。生活方式的转变与生活成本的增加，制约了城乡融合发展。

2. 农业的弱质性影响城乡融合制度建设

农村改革的一个重要指向，是不断优化生产要素的配置，促进农业生产快速发展。其中，建立农村承包地"三权分置"制度，引导农地经营权有序流转，目的是促进土地资源的优化配置；同时，吸引城市资本、技术、劳动力等集约使用，发展适度的规模经营。取消农业税，对农业生产给予转移性补贴，扶持各类经营主体，加快社会化服务体系建设，加强不同经营主体之间的利益联结机制建设等，目的指向都是加快农业发展，实现农业现代化。但在云南，农业的弱质性影响了各类改革的成效。

农业的弱质性起因于两个方面的客观条件：一是土地资源分布及质量；二是气候、水资源等客观条件。在土地资源限制的基础上，云南气候条件多变，一山分四季，十里不同天，这样的气候条件制约了规模化农业发展，即使在同一个区域范围内，也难以发展单一种类的产业。此外，云南虽然是水资源大省，但水资源分布不均；同时，水资源开发利用率低，季节性干旱问题严重；局部地区尤其是石漠化地区常年受到干旱困扰。三重原因叠加，农业本身发展较困难，再加上自然灾害、市场的冲击，农业的弱质性更突出。

农业的弱质性导致农业经营效益难以稳定，在这样的背景下，农地经营效益降低或亏损导致农地经营权流转陷入困境的例子屡见不鲜。即使建立再紧密的利益联结机制，不同主体也难以共同应对挑战。也正因为农业的弱质性及效益稳定性差，即使建立多方面的奖励扶持机制，也难以吸引和调动更多的主体来从事农业生产。目前，云南农业保险尚不完善；下一阶段，农业保险体系的建立和完善也需要一个过程。在这样的背景下，农业长期的弱质性状况不会改变，必然进一步影响农村各项改革的效果。

3. 农村的弱质性掣肘城乡融合制度建设

农村改革的另一个指向是加快农村的发展，让农村成为农民安居乐业的乐土。但自城乡分割阶段开始，农村相对于城市的弱质性就一直存在。新农村建设以来，云南通过政府调控，建立了向农村倾斜的资源配置机制，促进了农村的快速发展，尤其是城乡一体的社会保障体系逐步建立。城乡关系从城乡分割向城乡统筹、城乡一体、城乡融合发展方向演进。但从目前来看，农村相对的弱质性仍然较明显：首先体现在各种生活条件及生存环境相对于城市的弱势；其次集中体现在城乡要素流动中偏向城市，农村向城市流动多，而城市向农村流动少；最后体现在农村发展主体综合素质的相对弱势。

从生存环境看，与城市便利的公共服务体系、便捷的生活物资供给体系相比，农村环境保洁不如城市，各种生活物资供给和获取不方便，交通等基础设施不如城市，公共服务也远不如城市。部分交通末梢区如怒江州的独龙江乡基本生活品价格远高于城市。从要素流动角度看，在城市相对优越性的吸引下，农村中的各种要素向城市流动，尤其是年轻劳动力，这导致农村人口"空心化"趋势逐步明显。农村发展失去了主体，或人口结构不合理，难以促进农村的快速发展。从农村发展主体的综合素质看，云南农村群众综合素质相较于城市略显不足，尤其是贫困地区，劳动者综合素质略显不足，比如受教育年限短、对外交流困难等。典型如"直过民族"聚居区，主要体现在技术技能掌握不足，农村实用技术掌握不足，缺乏市场经营意识等方面。

在各种劣势之下,依靠农村群众来推进农村改革的战略构想难以实现。各种改革尤其是涉及利益调整的改革,也难以较快推进,因为一旦涉及利益调整,受制于综合素质,要获得群众的认可需要较长的时间。典型如在综合素质制约下,云南多数农村群众对农业的依赖程度高,劳动力转移就业能力不足,以劳动力转移就业为依托的农民市民化改革必然受到阻碍。在城市优势吸引下,农村大量年轻劳动力转移进城,促使城市资本下乡发展现代农业,但却难以找到符合要求的劳动力。总体来看,农村弱质性导致三个方面的问题:一是以群众为主体的改革推进较缓慢;二是群众对自上而下的各项改革的接受缓慢;三是对城市要素的吸引力不足,城乡要素互动式配置方面的改革受阻。这是下一阶段云南深化农村改革面临的一大挑战。

(二)城镇化率低制约乡村振兴

农民市民化是新阶段云南基本实现社会主义现代化的客观要求,是实现高质量新型城镇化的主要任务,是更好地解决"三农"问题、实现乡村振兴的重要措施,有助于推动农村全面深化改革。《中共云南省委关于制定云南省国民经济和社会发展第十四个五年规划和二〇三五年远景目标的建议》提出,推进以人为核心的新型城镇化。与全国相比,云南城镇化率低。到2019年末,云南常住人口城镇化率达到48.91%,比全国60.60%的常住人口城镇化率低11.69个百分点。截至2020年11月30日,云南户籍人口城镇化率为37.06%,但2019年末,全国户籍人口城镇化率就已达到44.38%,2020年末,全国户籍人口城镇化率预计达到45%以上,云南比全国低7个百分点以上。从目前来看,云南城镇化率在短期内较难快速提高,这使巩固拓展脱贫攻坚成果和乡村振兴中土地资源盘活、农业适度规模经营等受到牵制。

一是多种担忧制约户籍城镇化率提高。由于担心失去土地承包权、集体经济收益权,户口所在地土地租金越高、集体经济越发达地区的农民越不愿意转户。同时,也有进城农民担心失去教育、卫生、社会保障等相关权益,如农村义务教育阶段的营养早餐。更重要的是,农村居民只要迁到城镇，不转户就可享受城镇公共服务，因此转户意愿低，户籍人口城镇化率提高困难。

二是土地及土地制度制约农民市民化。一方面，建设用地限制。2017年7月，云南省划定了7348万亩永久基本农田，农业用地转变为建设用地越来越困难，城市建设用地紧张，制约了城镇化和农民市民化步伐。另一方面，农村土地等要素的市场化改革滞后，资源变资产步伐缓慢，包括耕地使用权、林地使用权、宅基地使用权在内的资产流转机制不健全，无法转变为随身携带的资本，导致进城农民市民化缺少资本，制约市民化步伐。

三是成本压力制约农民市民化。农民家庭成本增加制约市民化步伐。住房成本制约农民市民化，多数进城农民无力购买城市住房。进城后，农村居民原来自给或半自给的蔬菜、禽肉、粮食等，全部靠购买获得，生活成本成倍增加。初步估计，每年人均生活成本增加4000元以上，一个四口之家每年生活成本增加16000元以上。且生活成本随着物价的上涨不断增加，不可预期的生活压力制约了农民市民化。

此外，快速农民市民化可能带来一些潜在问题。比如：导致农村人口减少，加剧山区、不适合规模化经营的土地抛荒，加剧粮食安全问题及基本农产品有效供给；对农村社会结构造成冲击，加剧了农村"空心化"，导致传统妇女、儿童、老人的"空心化"结构向只有老人的结构转变；加剧贫困老年化问题。

而最关键的问题在于，进城农民市民化步伐缓慢，城镇化率低，导致农村土地资源整合利用困难，无法通过城镇化减少农业经营人数，进而提高经营规模，提高经营效益，巩固脱贫成果，实现共同富裕。

（三）生产要素制约产业兴旺

产业兴旺是乡村振兴的基础和前提。而产业兴旺与经营成本、服务体系等直接相关。农地经营细碎化、劳动力成本上升、依托气候优势发展特色产业的理念，以及社会化服务体系建设滞后，制约产业兴旺。

一是土地经营细碎化导致产业兴旺困难。根据土地确权结构相关数据，云南农村土地确权登记颁证工作共调查农户909.8万户，共测量耕地面积1.19亿亩，其中确权家庭承包耕地面积1.08亿亩。截至2019年6月15日，已确权承包方有875.9万个，颁发证书860.2万份，颁证率达98.2%。户均经营面积小，且分布极为不均。有的农户承包面积达几十亩，而有的仅有几亩，甚至几分。这种情况起因于一轮承包、二轮承包时的土地发包方式及家庭情况。由于土地区位、质量等存在差异，基本按照"好、中、差"不同的等级进行分类发包，每户农户至少拥有3块地，多的拥有10多块、导致土地经营细碎化问题严重。而导致土地经营细碎化的根本原因是家庭承包下的分散经营，正是家庭承包经营导致土地掌握在不同的农户手里，每户农户经营着户均不到十亩、少到两三亩的土地。由于土地经营分散，农地经营成本较高，并且导致农地经营权流转匹配成本高。

二是农地经营权流转价格不断上涨，制约产业兴旺。目前，云南农地经营权流转价格在500—6000元/亩/年，集中分布在1500—3000元/亩/年，部分农业产业化发展较快的县（市、区）流转价格已突破3000元/亩/年，在4000—5000元/亩/年之间高位运行。极少数昆明周边的土地已达到6000元以上/亩/年，特殊地块如位于冷库附近的地块达到8000元以上/亩/年。

2018年初，笔者调查发现，当时云南农地经营权流转价格呈现两个极端：一方面是早期流转的土地租金偏低，且没有确定增长机制，农地经营权流出而农民利益无保障。另一方面是租金逐年上涨，土地租金平均已达1000元以上/亩/年。例如：昆明市近郊土地租金高达6000元以上/亩/年；宾川县土地租金接近2000元/亩/年，高的达到2500元/亩/年；开远市坝区租金已达1500元以上/亩/年。2020年，8月到10月，笔者再次对两个地方进行调查发现，宾川县长期出租的土地租金变化不大，但短期性租地价格上涨较快。2018年可用于种植大蒜且只租种半年的土地租金还维持在500—1000元/亩，2020年已达到1500—2000元/亩，相当于3000—4000元/亩/年。同时，开远市土地租金也已上涨；坝区已达到2000元以上/亩/年；山区适合种植冬季马铃薯的地块达到2000元/亩/半年，相当于4000元/亩/年；县城附近已达到3500元以上/亩/年。同样地处红河州的泸西县，在"十三五"期间蔬菜产业带动下，坝区部分区域的土地租金已接近5000元/亩/年。农地经营权流转价格攀升，增加了经营主体的经营成本，影响农业高质量发展。

三是劳动力短缺与价格攀升影响产业兴旺。2020年8月到10月，笔者在宾川县调查发现，农业劳动力用工短缺与劳动力价格攀升已成为一种趋势。在8月到10月的3个月期间，男劳动力的日工资已超过150元，高的甚至达到180—200元；女工超过120元，种蒜工达到150元/天。2021年4月底5月初，笔者在宾川调查时发现，从南涧县到宾川打工的，且技术粗糙只能打葡萄芽的男女工日工资均已达到140元以上，本地的手脚快的已达到150元以上，用工紧时达到160元/天。而9月份，种蒜工（女工）月工资上涨到160元。在劳动力价格上涨的同时，无论是企业还是种植大户均反映请不到人。请不到人是因为大量的青壮年劳动力转移进城就业，尤其是刚毕业的初中生、高中生、技校生等基本以城镇就业为主。同时，愿意从事苦活、累活的农村劳动力越来越少，或没有用工方需要的技术。宾川葡萄种植户请工要提前预约，临时请难找到技术娴熟的。多种原因导致劳动力价格攀升与用工短缺现象并存。在劳动力转移就业战略推动下，今后较长一段时期，农业用工短缺与劳动力价格上涨将成为一种趋势，尤其是区域性的用工短缺与劳动力价格上涨。由此导致高原特色现代农业发展越迅速的地方，用工短缺与劳动力价格上涨现象越普遍。

四是依托气候优势的农产品价格持续下降。经过长期的观察作者发现，传统依托气候优势发展特色产业的理念，导致部分农产品市场价格高起低走现象严重。因为在设施农业快速发展背景下，气候优势正在淡化。雪莲果和玛卡是早年的代表，核桃是近年来的典型。而最近两年刚跌落神坛的是突尼斯软籽石榴。2015年，这种石榴市场价格高达60元每公斤。2016年以来，各地开始大规模种植。2017年价格还相对稳定，2018年开始下降。2019年，田间收购价格还维持在15元/公斤左右。2020年，宾川县田间收购价格下降到8—10元/公斤，有的甚至低至6元/公斤。2021年，宾川县田间收购价低到了2元以下/公斤。晚熟柑橘价格也像坐过山车一样。2017年，宾川晚熟柑橘每公斤最高达到15元，此后开始下降。2020年下降到8元/公斤左右，2021年三四月下跌到4元/公斤。宾川葡萄中的阳光玫瑰价格也从原来的60多元/公斤降至10多元/公斤。2021年4月上市的冬马铃薯价格直接从2020年的3元/公斤跌至1元/公斤。

此外，农业社会化服务体系建设滞后也影响产业兴旺。农业社会化服务体系建设滞后体现在农资购买、农业生产、销售环节等多个层面。目前，农资购买以农户分散购买为主，成本高，且质量难把控；农业生产以农户自己经营为主，机械化程度低，劳动力投入及经营成本高；农产品销售组织化程度低，农户分散销售增加了交易成本和难度。

（四）集体经济薄弱制约乡村振兴

目前，云南农村集体经济发展主要有两种途径：一是把集体资金入股龙头企业；二是把集体拥有的基础设施、集贸市场、商铺、土地等出租。集体经济发展对新型经营主体的依赖性较高，发展方式单一，对资源的开发利用不足。在发展方式单一的背景下，集体收入渠道单一，主要是资产收益，经营性收益较少。集体资金入股年收益率低于10%，有的甚至低至3%；基础设施、物业等出租受基础设施规模、市场需求的影响，稳定性不足。云南省集体经济最发达的玉溪市，村级集体经济收入平均达到25万元/年，但集体经济薄弱的198个脱贫村集体经济收入则刚超过5万元/年，还有89个经济收入在5万元以下的村集体。笔者对经济发展水平处于云南前列的开远市的调查也发现，集体经济收入达到10万元/年以上的村庄较少，多数山区村庄的集体收入低于5万元/年。2020年，开远市实现了消除村集体经济"空壳村"的目标，但55个村委会中，仅有30%左右的村集体经济收入达到5万元/年以上，多数则低于5万元/年。

集体经济薄弱，对乡村振兴产生了全方位的制约。一是制约脱贫成果巩固。集体经济薄弱，无法依托集体经济收入分配来增加收入，也无法依托集体经济开展相应的福利事业，对巩固拓展脱贫攻坚成果不利。

二是制约产业兴旺。集体经济薄弱，无法给村民提供社会化服务，农业生产成本高。同时，集体经济薄弱，无法破解分散经营下抵御市场风险能力不足的问题，无法延伸产业链，不能发挥集体经济在农村经济发展中的引领作用，无法带领村民实现产业兴旺。

三是制约治理有效。由于集体经济薄弱，对村庄治理的支撑能力不足。村党组织、自治组织的运转主要依靠财政投入，无法依托村集体经济来改善村庄内部的公共产品供给，无法提供集体福利，群众幸福感、满意度难提高，村级治理绩效总体不高，并最终影响到组织振兴、产业振兴、文化振兴，以及生态宜居、乡风文明等。所以，集体经济薄弱不仅制约治理有效目标的实现，还影响到生态宜居、乡风文明等其他方面。

总之，作为乡村振兴前提性工作的脱贫攻坚，并没有彻底解决乡村振兴面临的客观障碍，如土地资源制约、气候条件限制等，同时，在空间限制和地形限制下，基础设施相对落后的状况也没有彻底改变。一些主观方面的问题如人的观念问题、人力资本培育问题，由于短期内无法改变，也尚未彻底解决。在这样的背景下，巩固拓展脱贫攻坚成果同乡村振兴有效衔接还面临着人口流动下治理有效困难、产业扶持与产业兴旺衔接困难、社会转型加快背景下整合困难、生态扶持与生态宜居衔接困难、家庭教育退却下乡风文明建设困难等方面的问题。而城乡融合制度建设滞后、城镇化率低、集体经济薄弱、产业发展限制严重等，则是全面推进乡村振兴面临的现实基础。实现巩固拓展脱贫攻坚成果同乡村振兴有效衔接，既要进一步扫清脱贫攻坚、巩固拓展脱贫攻坚成果中尚未破解的发展障碍，也要从扫清乡村振兴障碍、促进农业农村高质量发展出发，构建适应经济社会发展大变局的体制和机制。

第十三章 巩固拓展脱贫攻坚成果同乡村振兴有效衔接的系统设计

对于脱贫地区来说，从脱贫攻坚到巩固拓展脱贫攻坚成果再到乡村振兴，是一个具有逻辑延续的发展过程。实现巩固拓展脱贫攻坚成果同乡村振兴的有效衔接，就要按照历史延续、措施衔接的思路，在脱贫攻坚、巩固拓展脱贫攻坚成果基础上思考乡村振兴的出路。同时，也要站在乡村振兴的角度，对治贫体系、脱贫措施进行完善。在新阶段，要站在农业农村现代化和共同富裕的角度来思考二者的衔接问题。对于一般地区，历史上没有大规模的贫困现象，但始终存在零星分布的贫困人口，巩固拓展脱贫攻坚成果与乡村振兴是一体两面的工作要求，是相对贫困治理与乡村振兴的协同。因此可以说，实现巩固拓展脱贫攻坚成果同乡村振兴的有效衔接，既要推动治贫体系的平稳过渡，也要推动工作体系的转型，还要按照乡村振兴的要求，以创新性思维谋划好脱贫攻坚成果巩固的问题。

一、推动治贫体系平稳过渡

在巩固拓展脱贫攻坚成果同乡村振兴有效衔接阶段，贫困现象和贫困特征已发生结构性变化，区域性、整体性贫困向小范围、个体性贫困转变，绝对贫困基本消除，相对贫困问题凸显，这对扶贫工作提出了全新的要求。但经济社会发展的大趋势不会改变，包括人口流动加快、资源投入总体有限、市场资源配置偏向高效益地区等。因此，巩固拓展脱贫攻坚成果要坚持的一些基本原则是不变的，如坚持劳动优先、精准确定贫困对象（低收入人口）、精准扶持、精准退出等。巩固拓展脱贫攻坚成果也必须坚持精准扶贫、精准脱贫的基本方略。但从解决脱贫攻坚实践中的困境及照顾到贫困发展需求的变化出发，需要进一步完善治贫体系，探索推动政府主导的治贫范式向以群众为主体的治贫范式转变。从经验借鉴与工作衔接出发，推动巩固拓展脱贫攻坚成果同乡村振兴有效衔接。

（一）构建防贫机制

实现巩固拓展脱贫攻坚成果同乡村振兴有效衔接的首要问题是建立防贫机制。建立以巩固脱贫攻坚成果为基础的防贫治理机制，要加强脱贫人口的监测与管理，注重脱贫措施巩固提升，加强精准帮扶到户措施的后续扶持，强化社会保障的兜底作用。建立防贫机制，要拓展脱贫攻坚的有效举措，尤其是社会保障兜底举措，加强应急反应机制建设。构建完善的防贫机制，重点要从六个方面展开。

一是加强对脱贫人口的监测帮扶。依托原有的建档立卡系统及帮扶体系，加强对脱贫人口脱贫情况的动态把握，借鉴"六清"工作经验，准确掌握脱贫家庭经济收入增长情况、家庭发展情况，对一些脱贫不稳定家庭实施持续性帮扶。同时，加强脱贫措施动态监测评估，适时调整扶持举措，消除"十三五"期间帮扶措施带来的悬崖效应、收益稳定性差、后续发展无力等遗留问题。同时，要发挥现代科学技术的支撑作用，构建线上监测机制，即发挥云南统一救助平台的监测预警作用，通过群众的自我判断，及时发现返贫人群并给予其相应的扶持。

二是注重脱贫措施巩固提升。强调精准帮扶举措的可持续性，从进一步巩固或提升帮扶举措效率和效用出发，加强脱贫攻坚阶段精准扶贫各项举措的延伸性扶持。例如：脱贫攻坚阶段重视产业结构调整和产业规模扶持，巩固拓展脱贫攻坚成果同乡村振兴有效衔接中要强化市场和销售扶持，加强社会化服务方面的扶持等；脱贫攻坚阶段强调劳动力转移就业规模，巩固拓展脱贫攻坚成果同乡村振兴有效衔接中则要强调就业质量，重视劳动力转移就业带来的潜在问题的解决；脱贫攻坚阶段侧重生态补偿和生态就业，巩固拓展脱贫攻坚成果同乡村振兴有效衔接中则要侧重生态产业的扶持等。

三是加强社会预警机制建设。在市场冲击、社会风险影响下，农村群众陷入贫困的各种风险的不确定性增加。因此，要建立健全社会预警机制。首先，要加强苗头性社会问题的预判与处置。通过调查研究，及时预判一些苗头性社会问题，并对这些社会问题可能带来的影响进行分析，对可能造成大规模贫困现象的苗头性社会问题进行提前干预。如国内产业向国外转移导致的结构性失业问题，可能导致部分农村群众就业困难进而使其家庭陷入贫困。针对这种苗头性问题，应提前谋划，通过开展相应技术培训，确保转移产业的就业工人能够顺利转岗到其他行业或从事其他生产技术方面的工作。

其次，要加强对重大社会问题的研判与处置。遇到突发性重大社会问题，应迅速对问题产生的后果进行研判，对其可能产生的负面影响进行充分评估，并根据影响评估，提前采取一些应对措施，以减轻重大社会问题导致大规模的返贫问题。典型如2020年的新冠疫情发生后，应对其可能带来的就业压力、农产品出口进行研判，并迅速采取相应举措，降低疫情可能带来的返贫问题。

四是强化社会保障的兜底作用。从提质和扩面两个角度出发，强化社会保障的兜底作用。一方面，从扩大社会保障覆盖面出发，进一步强化兜底保障对象识别工作，将符合条件的兜底保障对象全部纳入社会保障兜底范围；另一方面，从提高社会保障兜底质量出发，强化多种保障措施的整合应用，确保医疗、低保、社会救助等多种保障措施协同发力，提高社会保障兜底质量。从防贫角度出发，应将传统用于脱贫人口、低收入人口的救助政策推广到所有人群，包括临时性救济、医疗救助、自然灾害救助等。同时，根据经济社会发展情况，应适当提高救助标准，确保农村群众不会因为突然的自然灾害、意外事故、疾病等陷入贫困。

五是建立健全社会保险体系。一方面，完善以医疗、养老为核心的社会保险体系，化解因病、因年老等造成的贫困问题。另一方面，加快各种生产类保障发展步伐，逐步建立起包括自然灾害、市场等在内的生产保险机制，根据农业生产、转移就业风险判断，建立相应的保险险种，鼓励农村群众广泛参与门类齐全的各种保险。在农村群众参与各类保险时，政府应根据经济社会发展状况，给予适当的补助。同时，对接受群众投保的公司，视其保险理赔情况给予适当的补助。通过补助，逐步建立险种齐全、保障范围全面的社会保险体系，减轻自然、市场、社会等各类风险对农村群众生产生活的影响。

六是完善贫困应急反应机制。首先，应当设立防贫应急基金。设立防贫应急基金，专用于返贫人群、新增贫困人口的扶持。区别于现有的以年度为基础的专项投入，防贫应急基金的使用应以临时性为特点，以解决返贫问题或新增贫困问题。其次，应当建立返贫、防贫快速反应机制。当出现返贫情况时，政府可根据贫困户发展需求，迅速采取行动，给予及时帮扶，阻止贫困状况恶化，消除脱贫攻坚阶段精准扶贫的瞬时性与贫困发展需求动态性之间的矛盾。最后，推动防贫制度常态化、常规化。逐渐把脱贫攻坚中采用的一些有效措施上升为全国性农村普惠措施，包括全民性大病保险、全民性重大疾病救助及全民性自然灾害、家庭重大事故救助机制，将原来贫困人群才能享受的扶持政策推向全部农村群众，最终推向全部城乡居民。其中关键的一点是建立与经济社会发展相适应的社保制度。根据经济社会发展情况，适时提高最低生活保障线，提高最低生活保障水平。最低生活保障线要与经济发展速度保持同步增长，最佳设计是与城乡居民收入增长水平同步。根据经济社会发展水平，适时提高基础养老金水平，适时提高临时性救助标准、大病救助标准等。

（二）拓展脱贫攻坚成果

实现巩固拓展脱贫攻坚成果同乡村振兴有效衔接的第二步，是拓展脱贫攻坚成果，进一步完善贫困治理范式及机制。经过脱贫攻坚，脱贫群众自我发展能力得到了较大提高，政府应对贫困的应急反应能力有所加强。同时，构建起了体系完整的治贫体系。拓展脱贫攻坚成果，要强化政府的服务和引导功能，发挥政府的底线作用，推动贫困治理体系的进一步发展，实现从政府主导向政府与社会合作、政府与群众合作转变，完善以群众为主体的贫困治理体系。

一是推动政府主导的治贫范式转变。在新阶段，随着贫困特征与发展需求的变化，尤其是区域性、整体性贫困向更小的范围、个体性贫困转变，政府主导的贫困治理范式的行政成本会进一步增加。应对贫困特征及发展需求的变化，需要推动贫困治理范式从政府主导向政府与社会合作转变，进一步完善以群众为主体的贫困治理范式。

以群众为主体的治贫范式建立在贫困者有自我发展能力的基础之上，

他们能够通过政策倾斜、资源帮助实现赶超发展，但需要政府和社会为他们创造一个相对公平的竞争环境。这一假设的确立，以脱贫攻坚阶段政府史无前例的投入与帮助为基础。正因为脱贫攻坚阶段的扶持，脱贫群众已解决了基本的生存和生活问题，所以，贫困问题不再是生存和基本生活的问题，而是更好的发展问题。而更好的发展的关键，就是人的能力的发展，是可持续的发展。以群众为主体的治贫范式将强化贫困者在扶贫中的引导性作用。在贫困治理中，各项制度及扶贫措施围绕贫困群众而建立，目的是将贫困群众的主体作用发挥到极致。压缩政府作用空间，将政府作用空间压缩到公共服务领域、政策及资源供给领域、特殊群体扶持领域。这既是相对贫困治理长效机制建设的基本要求，也是脱贫攻坚阶段运动式贫困治理向2020年后扶贫新阶段制度化贫困治理转变的基本要求。

二是完善以群众为主体的治贫机制。建立以群众为主体的治贫机制，要把政府职能放到政策制定、资源保障、公共服务上来，而不是贫困识别、贫困户发展规划、贫困户发展动员等具体工作上。贫困识别、贫困户自身发展规划等具体事务，应交由贫困户自己完成。突出了政府的服务功能，政府仅对贫困户自我识别的准确性、发展规划的可行性、具体行动给予监督或核实，并根据事前制定的帮扶政策，给予资源支持。

首先，建立贫困自我识别制度。建立贫困人群自我识别制度，即群众根据政府制定的相应评价指标，自己衡量是否贫困。符合贫困条件的，提供相应的证明材料，同时提出自己需要什么样的帮助。政府在贫困识别中需要做的是制定贫困标准，对贫困户提供的证明材料进行核实，对贫困户自己提出的扶持和发展思路的可行性进行评估，并对贫困户的脱贫过程进行监督。目前，云南在巩固拓展脱贫攻坚成果中建立的全省统一救助平台、低收入人口救助平台，就是在困难群众自我识别基础上的服务平台，目的就是群众通过自我判断，为自己争取到及时的帮助。为支持这一机制，要配套建立贫困识别、帮扶诚信档案与奖惩制度。对在识别中如实提供材料并根据自身条件提出帮扶需求，在帮扶活动中表现积极、勤劳肯干的贫困家庭，给予进一步扶持或更大扶持的奖励。对那些在识别中谎报家庭情况、弄虚作假，在接受扶持时消极应对、不求上进的贫困家庭，应停止扶持，待半年或一年后其表现积极了，再给予扶持；或将其纳入失信人员名单，通过信用体系对其进行惩罚。情节严重的应采取法律手段，移交司法机关。与自我识别制度配套，需要建立返贫自我识别制度。与贫困自我识别制度类似，脱贫户根据家庭经济发展情况，对家庭"两不愁三保障"稳定情况进行自我评估，当觉得自己又陷入贫困后，应立即向扶贫部门、帮扶单位反映，争取迅速获得相应的帮助，防止家庭情况恶化，脱贫难度增大。贫困自我识别及返贫自我识别制度的建立，能够解决精准识别的瞬时性与贫困发展动态性之间的矛盾。

其次，建立帮扶需求自我整合与帮扶申报制度。建立帮扶需求自我整合与帮扶申报制度，即在贫困治理中，贫困群众或低收入人口应根据国家和地方政府制定的帮扶条件，以家庭为单位，自己对自身发展需求进行整合，看是否符合国家和地方政府的帮扶条件。符合国家和地方政府的帮扶条件的，可向相关部门提出申请，相关部门经过核查后，按照国家和省的相关扶持标准给予相应的扶持。如因地质灾害无法再在原地开展生产生活者，可根据自身的条件，提出迁往城镇的发展需求。各相关部门再根据国家和地方政府制定的扶持标准，给予相应的扶持。帮扶需求与帮扶申报制度的推行，应结合贫困自我识别、返贫自我识别制度来推行。

三是探索建立以常住人口为基础的扶贫机制。针对市场化要素资源配置机制带来的人口流动性增强、贫困群众流动性增强，户籍地政府主导下的贫困治理低效问题日益凸显，完善治贫机制需要探索建立以常住人口为基础的帮扶机制。对于长年外出打工的贫困人群，应当由打工地政府结合新型城镇化、乡村振兴战略就地给予帮扶；而对于大多数农村贫困人口来说，仍然以户籍所在地政府扶持为主。对于易地扶贫搬迁等特殊群体，逐渐建立以迁入地政府为主的后续扶持机制。

总体上讲，建立适应经济社会发展趋势的贫困治理机制，要配合乡村振兴战略的推进，从实现劳动力、土地、资本有机结合的角度出发，建立以常住人口为基础的贫困治理机制。各种帮扶措施应以当地常住人口为主，而不是以户籍人口为主。在全国探索建立一种适应城乡人口流动，有助于劳动力、土地、资本有机结合的人口管理制度。

（三）建立相对贫困治理体系

借鉴脱贫攻坚实践经验及启示，云南相对贫困治理需要坚持综合治理的理念，全面推进"五位一体"的帮扶举措，实施包括增收、改善生产生活环境、提高发展能力、兜底保障等全方位的举措。但从新阶段的治贫目标出发，开展综合治理要围绕提高收入、建立防贫体系两个方面展开。收入的增加要突出劳动光荣的理念，围绕劳动力能力的提升和产业的发展，进一步加强扶持，提高群众自我创收的能力。同时，也要注重社会风险防范机制的建设，由社会来分担贫困风险，助力防贫风险体系建设。从相对贫困的特征出发，要明确相对贫困的标准，识别出相对贫困人口，确定帮扶的重点和难点，借鉴脱贫攻坚经验，对相对贫困进行综合性治理。

1. 制定相对贫困标准

目前，相对贫困标准是以农村居民收入中位数的比例来确定，而在实践中，多数地方按照现行脱贫标准的1.5倍来开展低收入人口扶持。由于云南农村居民收入在全国处于偏低的位置，同时，区域间收入差异较大，因此，要借鉴改革开放初期云南扶贫工作经验，从云南实际出发，制定符合省情实际的相对贫困标准。从支出型贫困问题进一步凸显的角度出发，制定云南农村相对贫困标准应当把收入和支出有效结合起来，构建以收入为基础照顾到高支出问题的贫困标准。

建立兼顾消费的贫困标准。首先要以县为单位，对农村基本生活支出进行统计和综合分析，按照巩固"两不愁三保障"及饮水安全的目标要求，衡量一般家庭消费支出的基本需求及标准，以此为据折算为货币，按照这个标准上报省扶贫管理部门。其次，省级要根据各县上报情况，综合衡量后形成全省性的相对贫困标准。为了照顾到部分高支出地区的贫困问题，全省性相对贫困标准可以按两个标准来设定，即一般农村地区和高消费地区。最后，依托相对贫困标准及贫困自我识别制度、需求自我整合制度等的推行，进行相应的帮扶。

2. 识别相对贫困人口

精准识别相对贫困人口是做好相对贫困治理的基础性工作，但相对贫困人口分布的分散性、外在表现的模糊性导致识别较困难。面对这样的现实，脱贫攻坚期间普查式的识别方式虽然能够有效识别出相对贫困人口，但识别成本较高。面对这样的现实问题，新阶段云南农村相对贫困人口识别工作应按照"瞄准重点人群，加强返贫监测，创新识别方式"的思路来展开。

一是瞄准重点人群。相对贫困人口识别仍然要瞄准边远山区、高寒山区、石山区的农村群众，瞄准民族地区，瞄准脱贫攻坚阶段的深度贫困地区和深度贫困县的农村群众，瞄准"直过民族"和人口较少民族群众。从年龄看，要瞄准老年人和儿童。从身体状况看，脱贫攻坚阶段的健康扶贫对象以及残疾人应当成为相对贫困识别瞄准的重点人群。

二是加强返贫监测。依托脱贫攻坚阶段建立的扶贫信息系统以及帮扶体系，加强对脱贫人群的监测，防止他们返贫或陷入相对贫困。从目前来看，除加强线上监测，即利用好脱贫人口救助平台、低收入人口救助平台外，还应加强线下监测，由村干部、驻村干部、网格员等加强对村庄内群众经济生产的监测评估，及时发现返贫人口。

三是创新识别方式。从降低识别成本出发，试点或探索申报制的识别方式。即群众根据自身的经济状况，依据国家和省制定的相对贫困标准，衡量自己是否属于贫困人口，如果觉得自己属于贫困人口，可向村委会提出申请，由村委会向乡镇（街道）相关部门反映，乡镇（街道）及县扶贫部门开展情况核实，如果确实符合标准，可将其确定为相对贫困人口给予相应帮扶。将这种方式与已经上线的低收入人口救助平台结合起来，确保低收入人口的识别精准。

3. 明确内生动力帮扶的核心地位

厘清相对贫困治理的主要矛盾和困难，明确帮扶的重点和难点是做好相对贫困治理的关键一步。结合脱贫攻坚实践来看，相对贫困治理的重点和难点仍然是提高脱贫地区、脱贫人口和低收入人口的内生动力。借鉴脱贫攻坚经验，激发贫困地区、贫困人口的内生动力，需要从帮扶方式、宣传教育、自我发展能力三个方面入手。创新帮扶方式，要进一步推广参与式扶贫、参与式发展，让广大群众全面参与到各类农村项目中来，通过项目参与，提高群众的脱贫能力和获得感，使其在实践中锻炼自强自立的品格。摒弃直接发钱发物的帮扶方式，全面实施劳动换积分或报酬的做法。减少除社会保障之外的输血式扶贫，包括国家投资形成的资产收益扶贫等。同时，进一步加强宣传教育，强化自我发展能力培养。把义务教育和素质教育、高等教育有机结合起来，持续推进劳动力素质提升工程，转变传统课堂式培训方式，全面推广以工代训方式，对企业聘用贫困劳动力和开展技能培训等给予补助；全面推广田间课堂，发挥各类农村技术能人的作用，通过言传身教，提高贫困劳动力的综合素质，增强其自我发展能力。

二、推动工作体系转变

实现巩固拓展脱贫攻坚成果同乡村振兴有效衔接，既要做好后续扶持，也要应用好脱贫攻坚取得的经验，更重要的是坚持创新发展理念，真正站在乡村振兴的角度来完善各项举措，促进乡村产业、人才、文化、生态和组织等全面振兴。在具体工作中，要推动产业就业帮扶向产业兴旺转变，推动智志帮扶向人才支持转变，推动移风易俗向乡风文明培育转变，推动生态帮扶向生态宜居转变，坚持党建与乡村振兴"双推进"，助力共同富裕。

（一）推动产业就业帮扶向产业兴旺转变

1. 以适度规模经营促进产业发展

一是以二轮承包到期延包促进适度规模经营。要以二轮到期后的延包工作和集体经营方式创新来解决好土地适度规模经营问题。在二轮到期延包中，鼓励经营权互换后开展延包，解决家庭土地经营细碎问题，降低后续经营权流转中地块匹配成本高问题。鼓励经营方式创新，通过集体土地流转、入股，扩大经营规模。鼓励联合经营，通过统一品种、统一技术、统一生产标准、统一加工、统一销售等环节，解决土地经营分散的问题。

二是以农地经营流转促进适度规模经营。加强县级农地经营权流转评估体系建设，根据区片、土地类型给出指导性建议。推广"基础租金+股份"的土地流转模式，减轻经营主体经营成本，促进农业适度规模经营。

三是以联合经营促进适度规模经营。以合作组织建设为依托，加强社会化服务体系建设。逐步推广代购农资、代耕代种、代销等社会化服务，通过开展统一购买农资、统一耕种、统一销售等，降低生产成本，促进适度规模经营。

2. 破除"自然优势迷信""良种迷信"

一是破除"气候优势迷信",加快绿色农业发展。必须明确,在设施农业普遍发展,甚至物联网技术应用到农业领域的背景下,云南自然优势尤其是气候优势的地位和作用普遍下降。要尽快转变特色产业发展理念,将原来注重自然优势尤其是气候优势的"特色",转向注重高品质,强调生态化、绿色化、有机化的"特色"。建立相应的扶持机制,特别要加快推进绿色农产品追溯体系建设,提高产品信誉度、美誉度。

二是破除"良种迷信",促进传统产业提质增效。必须明确一个道理,云南能引进的优良品种,其他地区也能引进。但云南特有的一些品种,别的却不一定能够引进。因此,要转变以引进新产品为重点的产业结构调整策略,全面确立以传统产业提质增效为方向的产业结构调整策略,服务于种质大省建设,同时,为特色产业发展提供支撑。

3. 转变就业扶持思路,为乡村振兴留住发展主体

转变生产不足,打工来补,农业不行,转移就业,村里搞不着吃,就到城里打工,并以年轻劳动力如初高中毕业生为重点的转移就业思路。

从农业需求出发,解决好人到哪儿去的问题。科学评估云南农业发展与劳动力需求情况,找准农业劳动力转移就业的结合点。要实现现代化,需要一部分农村人向城镇转移,为农业适度规模经营创造条件,提高农业效益。但这个转移没有一个确定的数量和标准,既不是和美国比,也不是和北京、上海甚至全国平均水平比,要从云南农业自身的现实基础和条件以及城市二、三产业本身的容量进行综合考虑。如果过度强调农村劳动力向城镇的转移,一方面城市二、三产业未发展起来,容纳不了,可能导致就业不充分和就业不稳定;另一方面,农村劳动力不足,劳动力价格上涨,雇工经营成本上升,农产品生产价格上涨,农业失去竞争力。为此,需要科学评估云南以高原农业为主、以小农经营为主的农业生产格局与劳动力需求情况,不能一味地强调劳动力向城镇的转移。

应对传统就业扶持思路带来的问题,要打破常规,以农业为就业途径,促进部分劳动力转移就业。首先,要重视30岁以上60岁以下劳动力的转移就业,并探索推进有组织的农业劳动力区域间转移。在现有就业帮扶政策基础上,倡导工农兼顾的灵活就业思路。鼓励各地根据省内外农业用

工规律，尤其是农忙时农业用工紧的规律，分类推进劳动力就业帮扶。对适合干农活的闲散劳动力，可以有组织地输出到一些农业用工紧的县（市、区），为劳动力就业提供一条新的路径，特别是易地搬迁城镇安置中缺乏非农就业能力的劳动力。在公益岗位有序减少及就业人员收入替代中，通过有组织的跨区域转移，使其在农忙时获得充分的就业机会，每年1—3个月的收入就能顶替公益岗位就业时1年的收入。

为了实现这一目标，首先要加强全省农业用工信息及农业劳动力资源动态管理。其次要加强劳动力组织化输出机制建设。建立以县为单位、市场需求为导向、组织化的农业劳动力输出机制。最后，探索建立农业用工地政府主导的技术培训与服务机制。根据用工地农业生产技术需求，广泛推广以工代训等培训模式，提高转移劳动力就业适应能力。

此外，面对WTO条款限制从而农业生产政策性补贴无法提高的现实，要推广农业生产成本、农产品价格保险，建立对农民、经营主体参加保险的补助制度，对发展农业生产成本、农产品价格保险的金融主体给予奖励或补助。

（二）推动智志帮扶向人才支持转变

人才振兴是实现乡村振兴的关键，实现巩固拓展脱贫攻坚成果同乡村振兴有效衔接，最重要的是推动智志帮扶向人才支持转变。推动智志帮扶向人才支持转变，实现巩固拓展脱贫攻坚成果同乡村振兴有效衔接，需要抓好三个方面的工作。

一是继续开展人才支持和帮扶举措。继续实施驻村工作制度、科技特派员制度、专家团服务制度、党政机关和企事业单位挂联帮扶制度以及沪滇协作制度，利用好驻村工作人员、挂联服务单位等人才资源，为巩固拓展脱贫攻坚成果和乡村振兴提供智力支持。

二是建立人才整合使用制度。组建乡村振兴理事会，整合村庄范围内各类人才资源，尤其是以新乡贤为代表的人才资源，为乡村振兴提供强有力的人才支持。

三是完善人才培养和使用制度。结合村干部学历提升[①]、素质提升工

---

① 云南省2018年开始实施"村（社区）干部能力素质和学历水平提升行动计划"，依托云南开放大学，对符合条件的村（社区）干部实施专科、本科学历提升行动，每年招生5000人，连续招生5年。

程的实施，让更多的村干部能够到大学校园里学习农业农村方面的知识和技能。从提升乡村干部"三农"方面的管理和科技能力出发，应拓展学历提升院校，即从原来的云南开放大学拓展到更多的大学，尤其是云南农业大学这样有"三农"技术的院校。

此外，实现乡村人才振兴是一个长期的过程，在推动智志帮扶向人才支持转变的过程中，要坚持义务教育的基础性地位不动摇，始终抓好"控辍保学"专项行动；同时，从巩固教育脱贫成果的角度出发，结合地方实际，完善义务教育课程设置，从孩子抓起，培养孩子热爱"三农"的情结，让一部分人愿意留在农村，最后成为职业农业甚至农业农村发展的带头人。

（三）推动移风易俗向乡风文明培育转变

推动脱贫攻坚阶段文化扶持举措的转型，实现同乡村振兴、文化振兴的有效衔接，最关键的一点是推动工作重点从移风易俗向乡风文明培育的转变。具体来说，要做好三个方面的工作。

一是持续推进移风易俗活动，为乡风文明培育奠定基础。虽然在脱贫攻坚中移风易俗取得了阶段性的重要成果，但传统习俗形成时间已久，仍然具有较深厚的存在基础。实现巩固拓展脱贫攻坚成果同乡村振兴的有效衔接，必须在乡村振兴中持续推进移风易俗活动，进一步消除陈规陋习存在的土壤，为实现乡风文明奠定基础。

二是总结移风易俗经验，构建政府、集体、个人协同参与格局。在脱贫攻坚阶段，云南构建了县、乡、村三级联动机制，持续开展移风易俗、革除陋习活动。县、乡两级政府强化宣传引导，实施特殊帮扶举措，帮助部分群众解决懒惰、等靠要等内生动力不足问题。村庄强化治理，对村民的行为进行规范；把网格化管理和党员帮带制度应用到革除陋习活动中，村干部、党员分片负责宣传、动员，转变个体思想观念。个人通过参与项目实现观念转变。在乡村振兴中，要充分发挥政府制度建设的强制性与刚性作用，通过建立相应的制度，推动大范围的区域性文化变迁。同时，充分发挥集体承接政府与个人的关联性作用，以村规民约及其执行的刚性作用为基础，发挥好文化精英的作用，更多借助柔性措施，推动集体文化变迁。此外，要创新项目实施机制，扩大以工代赈项目实施范围，推广参与式社区发展项目，让群众广泛参与到乡村振兴中，从而促进其观念文化的转变。

三是总结移风易俗经验，促进乡风文明培育。要把脱贫攻坚阶段加大宣传教育、选树先进典型、实施比学赶超等经验应用到乡风文明培育中来。在宣传教育的同时，以村为单位，选树更多的文明新星，尤其是从原来固守陈规陋习的群众中选择，为其他人树立榜样。同时，要借鉴脱贫攻坚阶段通过评比实现比学赶超的做法，在村庄范围内进行评比，促进先进，激发后进。

（四）推动生态帮扶向生态宜居有序转变

实现生态帮扶向生态宜居转变需要分层次、分阶段推进生态扶持理念及工作重点的转移。从工作重点上讲，要从侧重村庄外部生态环境的发展向侧重村庄内部生活环境转变，实现生态宜居的发展目标。从发展导向上讲，要从侧重解决生态问题转向侧重生态产业，实现生态的经济效益和价值。具体来讲，在继续实施重大生态工程的同时，需要做好以下几个方面的工作。

一是建立村庄集体内部生态环境保护与维护约束机制，实现生态环境优美。在巩固拓展脱贫攻坚成果同乡村振兴有效衔接阶段，生态公益岗位将有序退出和转移，破解生态公益岗位退出后生态环境保护与生活环境维护问题，需要建立村庄集体内部生态环境保护与生活环境维护机制，引导村民广泛参与生态环境建设与生活环境维护。只有形成人人参与、人人共享的生态环境建设与生活环境维护机制，才能实现生态宜居的基本目标。

二是探索多样化的生态与经济协调发展路径，实现生态与经济协调发展。在生态宜居的基础上，从生态旅游、生态农业两个角度出发，探索村庄生态与经济协调发展路径。发展生态旅游主要依托生态宜居的基础性条件，以及交通和区位等客观条件，能够发展的村庄不可能太多，但生态农业是所有村庄都能参与和探索的路径。只有建立起生态与经济协调发展的机制，生态扶贫、生态宜居才具有可持续性。

三是加大生态价值宣传，培育生态优先的发展理念和价值观。加大

"绿水青山就是金山银山"的理论宣传，让广大农村居民了解到生态环境的经济价值。同时，要加大生态环境与人的健康之间的关系的宣传，尤其是村庄环境卫生、外部环境与村民健康之间的关系的宣传。通过生态环境的经济价值、健康保障方面的宣传，培育生态优先的发展理念和价值观。只有通过全民性的生态观的形塑，才能营造出全民参与的生态保护与建设局面，为生态振兴提供不竭动力。

（五）党建与乡村振兴"双推进"助力共同富裕

脱贫攻坚和乡村振兴的成功，党支部的能力起着重要的作用，甚至是关键作用。实现巩固拓展脱贫攻坚成果同乡村振兴有效衔接，首要的一点是持续推进基层党组织建设，提高党支部带领群众致富的能力。具体来说，推动党建与扶贫"双推进"向党建与乡村振兴"双推进"的转变是基础，创新发展方式，带领村民发展集体经济，以集体经济发展助力共同富裕是根本。

一是推动党建与扶贫"双推进"向党建与乡村振兴"双推进"的转变。首先要持续推进"领头雁"工程，加强组织阵地建设。要创新党建引领乡村振兴模式，全面推行"党支部+"引领产业发展，大力推行"党支部+公司（企业）+合作社+农户""党支部+合作社+农户"等模式，推广"党支部+电子商务"模式，鼓励支持农村基层党组织、党员骨干参与电商创业。

二是以集体经济为载体，促进共同富裕。农村集体是社会主义公有制的重要载体，在巩固拓展脱贫攻坚成果同乡村振兴有效衔接背景下，加强农村集体产业发展扶持，不仅是增强集体经济发展能力的重要途径，也是通过公有制经济发展，巩固脱贫成果、促进共同富裕的重要途径。因此，应当转变农村产业扶持思路，加大集体经济扶持力度，以集体经济发展增强村庄内生发展能力。具体发展中，要盘活多种集体资源，增强发展后劲。要利用好集体未发包到户的耕地、荒山、荒滩等资源，发展特色产业。利用好集体林地资源，尤其是野生菌资源，加强集体对山林管理和开发的统筹，促进集体经济发展。对集体管理的小坝塘、加工作坊等，进行统筹利用，为发展集体经济创造条件。同时，要突出农工商、产加销一体化。坚持一二三产业协同发展，农业、工业、商贸服务业一体化发展。依托村庄传统种植养殖业基础，集体经济发展要突出解决好一家一户干不了的事，加强冷链物流设施、深加工基础设施建设，开展农产品深加工。加强品牌建设，提高市场竞争力，拓展销售市场。

三是加强党支部领办集体经济，促进共同富裕探索。进一步探索以资源有效利用、服务提供、物业管理、混合经营、集体独立开发和经营为主要内容的集体经济发展模式，培育和壮大集体经济，提高基层党组织带领群众致富能力。按照"加强党的领导—强化组织建设—发展集体经济—加强村民组织动员—激发弱者发展热情—为弱者提供更多就业机会—发挥集体分配益弱益贫效应—促进共同富裕"的思路，加强治理创新，促进治理有效。

三、以深化农村改革筑牢乡村振兴基础

实现巩固拓展脱贫攻坚成果同乡村振兴有效衔接，最根本的举措仍然是深化农村改革，完善农村基本经营制度，进一步释放农村生产力。建立能够激发不同群众自我发展能力、促进农业农村现代化的制度和政策体系。因此，要坚持和完善农村基本经营制度，促进城乡要素平等交换，保障好农民的利益，构建更加公平的社会，加快推进治理体系现代化。

（一）坚持和完善基本经营制度

农村基本经营制度是社会主义公有制的重要体现，是经过实践证明了的符合中国国情的基本制度。实现巩固拓展脱贫攻坚成果同乡村振兴有效衔接，必须坚持农村基本经营制度不动摇，深入推进承包地"三权分置"制度改革，完善农村经营方式，促进适度规模经营。

1. 建立调动主体积极性的政策

经过40多年的改革，土地实际经营者发生了较大的变化，土地实际经营者从原来的承包农户向承包农户、合作社、企业等多元主体转变，这就需要进一步完善依靠农民的土地制度，建立能够调动实际经营者积极性，促进农业农村稳定和繁荣的经营制度。要进一步完善承包地"三权分置"制度，构建有利于经营者的扶持制度及政策体系。如建立各类补贴经营者

制度，转变以承包者为对象的农业生产补助机制。

2. 发展多种形式的联合经营

完善农村基本经营制度，重点是在家庭经营的基础上实现联合经营。具体路径是以合作社为载体，探索多种形式包括入股、托管等形式的联合经营。建立农地"三权分置"的支持体系，需要加快建立和完善农地经营权评估体系、流转服务体系及农村承包土地的经营权抵押贷款、农业保险等制度。只有在科学合理的评估机制基础上，才能建立合理的农地经营权流转价格形成和调整机制，辅之以农地经营权抵押贷款、农业保险等措施，确保经营主体获利，农地流出农户得到租金，农地"三权分置"格局才能形成，农业现代化要求的适度规模经营也才能实现。要形成这样的机制，在充分发挥市场对土地、劳动力、资本优化配置作用的同时，必须充分发挥政府的作用，规范市场秩序，通过建立国家主导的流转扶持体系，按照国家利益对农地经营权流转给予积极的引导。

完善集体统一经营的制度体系，促进集体统一经营的发展，以集体统一经营促进适度规模经营的发展。这就要创新农村经营方式，鼓励基层党组织、自治组织以集体的名义兴办各类合作社，促进集体经济和统一经营的发展。

3. 深化集体产权制度改革

建立与经济社会发展相适应的集体产权制度。原有的集体产权制度是建立在高度封闭和低流动性集体经济组织基础之上的，目前，集体经济组织成员外流，导致集体的大门向外敞开，但这种敞开因为农地承包经营权长期稳定而只可流出不可流进，即集体经济组织成员可以放弃集体经济组织成员权益，但外来者无法获得集体经济组织成员权益。在此基础上，现有的集体产权是一种固定不变、不可流动的产权，即使"三权分置"格局形成，那也是不完整的产权流动，农户的承包权仅可以在集体内部流转，不可以向外流转。

因此，要探索推进有偿退出与获得为核心的产权制度改革。建立农村宅基地、承包地、林地有偿退出机制，针对部分农户迁出村庄而宅基地闲置、承包地无人经营或无法流转给他人经营的问题，探索宅基地、承包地有偿退出改革。允许全家迁出的农户将原来的宅基地、承包地有偿退回村集体，或有偿转让给其他村民，甚至是外来的农村居民。建立农村宅基地使用权、农地经营权、林地使用权有偿获得机制，针对部分农户因生产需要迁入新的村庄而无地、无房问题，尝试农村宅基地、承包地、林地有偿获得方式，即允许其购买迁入地集体成员的宅基地使用权、承包地经营权、林地使用权。从国家利益出发，承包地流转价格不能高于当地土地征收补偿价格。这一措施与治理机制结合，就是建立一种向外开放的集体经济组织制度，允许拥有初始成员权之外的其他人通过购买方式获得集体经济组织成员资格及相关权益。

在这个过程中，要建立国家参与机制。一方面，建立农村宅基地国家收储制度。将村集体无法完成的收储部分集中到政府手中，通过国家购买方式，一次性买断村民的相关土地权利，增强其迁移的经济基础；并以国有土地形式实施复垦，承包给企业、专业合作社、家庭农场、种田大户等经营；或实施"增减挂钩、占补平衡"机制，增加"空心化"程度较低村庄建设用地指标，促进农村宅基地制度住有所居目标的实现。另一方面，建立农地承包经营权国家有偿收储制度。针对人口迁移只出不进的村庄，积极尝试建立国家有偿回收农地承包经营权制度。目的是解决人口净迁出较大村庄存在的由人少地多矛盾导致的土地闲置荒芜现象。实际上，目前我国实施的退耕还林还草及补偿机制就是一种变相的国家购买农地经营权的实践。当国家拥有一定份额的农地后，国家可将这些土地低价或无偿交给新型农业经营主体经营，并根据国家粮食安全、农产品价格等引导经营者休耕、轮耕，或开展农村生态环境修复等有利于国家利益的农地利用方式。同时，能够降低新农人获得生产资料的成本，提高其收入水平，充分实现新农人的利益。国家介入或参与应以基层政府为载体，因此，应当推动以县为单元的国家农村产权收储制度改革。

具体改革中，要探索建立集体成员资格获得与退出机制。在集体资产股份化改革、集体收入公平分配基础上，应尽快出台或探索集体经济组织成员权益退出机制。集体资产股份化管理改革面临的一个难点是人口流动、成员去世后集体经济组织成员权益没有退出，集体经济组织成员迁出后持久占有集体经济组织成员权益，由此而引发的纠纷和社会公平的争议。要推进集体资产股份化管理改革、加强集体收入公平分配机制建设，首先要建立集体成员权益退出机制，一种是有偿退出，一种是无偿退出。如果能够从国家层面出台集体成员权益有偿退出、无偿退出的相关办法，那么，集体资产股份化管理改革才有意义，否则，改革可能引发更多的纠纷。

同时，应尽快出台或探索集体经济组织成员权益获得机制。如果没有明确集体经济组织成员权益获得机制，可能会出现同一个集体经济组织内的成员权益不均等的问题。所以，应尽快从国家层面出台集体经济组织成员权益的获得机制，除股份化管理改革下的股份转移外，所有集体经济组织成员拥有的权益应当是均等的，否则，代际不公平可能成为集体经济组织内部最大的矛盾。

此外，要尽快确立集体经济组织利益保障机制。未来谁来代表集体利益、集体利益如何体现，尤其是在国家无力全面承担农村公益事业的背景下，需要尽快出台集体利益保障的办法，否则，"集体是某些人、某个时间节点的人的集体，而不是大家的集体"将成为现实，没有享受到集体福利的集体成员不会为集体尽义务，"后来的集体成员"也无法从集体获得相应的权利和收益。

（二）促进城乡要素平等交换

促进城乡要素平等交换，要以开放发展来强化城乡融合制度体系建设。农村改革40多年来，制度建设的逻辑起点从封闭向开放转变，农村经济社会运行从总体封闭向对外开放转变。但在整个转变过程中，要素流动超前，包括劳动力、土地等要素向外开放，但社会、政治方面的制度仍然处于封闭状态，由此形成了城市向农村的完全开放与农村向城市的半开放格局。下一阶段，深化农村改革，需要进一步打开农村的大门，促进城乡平等开放。

1. 构建城乡统一的户籍登记制度

促进城乡要素平等交换，其中一项重要的工作，就是要探索建立与农村人口流动相适应的户籍管理机制。在农村人口流动加快的今天，建立适应人口流动的管理和服务机制，要借鉴农民市民化的户籍改革经验，在放宽小城镇落户条件的基础上，放开农村落户条件，允许农村群众根据生产生活变化情况，选择合适的村集体进行落户。目前来说，这种户籍制度等同于城市的居住证制度，也就是说，落户后的农村群众能够与其他集体成员同等享受一些基本的公共服务，而这些公共服务主要是国家提供的。配合户籍制度改革，将新移民纳入治理主体范围，赋予其选举权与被选举权。从新移民大多数属于就业移民的角度讲，他们多数是致富带头人，如果拥有被选举权，当选为村干部，对带动当地经济社会发展具有重要的意义。

2. 加快进城农民市民化

要加快进城农民市民化步伐，为农村发展创造更好的环境。首先，要建立省、州（市）、县（市、区）农民市民化投入分担机制，强化省级投入的主导作用，争取省级投入达到70%—80%，提高州（市）、县（市、区）的积极性。其次，要建立农民市民化土地供给保障机制，建设用地指标向农民市民化规模大、速度快的城市倾斜。注意盘活城市闲置用地，严格执行城市建设用地使用管理的相关规定，盘活长期闲置不用的土地。此外，探索宅基地有偿退出机制，通过实施增减挂钩、占补平衡机制增加城市建设用地指标。全面推进集体经营性建设用地入市改革，集约利用城市土地。再次，要建立多元化进城农民住房保障制度。通过建立进城农民购房补助制度、进城农民社会保障房制度、公租房制度，开展进城农民经济适用房建设，解决进城农民住房问题。最后，建立进城农民就业、生活帮扶动态管理机制。按照确保进城农民家庭劳动力自愿充分就业的目标，建立进城农民就业培训、就业服务、就业动态管理机制，确保进城农民充分就业。完善进城农民创业扶持政策，加大创业培训力度，给予创业税收优惠，提供金融担保和贷款贴息。建立和推广进城转户农民"菜篮子工程"，对进城转户农民实施农产品价格补贴，缓解农民市民化带来的生活成本压力。建立和推广进城转户农民临时价格补贴制度，当生活必需品价格快速上涨时，对进城转户农民给予临时性价格补贴。健全进城转户农民社会保障制度，通过低保、社会救助等全方位的措施，兜底解决进城转户农民基本生活问题。

3. 创新农村人口流动下的发展机制

要围绕农村人口流动和农民市民化深化农村改革，消除人口流动带来的不利影响，抓住农民市民化带来的农村发展新机遇。如加快"空心村"

发展机制创新。推广土地托管、入股经营，避免农民快速市民化背景下农地抛荒问题。同时，要抓住农民市民化带来的新的发展机遇，加快实施生态工程，全面推进符合条件的进城农民耕地退耕还林还草，全力实施生态林业发展战略，将无力耕种或面临抛荒的土地用来发展生态林产业。

（三）保障好农民的利益

实现乡村振兴，关键是保障好、实现好农民的利益。现阶段农民已分化为两个群体：一个是进城农民；一个是继续留在农村从事农业的农民，也可以称作坚守农业的农民或留守农村的农民。保障好、实现好进城农民的利益：一方面要让进城农民获得与城市居民同等的社会待遇，使其逐渐融入城镇，成为城镇的一员；另一方面要保障好进城农民在农村的权益，主要是承包地、林地、宅基地和住房，以及集体经济组织成员原有的一些权益。

一是保障好留守农民的利益。保障好、实现好留守农民的利益，是全面推进乡村振兴的必然要求。农民富，让农民成为令人羡慕的职业，是实施乡村振兴战略的目标之一。这里所说的农民，是留守农民，而不是进城农民。实现这个群体的利益，就要建立完善的支持农业、农村发展的政策体系，加强培训，健全扶持其流转农地经营权、开展适度规模经营方面的扶持政策；健全农资购买、品牌建设、产品销售等方面的扶持政策；健全金融服务、社会保险体系，让他们拥有一个旱涝保收的生产支持保护体系，通过自己的辛勤劳动，过上富足的生活。为了实现这一目标，还需要从进城农民权益保障制度建设上寻找突破口。在保障进城农民权益的同时，实现农村土地资源的优化配置和高效利用。因此，探索建立进城农民农地承包权、林地使用权、宅基地使用权退出机制的具体实现方式，将是实施乡村振兴战略背景下农村改革的重要内容。

二是实现好新农人的利益。深化农村改革，促进乡村振兴，还必须保障好、实现好新农人的利益。从现行制度来看，新农人获得生产资料相对容易，但成本较高，即获得农地经营权相对容易，但成本高。新农人利用资本，获得农地经营权，并聘请当地农民或通过当地农民的劳动力入股，发展农业适度规模经营。从总体上看，新农人能够实现资本、劳动力、土地的有机结合，但他们无法或难以实现就地政治参与，难以融入当地社会，成为当地社会的一员，获得当地的公共服务。因此，保障好、实现好新农人的利益，一方面要健全新农人的资本与农村土地、劳动力之间的有机结合机制，降低结合成本，提高新农人的收入水平，使其获得在其他领域的平均利润。另一方面，要健全新农人就地政治参与机制，尤其是基层治理，使其能够顺畅地表达自己的利益需求；健全公共服务机制，逐渐建立就业地或居住地相结合的公共服务机制，使其能够方便、快捷地享受到当地的公共服务。

所以，保障好、实现好新农人的利益，也必须从进城农民权益保障与实现机制创新寻找突破口。重点在探索进城农民农地承包经营权、林地使用权、宅基地使用权退出机制的同时，探索建立新农人获得农地经营权、林地使用权、宅基地使用权的方法和途径，降低新农人的获得成本，提高新农人积极性和收入。

一句话，深化农村改革，必须保障好、实现好农民的利益，必须根据农民的分化以及农业经营主体的新变化，保障好、实现好进城农民、留守农民、新农人的利益。进城农民将逐渐退出农民行列，而新农人将会是新时代的新型农民，并逐渐成为农民中的重要组成部分。在新型城镇化保障进城农民利益的背景下，深化农村改革的重点应当是保障好、实现好留守农民、新农人的利益。他们才是农业现代化的主要推动者和实践者，理应成为农业、农村发展最主要的受益者。

（四）构建更加公平的社会

前一阶段，云南基本建立起门类齐全、覆盖人群广泛的社会保障体系，促进了贫弱者对经济社会发展成果的共享。下一阶段，应当从两个方面进一步完善社会保障体系，以社会保障体系促进社会公平、公正。一方面，要强化精准施保，确保对象精准；同时，确保内容精准，不能随意扩大保障内容及标准，导致社会不公平。典型如向贫困人群倾斜的合作医疗制度，过度提高标准及扩大享受的服务内容，必然引起社会的不满，造成新的社会不公平。

另一方面，要逐步建立与经济社会发展水平相适应的社会保障制度。

社会保障水平要与全省经济社会发展水平相适应，根据全省经济社会发展水平适时调整各项保障的标准。社会保障制度要与农村人口流动相适应。要完善社会保障的各项服务机制，让农村群众方便、快捷地享受到社会保障服务。适应城乡融合发展的大趋势，应逐步推进城乡社会保障体系的有效衔接及保障水平的均等化，同时也为城镇流动人口提供方便快捷的社会保障服务。

同时，解决好农村社会结构异质化、阶层分化及利益需求多元化背景下的利益整合问题。探索建立照顾到社会结构变化、利益诉求多元化的农村治理机制，需要调动各方参与的积极性，建立社会治理共同体，促进乡村治理有效。

（五）加快治理体系和治理能力现代化

农村基层治理体系的现代化，是服务于农业现代化及其政治变革的。加快治理体系现代化，就要建立与农业现代化、农村现代化相适应的治理体系。目前来看，要围绕开放性，完善治理体系。

一是建立更加开放的治理体系。现有治理机制和治理体系是建立在原来封闭的产权制度基础之上的，随着产权制度改革，推进治理机制创新也成为一种必然趋势，是巩固和保障产权制度改革成果的必然选择。在集体向外敞开大门、集体成员流出背景下适时创新治理机制，让进入集体生产生活的新生力量进入治理体系，从目前来看，关键是建立适应农村人口迁移相适应的治理机制。首要的一点是打破基层治理封闭运行的机制，建立治理单位范围内各利益相关主体包括治理主体和治理对象共同参与的治理机制。换句话说，在原来以村民为基础的治理机制背景下，外来者仅作为治理对象存在，无法参与治理即无法成为治理主体，在新形势下，急需打破这一格局，及时建立外来者参与的治理主体格局，让外来者也有发表自己利益需求的权利。在新农人、易地扶贫搬迁群众、就业移民大量进入的背景下，让各利益相关群体都能够参与到基层治理中来，既是实现农村基层治理体系现代化的重要内容，也是保障新农人、易地扶贫搬迁群体、就业移民利益的重要举措。

二是强化社区服务功能。借鉴城市社区管理机制取得的经验，探索建立农村社区化管理机制。社区化管理机制的典型特点是以公共服务为中心，面向辖区内所有的居民。在农村推广社区化管理机制，就是通过建立社区，为辖区群众提供公共服务。社区化管理一方面适应了农村人口流动加快、治理对象非集体化的发展需求，另一方面适应了农村公共服务治理需求增长、传统农业公共产品供给需求下降的客观现实。

三是建立与产权制度改革相适应的民主管理机制。探索建立与农村产权制度改革相适应的基层治理机制。在具体完善中，应当围绕民主选举、民主决策、民主管理、民主监督四个环节和内容来展开。对于集体经济组织成员，四种权利是完整的。对于外来经营者或其他迁入人群，四种权利在设计上应当是不完整的。在现阶段，应逐渐强调外来者在民主决策、民主管理两个方面的权利；同时，逐渐将其纳入基层治理民主决策与民主管理中来，逐渐建立与集体产权制度改革相适应的治理机制。

四是突出共同富裕的治理价值导向。在脱贫攻坚阶段党建与扶贫"双推进"实践中，党组织领办各类经济社会组织，乡村治理服务于以人民为中心的发展思想、服务于脱贫攻坚、服务于全面建成小康社会、服务于巩固拓展脱贫攻坚成果、服务于共同富裕的价值导向凸显。巩固拓展脱贫攻坚成果同乡村振兴有效衔接，要以党建与乡村振兴"双推进"来促进共同富裕。要加强集体经济发展，提高农村经济发展质量，促进农村居民更充分的就业。通过党建与乡村振兴"双推进"，在加强基层党组织建设的过程中，提高党组织带领村民发展集体经济的能力和组织动员能力，将更多的低收入人口吸纳到集体经济发展中来，通过劳动和资产入股，增加一次分配收入。通过集体经济分配，发挥对政府二次分配的补充作用。同时，倡导扶弱济困的优良传统，组织开展公益捐款和公益性服务活动，做大三次分配。

综上，实现巩固拓展脱贫攻坚成果同乡村振兴有效衔接，首要的任务是推动绝对贫困治理向相对贫困治理的转变，通过加强监测预警和及时帮扶，发挥社会保障的兜底作用，解决好返贫问题和低收入人口增收问题。因此，要借鉴脱贫攻坚阶段精准扶贫的基本做法，建立健全相对贫困治理体系。在此基础上，要进一步破除农业农村发展的体制机制障碍，为实现巩固拓展脱贫攻坚成果同乡村振兴有效衔接创造良好的外部环境。最后，站在利用好脱贫攻坚经验、促进乡村振兴的角度，要推动脱贫攻坚精准帮扶举措与"五个振兴"有效衔接，坚持党建与乡村振兴"双推进"，促进共同富裕。

参考文献

[1]崔江红.城乡一体化视角下的云南新农村建设实践研究[M].北京:中国书籍出版社,2011.

[2]崔江红.云南农村社会管理创新研究[M].北京:中国书籍出版社,2013.

[3]郑宝华,陈晓未,崔江红,等.中国农村扶贫开发的实践与理论思考[M].北京:中国书籍出版社,2013.

[4]郑宝华.云南农村发展报告2019—2020[M].昆明:云南人民出版社,2020.

[5]中共云南省委宣传部,云南省社会科学院.云南脱贫攻坚战纪实[M].北京:人民出版社,2021.

[6]中共云南省委宣传部,云南省社会科学院.脱贫攻坚的云南实践[M].昆明:云南人民出版社,2021.

[7]中共中央党史和文献研究院.习近平扶贫论述摘编[M].北京:中央文献出版社,2018.

[8]白光博.接续推进全面脱贫与乡村振兴有效衔接[J].山东干部函授大学学报,2020（5）.

[9]陈燕.中国共产党的共同富裕:理论演进与实现路径[J].科学社会主义,2021（3）.

[10]陈志钢,毕洁颖,吴国宝,何晓军,王子妹一.中国扶贫现状与演进以及2020年后的扶贫愿景和战略重点[J].中国农村经济,2019（1）.

[11]陈明星.脱贫攻坚与乡村振兴有效衔接的基本逻辑与实现路径[J].贵州社会科学,2020（5）.

[12]崔江红.云南农村扶贫之路[J].云南社会科学,2018（6）.

[13]崔红志.乡村振兴与精准脱贫的进展、问题与实施路径:"乡村振

兴战略与精准脱贫研讨会暨第十四届全国社科农经协作网络大会"会议综述[J].中国农村经济,2018（9）.

[14]邓金钱,李雪娇.改革开放四十年中国扶贫开发实践与理论创新研究[J].经济学家,2019（2）.

[15]豆书龙,叶敬忠.乡村振兴与脱贫攻坚的有机衔接及其机制构建[J].改革,2019（1）.

[16]高强.脱贫攻坚与乡村振兴的统筹衔接：形势任务与战略转型[J].中国人民大学学报,2020（6）.

[17]郭亚坤,杨琛华.实现脱贫攻坚与乡村振兴有机衔接的路径研究[J].中共山西省委党校学报,2020（3）.

[18]胡鹏.脱贫攻坚与乡村振兴融合推进的逻辑关系[J].管理观察,2019（34）.

[19]黄祖辉,钱泽森.做好巩固拓展脱贫攻坚成果同乡村振兴有效衔接[J].南京农业大学学报：社会科学版,2021（6）.

[20]姬旭辉.从"共同富裕"到"全面小康"：中国共产党关于收入分配的理论演进与实践历程[J].当代经济研究,2020（9）.

[21]蒋永穆,豆小磊.共同富裕思想：演进历程、现实意蕴及路径选择[J].新疆师范大学学报：哲学社会科学版,2021（6）.

[22]蒋永穆,谢强.扎实推动共同富裕：逻辑理路与实现路径[J].经济纵横,2021（4）.

[23]姜正君.脱贫攻坚与乡村振兴的衔接贯通：逻辑、难题与路径[J].西南民族大学学报：人文社会科学版,2020（12）.

[24]李小云.2020年后农村减贫需要由"扶贫"向防贫转变[J].农村工作通讯,2019（8）.

[25]李小云,许汉泽.2020年后扶贫工作的若干思考[J].国家行政学院学报,2018（1）.

[26]莫光辉,杨敏.2020年后中国减贫前瞻：精准扶贫实践与研究转向[J].河南社会科学,2019（6）.

[27]刘学武,杨国涛.从脱贫攻坚到乡村振兴的有效衔接与转型[J].甘肃社会科学,2020（6）.

[28]潘文轩,阎新奇.2020年后制定农村贫困新标准的前瞻性研究[J].农业经济问题,2020（5）.

[29]水木,邵猷芬.开辟新思路　探索新路径　实践新模式　江西启动六大扶贫工程　实施精准扶贫[J].老区建设,2013（17）.

[30]孙馨月,陈艳珍.论脱贫攻坚与乡村振兴的衔接逻辑[J].经济问题,2020（9）.

[31]涂圣伟.脱贫攻坚与乡村振兴有机衔接：目标导向、重点领域与关键举措[J].中国农村经济,2020（8）.

[32]王军,叶普万.贫困研究范式的国际转换[J].山东社会科学,2004（11）.

[33]王志章,杨志红.2020年后民族地区持续性减贫路在何方？：基于湖北省恩施州精准脱贫的现状分析[J].湖北民族学院学报,2019（3）.

[34]卫志民,吴茜.脱贫攻坚与乡村振兴的战略耦合：角色、逻辑与路径[J].求索,2021（4）.

[35]新华社.在全国脱贫攻坚总结表彰大会上的讲话[N].人民日报.2021-02-26.

[36]新华社.中央农村工作会议在京召开　习近平对做好"三农"工作作出重要指示　李克强提出要求[N].人民日报,2021-12-27.

[37]习近平.扎实推动共同富裕[J].求是,2021（20）.

[38]邢成举,李小云.相对贫困与新时代贫困治理机制的构建[J].改革,2019(12).

[39]邢成举,李小云,史凯.巩固拓展脱贫攻坚成果：目标导向、重点内容与实现路径[J].西北农林科技大学学报：社会科学版,2021（5）.

[40]薛宝贵.共同富裕的理论依据、溢出效应及实现机制研究[J].科学社会主义,2020（6）.

[41]杨宜勇,王明姬.更高水平的共同富裕的标准及实现路径[J].人民论坛,2021（8中）.

[42]杨世伟.脱贫攻坚与乡村振兴有机衔接：重要意义、内在逻辑与实现路径[J].未来与发展,2019（12）.

[43]叶兴庆,殷浩栋.从消除绝对贫困到缓解相对贫困：中国减贫历程

与2020年后的减贫战略[J].改革，2019（12）.

[44]叶敬忠.从脱贫攻坚到乡村振兴：脱贫地区内的衔接抑或发展时代间的转型？[J].社会发展研究,2021（3）.

[45]郁建兴,任杰.共同富裕的理论内涵与政策议程[J].政治学研究,2021（3）.

[46]岳国芳.脱贫攻坚与乡村振兴的衔接机制构建[J].经济问题,2020（8）.

[47]张来明,李建伟.促进共同富裕的内涵、战略目标与政策措施[J].改革,2021（9）.

[48]张宜红,万欣.统筹推进脱贫攻坚与乡村振兴相衔接：内在逻辑及政策选择[J].农业考古,2020（1）.

[49]张青,郭雅媛.脱贫攻坚与乡村振兴的内在逻辑与有机衔接[J].理论视野,2020（10）.

[50]张静宜,陈洁.强化乡村人才支撑有效供给实现脱贫攻坚乡村振兴有效衔接[J].宏观经济管理,2021（8）.

[51]张笑芸,唐燕.创新扶贫方式，实现精准扶贫[J].资源开发与市场,2014（9）.

[52]张永丽,徐腊梅.改革开放40年来中国贫困性质变化及2020年后反贫困政策前瞻[J].中国西部,2019（2）.

[53]张永丽,高蔚鹏.脱贫攻坚与乡村振兴有机衔接的基本逻辑与实现路径[J].西北民族大学学报：哲学社会科学版,2021（3）.

[54]张泉,白冬梅,彭筱雪.我国脱贫攻坚与乡村振兴研究进展与展望：基于2017—2020年的数据分析[J].林业经济,2021（7）.

[55]中共国家乡村振兴局党组.人类减贫史上的伟大奇迹[J].求是,2021（4）.

[56]赵晓峰.统筹构建全面脱贫与乡村振兴的有效衔接机制[J].国家治理,2019（4）.

[57]周锟.百年党史中税收制度改革与共同富裕思想的重要互动[J].国际税收,2021（6）.

[58]李丹丹.云南易地扶贫搬迁安置点开工率88%[EB/OL].http://

yn.yunnan.cn/html/2016-10/14/content_4575314.htm.

[59]李绍明,杨猛,张寅,左超.国务院新闻办在昆举行云南脱贫攻坚新闻发布会 阮成发作主发布并回答记者提问 王予波回答有关问题[R/OL].http://yn.yunnan.cn/system/2020/12/08/031166878.shtml.

[60]期俊军.涓流汇海 合力战贫 云南"朋友圈"真给力[EB/OL].http://ynfprx.yunnan.cn/system/2020/12/17/031183778.shtml.

[61]期俊军.覆盖168.53万档卡户！云南产业扶贫"造血"富民[EB/OL].http://ynfprx.yunnan.cn/system/2020/12/15/031179198.shtml.

[62]期俊军."增绿"促增收 好生态带来好生计[EB/OL].http://ynfprx.yunnan.cn/system/2020/12/15/031179423.shtml.

[63]秦黛玥.就业扶贫让云南脱贫"专列"开出加速度[EB/OL].http://ynfprx.yunnan.cn/system/2020/12/15/031179264.shtml.

[64]秦黛玥,期俊军.云南兜牢民生底线，兜实群众安全感幸福感[EB/OL].http://ynfprx.yunnan.cn/system/2020/12/15/031179531.shtml.

[65]新华社.习近平主持召开中央财经委员会第十次会议强调 在高质量发展中促进共同富裕 统筹做好重大金融风险防范化解工作[EB/OL].http://www.xinhuanet.com/2021-08/17/c_1127770343.htm.

[66]杨苑.尽锐出战、真情奉献，云南脱贫攻坚中的扶贫"铁军"[EB/OL].http://ynfprx.yunnan.cn/system/2020/12/16/031181547.shtml.

[67]杨苑.云南百万贫困群众"挪穷窝"，通过易地扶贫搬迁走进新生活[EB/OL].http://ynfprx.yunnan.cn/system/2020/12/15/031179372.shtml.

[68]岳晓琼.云南红河州绿春县：三位一体助推教育脱贫[EB/OL].http://yn.yunnan.cn/html/2016-10/08/content_4564005.htm.

[69]赵家琦.云南做法再成亮点！产业发展助农脱贫，我们是认真的[EB/OL].http://ynfprx.yunnan.cn/system/2020/12/17/031183800.shtml.

[70]崔江红."五个一批"实践中的问题需要引起重视：云南精准扶贫"五个一批"实践中的困难、问题调查[R].改革内参,2016综合（38）.

[71]崔江红.精准扶贫机制急需创新：云南精准扶贫面临的困难、问题调查[R].改革内参,2016综合（38）.

[72]崔江红.我省贫困地区产业扶持存在隐患[R].云南日报内参,2016（8）.

[73]崔江红.低保兜底扶贫存在问题及对策[R].云南日报内参,2016（11）.

[74]崔江红.独龙江乡整乡推进整族帮扶调查[R].云南日报内参,2015（8）.

后 记

新农村建设、美丽乡村建设、脱贫攻坚、巩固拓展脱贫攻坚成果、乡村振兴只是不同阶段党中央、国务院推动农村工作的具体抓手，都是服务于统筹城乡发展、城乡一体化发展、城乡融合发展的，都是中国共产党坚持人民至上、领导中国人民逐步走向共同富裕的具体实践。

在纷繁复杂的战略举措背后，如何看待农村也确立了研究的出发点和落脚点。把农村看作资源宝库、稳定大局的定海神针，就会把农村发展当作实现全局发展的工具。在一些研究中，一旦工业品滞销，就发出"下乡"的号召；一旦城镇就业困难，就提出"农民工返乡"的建议。这无可厚非，在中国特色现代化进程的早期，农村的工具性更突出，农村是"稳定器"、"蓄水池"，农业发展的目的是服务工业，农村发展是为了支持城市。但到了城乡一体化、城乡融合发展阶段，我国已进入扎实推进共同富裕的历史阶段，农村不再只是一种发展的工具，而是发展的目的。

把农村看作发展的目的和人类向往的生活，就会形成一种全新视角。这就要让农村美起来、富起来，让农村群众自强起来，拥有更加独立、更加自主的生活选择权和就业选择权。脱贫攻坚以来，党和国家始终把农村作为发展的目的在打造，改善软硬件基础设施，提升群众综合素质，营造和谐社会环境，构建完善的社会保障体系，不断增强农村群众掌握自身前途命运的能力。这是把农村看作发展目的的重要体现。站在这个角度，我们要更加重视农村面临的现实问题,从破解问题、实现更充分的发展角度来思考问题。

推动巩固拓展脱贫攻坚成果同乡村振兴有效衔接,是补短板、化问题、促发展,将农村打造成为令人向往的生活目的地的过程。在这个过程中,破解人口流动、市场冲击下共同体解体的困境,要借助营造社区的一些技巧,通过集体经济的发展,重塑利益共同体,促进制度共同体、价值共同体的发展,最终把农村建设成为极富人情味的生产生活空间。其具体建设过程注定复杂困难,脱贫攻坚取得的经验、乡村振兴的实践探索以及国内外农村发展的经验,都是达成这一目标可供借鉴的宝贵财富。本书写作的目的,就是通过长期的观察研究,历时性展示农村问题的变化,并站在把农村作为发展目的的角度,对巩固拓展脱贫攻坚成果同乡村振兴有效衔接进行一些探讨。

在书稿即将出版之际,感谢匿名评审专家细心的审读和中肯的建议,他们不仅帮助作者扫清了语句表达错误,还提出了内容删减、增补方面的建议,使本书的内容更加完善。感谢云南省社科院科研处郑可君老师认真负责的工作,感谢为本书提供资料的职能部门,感谢田野调查中接受采访的各级领导干部、村干部、村民,正是因为有大家的支持和帮助,本书才能得以面世。由于个人能力有限,书稿难免存在不足之处,敬请关心、关注农村发展的朋友批评指正。

作 者

2022 年 1 月 12 日